U0782403

给你一个团队　你能怎么管

给你一个团队 你能怎么管

丛书编委会◎编著

吉林出版集团股份有限公司

图书在版编目（CIP）数据

给你一个团队 你能怎么管 /《超值典藏书系》丛书编委会编著.

—长春:吉林出版集团股份有限公司, 2014.7

（超值典藏书系）

ISBN 978-7-5534-4966-1

Ⅰ.①给… Ⅱ.①超… Ⅲ.①企业管理 – 组织管理学–通俗读物 Ⅳ .① F272.9-49

中国版本图书馆CIP数据核字(2014)第153154号

超值典藏书系 给你一个团队 你能怎么管

编　　著	丛书编委会	
责任编辑	刘　霁	
开　　本	787mm×1092mm　 1/16	
字　　数	300 千字	
印　　张	20	
版　　次	2014 年 9 月第 1 版	
印　　次	2015 年 11 月第 3 次印刷	
出　　版	吉林出版集团股份有限公司	
	（长春市人民大街 4646 号　 邮编：130021）	
经　　销	全国新华书店	
电　　话	总编办：0431-85600386	
	市场部：025-66989810	
	北京市场部：010-85804668	
网　　址	www.keyigroup.com	
印　　刷	永清县晔盛亚胶印有限公司	

ISBN 978-7-5534-4966-1　 定　价：39.80 元

团队是由什么组成的？是由一群来自四面八方有着不同家庭背景、不同学历的人组成的。他们虽然各不相同却因为一个共同的目标而不辞辛苦地聚集在一起。他们因为信任你把你推到一个最高的位置上，让你当领导，所以你就有义务、有责任，去帮助他们实现目标，让他们变得更优秀。

很多人都说要带领好一个团队太难，因为每个人都是完全不同的，想要把每一个人都带领好可能性很小。确实，每一个人从出生开始所经历的事情都不一样，所以每个人的每个方面都不一样，要把这一群不同的人放在一起打造成一个优秀的团队，确实会有很多问题很难解决。我相信无论多大或者是多小的团队在实际工作中都会遇到各种各样的问题。我曾经采访过多家公司的领导和员工，他们反映最多的问题就是，明明是一个团队的，但是总感觉是自己一个人在战斗，根本感觉不到团队整体的力量，并且都觉得自己一个人苦苦努力付出了很多，最终得到的却只有那么一点点。这个问题不仅出现在几个人身上，很多领导和员工也都有这种感觉，他们觉得无论自己再怎么付出都是无用的，因为其他人都是闲闲的，根本不去努力，只有自己一个人在苦苦挣扎，挣扎到最后回报与付出的比例又不对等。

而我们这本书的最终目的就是为了解决所有员工和领导的困惑。这本书的实用性非常强，很多人觉得一天过去了好像什么都没有做一样，其实关键在于大家都把时间放在如何解决团队与个人之间的问题上了，工作效率自然就低了。这本书的重点就在于教大家如何解决这些难题，然后把时间都放在工作上，这样工作效率自然就高了，而一支优秀的团队也会随之而诞生。

所以，如果你想将自己的团队管理成一个优秀的团队，或者是想成为团队中最独一无二的员工，那就赶紧翻开这本书，开始按照这本书的要求做吧！我相信，只要你能够用心地去读这本书并按照它的要求做，一定可以成功。

目录
CONTENTS

第一章

1

左手凝聚力，右手执行力

所谓凝聚力就是使团队有一个共同的信念，然后凝聚在一起为了共同的利益而努力，而执行力就是领导与员工在接到任务时可以以最快的速度去做这件事来提高效率。只有同时拥有这两项技能的领导才能更好地管理自己的团队。

信念和文化的游标卡尺

进入 21 世纪，中国慢慢步入了商业化时代，越来越多的人选择自主创业，而随之而来的管理问题也越来越多。怎样去建设和管理一个公司无疑成为社会上一个很大的问题

现在很多的公司都是以盈利为目的的，所以资金、人才、业务以及商业机会都至关重要，对于一个团队来说这些因素都是必不可少的。其中有很多公司就是因为疏忽了其中一个环节，从而损害了公司盈利，相反有些公司因为非常注重团队文化的建设而取得了巨大的成功。我们深入探究就会发现，那些成功的大公司的领导人并没有在一开始就把精力放在盈利上而是选择放在团队文化的建设上。因为他们深谙一个道理，资金、人才、业务这些确实可以给公司带来利润，但是他们更清楚一点，那就是公司内部的团队文化建设是公司成功与否的基准。

闻名于全球的谷歌公司大家都知道，它连续多年被评为"雇员最满意的公司"。当然员工之所以满意这里并不是因为这里的工作环境多好工资多高，平心而论谷歌的工作环境其实很一般，工资也只是普通水平，但是在这里你却可以随意带孩子进出，也可以带着宠物去办公，这里有足够大的休闲娱乐室，只要你不影响别人办公，你就可以随心所欲地装扮自己的办公区域。在这里你不必担心明天穿什么衣服才不会被老板批评，你可以想穿什么衣服就穿什么衣服，只要你喜欢。因为谷歌就是你自己的家，你没必要拘束，你可以做自己想做的一切。当然谷歌企业文化除了这个还有一项最重要的，那就是平等。在这里一切平等，没有谁可以凌驾于另一个人之上，只要你要说的是合理的你可以向任何一个人提出意见。在这里没有人有自己的独立办公室，哪怕你是 CEO 也不行，因为没有独立间，每个员工都可以看到其他人包括总裁

的工作计划。这样会给他一种希望,他知道公司的下一段的计划心里就会有底,并且可以为每一个人提出建议也督促 CEO 完成计划,如此一来公司的效率就大大提高了。

在新任 CEO 来时,大家也有讨论过要不要给他一间隐蔽的办公室,可是最后讨论的结果是给他准备了一间非常小的办公间并且还放在了最不显眼的地方。在办公室刚安好时大家都来参观了,有一位员工看了一圈以后竟然提出他要和 CEO 一起在这里工作,而 CEO 也欣然应允了,即使这里已经非常拥挤。在这里你可以提出任何合理的建议,只要建议合理都会被采纳,这是全世界所有公司中最好的团队文化,所以进入谷歌曾一度成为所有人梦想的工作。其实从谷歌这里我们可以明白一个道理,公司成功的秘诀就是让员工拥有幸福感,而拥有幸福感的条件就是让他们感觉在这个团队里工作是至高无上的荣誉,能在这里实现自己最大的价值。我相信,如果一个人能够做到这些,那他一定会成为最优秀的领导者。

对于一个团队来说最重要的应该是基于共同的文化和信念的目标,只要每个人的心在一起,他们拥有一个共同的信念——为公司而努力,这才是领导一个公司的关键。正所谓众人拾柴火焰高,当大家都齐心协力为共同的目标努力时他们才会为此心甘情愿地付出所有的努力。

其实明白这个道理的人很多,大部分都是在一些教人管理的书籍上学到的,由于他们只是走马观花地看了一遍所以能做到的其实很少,特别是在国内更是少之又少。同一个目标对于公司来说非常重要,而拥有同一个目标的基础就是团队的文化和信念。也许高薪可以让员工拥有幸福感,可是这个幸福感是短暂的,它远远没有精神上的幸福重要。如果一个老板只懂得用金钱来搭建一个团队的文化和信仰,那么这个公司成立的越久危险指数就会越高。

如果想要成为一个成功的团队领导者必须做到以下几点:

1. 清楚团队现在的状况。这是最基本的问题你只有清楚一个团队现在的真实状况了才能制定出更好的方案来建设这个团队,了解到基本的情况你才知道这个团队现在所面临的问题，才能去改正它。所以要想成为一个好的管理者，首要做到的就是看清团队现阶段最真实的情况。

2. 要去了解每个员工的真实想法。人与人不一样，所以每个人的想法也不一样，也许在你面前他们表现得都很乖，可是不要忘了你是他们的上级所以他们在你面前肯定会很乖，但是这如果不是他们真实想法的话会成为团队文化建设的一个最大的隐患。因为团队文化不是你一个人能建立的，是靠每个员工一起去完成的，大家一起努力才能建立优秀的团队文化。

3. 不要强迫任何员工做不想做的事。无论任何人，无论他在做什么事只要不是发自内心的那么他就不会付出百分之百的努力，切记，强扭的瓜不甜，强迫员工是优秀的企业文化的大忌

最后也是最重要的，那就是做。前面也有说过一个成功的公司最重要的就是共同的目标，而共同的目标的基准就是共同的信念和文化，我相信这些道理很多人都懂，但是优秀的团队却依然很少，因为他们只是知道却很少有人能够做到。

团队奉行的统一精神

不同的人从不同的地方聚到一起，组成一个新的团队，怎样才能让这个团队最大程度地体现出它的价值成了最重要的问题。

其实要想解答这个问题也不难，就像我们平常见的苹果树一样，一棵成功结出万千苹果的苹果树背后是一整支团队的共同努力。从一开始的选择种子，选择土地，再到发芽期的呵护，成长期的施肥、浇水、除虫这每一个环节都不能有一丝的疏忽，这每一个阶段都有一个人的辛勤付出，这一个个时期一个个人组成了一个团队，也促成了最后的成功。因为每个环节的每个人

都有一个共同的目标，他们为了一个共同的目标相互配合，凝聚在一起共同努力，发挥集体力量。这就叫团队的统一精神，同时也是一个团队最重要的核心力量。

也许有人会感到疑惑，团队的凝聚力真的有那么重要吗？试想一下，如果一个团队没有凝聚力，每个人只想着自己，做任何事先想得到的不是团队的利益而是自己的利益，那这种小我精神越来越大，结果可想而知，团队将会变成一个为了目的而不择手段的队伍。

西游记大家应该都看过，孙悟空身上每一根毛都可以变成猴子猴孙。他曾经用这些猴子猴孙去对阵强大的天兵天将和妖怪们，这个时候的他们非常厉害，因为他们只是代表了一个人，他们都是从一个人身上下来的，他们的脑子身体都是一样的，所以无论任何时候他们的目标都是一致的，精神也一直都是凝聚在一起的。所以，孙悟空的猴子猴孙兵团一直都是令妖怪闻风丧胆的。

当一个团队拥有超强的凝聚力时，每个人都能凝聚在一起，步调一致地向一个共同的目标而努力，那么这个团队将变得无坚不摧。

团队精神的重要性：

1. 老话说得好，一根筷子易折，十根筷子难断。这就是团队精神重要性的表现，只要整个团队拧成一股绳，为同一个目标去努力，就一定能够成功。

2. 个人与团队就像小河和大海的关系一样。小河只能激起小小的水花，甚至干涸致死，只有容纳百川的大海才可以激起千层浪。所以每个人只有融入集体当中才能充分发挥自己的作用，并且推动整个团队的成功。

3. 当一个团队因为一个共同的目标凝聚在一起时，那么相对来说这支团队的管理问题也就很好解决了，一个每个队员都为集体利益着想的团队是很好控制的。当然我们说的不是硬性的控制，因为硬性的控制只会起到适得其反的作用，我们所说的是去控制他们的意识，这样的控制会更加稳固和长久。

那么怎样形成团队的凝聚力：

007 第一章 ▶ 左手凝聚力，右手执行力

1. 情感一致：首先这个团队的每一个人都要有团队感情，这是凝聚力的基础。一般情况下这种情感来自于队员之间的友谊，特别是对于一个新的团队来说，最简单也是最快捷的建立感情的方式就是建立友谊，有了感情基础再在一起工作，默契度会提高很多，更有助于凝聚力的增强。

2. 任务一致：当大家有了共同的感情基础时，就到了磨合期，在这个时候给大家一个共同的任务，其实这个任务就等于一个目标，相当于大家有了一个共同的目标，就会为了一个共同的目标而努力，而这个时候，也就是团队凝聚力渐渐形成的时期。

3. 个性与目标一致：我们所说的目标一致并不是说每个人的思维方式和行事方法都得一致。因为每个人的想法不同，如果强行要求每个人的想法和行事方法一样，反倒离间了个体，对于一个人或者是一个团队来说最忌讳的就是强制他们做事，所以我们要做到的是包容每个个体的不同并达到集体的一致目标，这样不但可以增强团队整体的凝聚力，还可以彰显领导的胸怀和才能。

对于一个团队来说再没有比凝聚力更重要的东西了，当一个团队里的每个人都统一目标凝聚在一起时，它将成为一支战无不胜的队伍。

由上到下的管理标准

所谓由上到下的管理标准，说白了就是一个团队或公司的执行体系，也就是一个团队在做任何事时都要统一遵循的一个基本的执行体系。关于体系，往大里说，总宇宙是一个体系，往小里说，社会是一个体系，团队是一个体系，无论是大的体系或小的体系他们都有一套自己的执行体系，就像自然法则一样，不得轻易修改更不得违背。

每一支团队在开始建立时就应该有一套自己的执行体系，也就是管理标准。当你准备要建立一个团队时就要先开始着手建立一套相应的管理标准了，这是团队建立的前提，也是团队正常运行的基础。

那么要怎样建立一个完整的并能有助于团队发展的管理标准呢，大体上可以分为四个部分：

1. 建立结构合理的团队

建立一支团队最先要考虑的是团队结构的合理性，这是至关重要的。并不是随便拉几个人就可以组成一个团队了，他们必须是有共同的目标，并且技能互补的一些人。

从我们看的动画片《葫芦娃》中也能明白这个道理。我们知道，尽管七个葫芦娃的爷爷什么本领也没有，但他却是七个葫芦娃的管理者。作为大力士的红娃，力大无穷，可惜不聪明，容易被骗；橙娃有了千里眼和顺风耳，本来是相当厉害的，最终还是被妖怪伤害；黄娃有铁头功，但是他还是被妖怪制服；绿娃可以喷水，通水性，结果被妖怪醉倒；青娃可以喷火，不料后面变成了冰人；有隐身术的蓝娃，最后下场也不好；拥有宝贝的紫娃虽然厉害，最后也逃不掉被抓的命运。就在他们即将被化成丹药时，七人联手，打败了妖怪，救出了爷爷。仔细想想，其实七个葫芦娃和爷爷就像是一个优秀的团队，当他们一个一个上的时候，发挥不了团队的威力，当他们一起互补时，威力就发挥到了最大。

我们可以拿这个团队做例子分析一下，开始的时候他们每个人都有点儿过度自信，认为凭借自己的能力就可以打败蛇精救出爷爷和兄弟，虽然这个时候他们的目标相同但是由于没有凝聚力，所以导致了一次次的营救失败。慢慢地在解救和被抓的过程中他们开始产生了团队意识，在每次被抓时他们就会和上一个被抓的兄弟关在一起然后他们开始通力合作商量对策，也就是在这个过程当中七个人产生了极强的团队凝聚力，并在被一起关在炼丹炉时爆发，产生了极强的力量一举打败了妖精，和爷爷团聚了。

2. 优秀的领导人

我们再来研究一下七个葫芦娃的爷爷，他是一个等同于团队领导人的存在。首先，他对七个葫芦娃的精心呵护让七个葫芦娃对他产生了极强的感情，也正是因为对爷爷的爱使得他们自愿听命于爷爷的指挥。这对于一个团队来说是至关重要的，因为领导人从某一方面来讲是执行力的保证，也就是说一个团队必须有一个让众人信服并愿意听命于他的人来做领导。如果大家不信服他就很难听命于他，那么工作方案也就很难执行下去，如果方案执行不下去那还有什么业绩可言呢？而好的领导人除了具备使人信服这一点外还要做到两点，那就是德与才，也就是说这个领导人必须德才兼备，德以服人，才以制人。

3. 团队效率

团队效率的核心就是团队人员的执行力，其实外行人评判一支团队的优劣完全是看这支团队办事效率，同时这也是公司业绩的保证。那么我们应该怎样才能提高自己的效率呢？说白了就是领导人提出正确的方案，然后将正确的方案交给相应的人，然后这个人再用相应的方法做出正确的事。

4. 绝对遵守，严格监督

当一支团队有了完整的执行标准，优秀的领导人，良好的办事效率，那么这支团队离成功只差一步了，那么这最后一步是什么呢？通俗点儿说就是"后勤保障"也就是严格的监督体系。人都是有惰性的，偶尔总想偷点儿小懒，而在这个时候，团队在人的本性面前就要退后一步了，所以这个时候我们就要靠监督了。其实这点我们中国社会做得并不好，因为我们中国人讲的是情，所以在监督方面做得很差。但是如果监督不好慢慢地就会出现很大纰漏，当一个人犯错时，你若不惩罚他，那么就会有第二个第三个，所以要把这些不好的因素在刚出现时就扼杀在摇篮里。当然，一个好的领导人是从来不会对员工用强的，这样不但会降低员工的积极性，还会让员工对这个团队产生不好的看法。对于一个优秀的领导人来说在执行一套监督体系时最重要的就是公平公正，第一，自己要严格遵守，不能越雷池半步，否则严格按照规定处置，第二，不得感情用事，不能因为犯错的人和你关系好就饶恕了他，这样会引起公愤的。

如果一个团队想要做到最好，做到战无不胜，那么，一个结构合理能力互补的团队，一个精神领袖，一套完整的执行标准三者缺一不可。这支能力互补的团队就像大海，一套完整的执行标准象征着一艘船和船员，精神领袖就像一个灯塔，为船员指明方向并给予希望。

好的领导人就是造梦大师

部分关于企业的书都会说到一个问题"要做一个好的领导人"。这些书籍总是长篇大论地讨论这个问题，却没有一个说到核心问题上，到底怎么样的领导人才算是好的领导人？对此每个人讲的都是云里雾里的，各自有各的说法。其实根本没有大家想得那么复杂，真正好的领导人就像造梦大师一样。就是要让每个员工在有"梦想"的前提下使其明确自己的近期目标并给予他与之相对应的工作，不断激发这个员工的潜质，并集聚所有员工的凝聚力，同时为下一个目标创造"梦想"，让员工们看到下一阶段乃至以后的希望。这应当是一个好的领导人应当拥有的最基本的本领。

所以，如果你想成为一个好的领导人，就要先成为一名好的造梦大师。

说到这里，也许还有一些人不太懂，什么是造梦大师？要怎么造梦？其实造梦大师并不是给员工一个看不见摸不着的美好的梦境，而是让他们明白自己想要什么，并帮助他们达成，用一种潜移默化的方法将一些积极的可以鼓励到员工的想法植入员工的大脑中，说白了，就是一个善于造梦和激励他人的人。

有一次我去一个学校听一个讲座，我发现这个学校每一个班级后边都有一块白墙，白墙上贴着每一个学生的名字，并且每个人的名字后边都有五角星，有的多有的少，最多的有十个。旁边的一位本校教师看出了我的疑惑，于是给我讲了这样一个故事。他说这个学校以前升学率很低，外边领导来视察时也经常批评说校园脏乱差，学校学生素质也很低，后来教育局为了挽救这个学校调来了一个新校长。这个校长来了以后先颁了一个制度，叫十星级文明学生制，一个星星代表一项，有代表学习的、代表卫生的、爱戴老师的、孝敬家长的，每做到一项就奖励一颗相对应的星，如若在某一方面犯错就去掉一颗相对应的星星，并且每个月都会将结果发给家长。一开始学生都不太愿意，因为都怕家长批评，被迫地开始好好学习，并且学得懂礼貌讲卫生了。可是慢慢地大家开始喜欢这个制度，因为每当自己的朋友来时看到自己的星星都会感觉很骄傲，并且家长也在表扬自己，自己在无形中也在慢慢进步着。每个学生的努力与进步凝聚在一起推动了整所学校的进步。现在这所学校经常被人当做典范，经常有其他学校的人来参观学习。虽然这个学校表面上是促进学生个人的进步，其实无形当中是将学校和学生的理想联系在了一起，了解了学生的心理，利用意识激励的方法将学校和学生的梦想联系在了一起，实现了双赢。

也许很多人会疑惑，不过是几个星星的问题，怎么可能这么管用。其实这个校长掌握了学生的心理，现在学生喜欢随大流，即使再想好好学习或者是注重卫生，但是身边人都不去学的话，他们也会因为面子问题而不去学习，这个校长了解了学生的心思后于是从随大流着手去改变学生，不过这次是让学生随从那些好的东西。这些星星就像一个个梦一样在学生心中扎了根，这些星星就像一句句激励他们的话一样，他们为此感到骄傲。

从这个故事中大家应该不难看出一个领导人的能力大小对整个团队起的作用。一个领导人如果想要一个企业把事业做大，必须依靠一支优秀团队的力量，而这支优秀团队的建立必须靠他和所有成员一起努力才能使其发展更加完善，如果想要这个团队和企业越来越强大就需要一个好的领导人来带领它前进。这个领导人必须有非常强大的领导能力，能够为这支团队造梦，让团队里的人凝聚力量，为了同一个目标努力。

那么，接下来我们再来说一下怎样才能成为一个优秀的领导者：首先要以身作则。你是领导者，就相当于一个公众人物，你的一举一动都被团队其他成员看在眼里，或者说大家无形之中都在模仿着你，所以你要以身作则，剔除身上不好的习惯，要学会自律，所谓"君子一言，驷马难追"，无论是什么事只要你说出来了你就必须做到。因为如果连你自己都没有做到的话，你就没有权利要求手下的人去做，所以无论任何原则，在要求别人的同时自己也要以身作则。

其次你要记得，梦想永远大于现实。不要畏惧任何困难，一旦你露怯了，团队里其他人的信心就会被动摇，这样，是做不好任何事的。一定要记得，不要畏惧困难，因为你是梦想的管理者，你可以用自己的力量将梦想变得无限大直到打败困难为止。耶格曾经说过这样一句话"当你的梦想足够大，现实就没那么重要了"。人生本来就是问题叠着问题，我们要做的就是打败这些问题。当你有信心的时候团队里的其他人也会被你感染的，所以作为一个领导人一定不能畏惧任何苦难，有时候事情成功与否不是看你的能力有多大，而是看你能坚持多久。

一位好的领导人不是给员工多少任务，也不是给多少奖励，而是要会为员工"造梦"。要为他们找到那些连他们自己都不知道的自身内在潜力挖掘出来，并激励他们，因为奖励是一时的，而帮他们找出自身潜力并激发出来是一辈子都能受用的。

绝对的权威和法外的恩典

很多员工私底下喜欢吐槽说所谓领导人就是领着别人做事，而自己只用动动嘴批评一下别人就好了。所以领导人觉得自己的存在感非常弱，为了增强自己在员工面前的威信就喜欢即兴地批评或奖励自己的员工，以此来建立自己的权威。当然适当的惩罚和奖励确实可以提高员工的积极性，但是惩罚和奖励必须在公平和公正的前提下实行。如果你的惩罚或奖励不能使人心服口服，反而会事倍功半，并且员工会因为你的随性的惩罚与奖励更不敢放开手去做事，这样反而成了一种约束。那么作为领导该如何来做到这些呢？

1. 建立权威

身为一个领导人不可能任何事都亲力亲为，所以为了应对一些可能发生的紧急情况要在团队刚建立时就制定好一整套的方案。这套方案可以应对一些突发状况，不至于在事情发生时影响整个团队的运作。我认为从某一方面来说领导人应该有超越常人的预知能力，以便更早地制定出相应的应对方案。就像老板的代表一样，是在一些领导人无暇顾及一些事时，代表老板由员工自己运作，这样既增加了老板的权威，又节省了团队的时间。但是有一点要让员工明白，制定这套方案并不是为了约束大家做事时应当小心一些，它的最终目的是为了让大家可以放开手去做。告诉大家只要不触犯这个基础，你可以按照自己的想法放开来做事，也预防一些领导人莫名其妙因为个人的情绪又制定新规定，给员工不安全感，反而会造成对大家的束缚。

2. 法外开恩

所谓法外开恩并不是说犯错的人是你朋友，或者是老员工我们就不分事情大小地减少对他的惩罚。而是说当一个人犯了错时如果他没有触动你的权威，没有误事，也没有危及其他人利益的情况下，可以选择减少或减免对他的惩罚。因为惩罚的目的不是为了侮辱他人或是树立自己的权威，而是为了让他在下次遇到这样的情况时做出正确的选择，同样的错不要犯两次。还有就是法外开恩的基础是公平，记得我们对的是事不是人，更不要牵连他人，从古至今，株连九族的事只有昏君才做过。

3. 恩威并行

很多领导人的权威都是靠对下属犯错时的惩罚建立起来的。领导人确实有惩罚下属的权力，但身为一个领导人要懂得正确地行使这种权力，才能真正达到树立权威的目的。譬如当一个员工犯错时你不能直接就惩罚他，你要根据他犯错误的大小做出相应的惩罚。还有，惩罚的最大禁忌就是牵连，一个人犯错那就惩罚这一个人，不要因为自己当时在暴怒的情况下去牵连他人。如果一个人无缘无故被牵连受到惩罚，在他内心是不服你的，当然他肯定会接受这个惩罚，因为你是领导者，但是从那一刻起，最起码在这个员工心中你只是一个领导者，再也不可能成为一个好的领导人。这种行为和古代株连九族的暴君无异。所以建立权威的方法不是单单的惩罚，而是你的惩罚要让他心服口服，只有这样才能真正地将你的权威确立起来。当然一个好的领导也要会正确的行驶施恩权，如果一个人没有犯什么大的错，那么大可以原谅他，在原谅他的同时也要提出员工的问题，那么员工对这个问题的记忆远比你只对他惩罚时的记忆更加清楚长远。

所以一个好的领导人不能只施行绝对的权威或者是绝对的恩典。绝对的权威会压迫得员工喘不过气，而绝对的恩典则会"宠坏"他们，只有权威与恩典并行才能更好地促进团队发展。

使用强势的管理打造一支服从军队

在这个商业化的时代，企业越来越多，员工也越来越难管。一支高度服从的团队对于一个企业来说也非常难得和重要。当每个队员都高度服从任务的分配时，大大节省了时间也提高了办事效率，即使领导人临时改变任务，这支团队也会在第一时间做出调整，这样有利于团队管理的灵活性。这样一支高效团队可以很好地激励每个员工工作的积极性和创造性，增强企业内部的协调能力。

当然，我所说的"一支高度服从的团队"并不是说每一个队员都无条件无意见地盲目服从，而是在这个任务是正确的前提下每个人都无条件地服从。每个队员在执行这些任务时也会自由地提出自己的意见，但是对于领导下达的正确任务会高度服从。

那么应当怎样打造这么一支高度服从又不失灵活性的团队呢？其实我们可以借鉴军队的管理模式。众所周知，军人以服从命令为天职，每个军人在进军队的第一天起最先学习的就是服从，所以最有效的方法就是使用军队的强势管理模式打造一支服从的团队。比如中国最有名的企业家海尔的张瑞敏，联想的柳传志，华为的任正飞，万科的王石，这些有名的企业英雄都来自于军队，同时他们也用了军队的强势管理模式打造了属于自己的高度服从的团队。

要想打造一支像军队那样的团队，首要做到的是令行禁止。何为令行禁止？《管子·立政》中是这样说的"令则行，禁则止，宪之所及，俗之所破，如百体之从心，政之所期也"，意思就是，上级下的每一个命令都要立即去做，下令停止就要立即停止。如果该做的就要做到完美，不该做的一点儿都不能沾染，领导的每一个命令都要要求团队里的每个人做到，否则一定要给出相应的惩罚。要建立一种威信，让每个员工都必须服从于你，要让服从成为员工的本能，要让员工树立全局观念，做到令行禁止。

2007年热播的《士兵突击》相信大部分人都看过，其中响彻军队的老A军队给人留下了非常深刻的印象。每次对打他们都是1∶25完胜，那么这支战无不胜的队伍是怎样训练出来的呢？我们可以从老A队长袁郎训练的时候看出来他的强势作风，在选拔训练的时候队长说五分钟内集合完毕，如果因为一个人迟到一秒钟而影响到整个队伍的话，就会直接将这个人踢出去。队长说的任何一句话都是每个队员的命令，必须服从。如果有一个人不服从就直接踢出去。他说过这样一句话"在战场上子弹是不会等你去思考的，所以我要让你们服从我成为一种本能，因为子弹是不会等你们反驳我的，我现在对你们手软等于是亲手把你们送到子弹底下"也正因为他这种"恶"的善良人的性格，使得队里的每个人都非常佩服他，也都愿意服从他。

所以每一个领导者都应该思考，怎样可以增加自己的个人魅力使得大家愿意无条件服从于你。因为当大家对你心服口服时就会非常信任你，当大家信任你时你只要再将自己要下达的命令以简单明确的方式说出来，大家就会无条件的服从你。

曾经听过这样一个故事：

说一个渔夫看到船边有一条蛇，蛇嘴里衔着一只青蛙，这只青蛙一直在垂死挣扎。渔夫看到了觉得很可怜，便把青蛙从蛇口中救了出来，可是渔夫又觉得蛇饿着肚子太可怜，但是自己现在只有酒，于是喂了蛇几滴酒，蛇喝得很开心，欢快地游走了。过了几天渔夫又在船边发现了这条蛇，这次蛇嘴中有两只青蛙，正等着渔夫给他酒做奖赏。

这个寓言说明了人们奖赏了什么样的行为就会得到更多这样的行为，所以我认为在企业中如果领导人想要让大家服从于他，除了明令禁止外还可以给出一些正确的奖励。譬如说如果一个员工一直都很服从你，你可以适当给他一些奖励，这样他会更加服从于你。

如果一个领导人一直用一种强势的管理方式管理公司，那么偶尔掺杂一些奖赏会比那些经常用奖赏来激励员工的领导做起来更管用。因为太轻易得来的奖励大家只会感到习以为常，而那些得来不易的奖励反而会让员工更加感激领导者并更加的服从他。

第二章

2

要记住，一切用制度说话

对于一个企业来说一个硬性的制度非常重要，在领导不在时这些制度就代表了领导本人监督着每位员工。如果企业里没有制度，遇到事情临时去想对策的话不容易让人信服，并且员工没有一个可以监督他们的信条的话，整个团队就会像一盘散沙。所以，只有严谨的合情合理的制度，才可以让人心服口服。在一个团队里，要学会一切用制度说话。

效率管理，时间是用来珍惜的

每个企业每天都要开各种会议，可是每次开会总是好长时间，明明是很简单的问题，有时候却要浪费好几个小时，大家明明知道这样有问题，又都不去解决，这是为什么？

举一个简单的例子，有一次我们公司又开会，很小的一件事大家只用投票解决一下就行了，可是却花了两个小时的时间才结束这个会议。因为大家本该提前就看的资料大部分人都没有去看，都留在了会议中去看，这样一来时间就都浪费了，工作效率自然不会高了。

从这个例子中大家应该明白会议资料不应该在会场阅读，而应该在开会前发给所有的参会者，到了开会的时候大家一讨论再投个票，会议就可以结束了。可是现在一个好好的会议却被大家折腾成了看书会，本来开会的真正目的是为了节省时间提高效率，但是因为大家的不重视和浪费时间反倒降低了办事效率。

我们可以利用学校针对学生的考试制度来破解这个难题。其实从某个方面看，学生和员工是一样的，在学生中也有偷懒的学生，有勤奋的学生，也有劳逸结合的学生。只不过相对来说，学生偷懒与否结果会更明显一些，平常爱偷懒的到了考试时开始努力学习，但是依然考不出好成绩，平常努力的自然会考出好成绩。就像员工一样月初闲的没事儿干，一到月末该考核了就开始忙活儿了。

可是这样有什么用呢？公司的利益已经受损，效率已经下降，临阵磨枪即使光也只是光了个表面。所以我觉得公司应当立一个规定，一星期统计一下每个员工的工作完成情况，多增加几场考核，并且要加强考核标准，这样员工就有了压迫感，不会再投机取巧地偷懒了，工作效率也就提高了。

员工多了，矛盾也就多了，公司里总会出现一些互相推脱责任的事情。因为员工之间职责不明确，中间总会出现一些岔子，这样不仅浪费了很多时间，而且降低了团队的效率。为了避免这种情况的发生，公司领导人应该详细地规划好每一个员工的职责，环环相扣，不仅提高了办事效率还可以减少员工之间的矛盾。当然，在确定他们职责之前一定要充分了解这个人，要给他最适合的工作，只有这样才能激发他的潜力，提高团队的效率。

对于外人来说，检验一个团队优不优秀的唯一标准就是看这支团队的效率高不高，所以对于一个团队来说效率高于一切。提高效率最简洁的方法就是珍惜时间，利用好每一点儿时间，不要因为个别人的原因降低整个团队的效率和利益，对于这种懒惰之人不能手软，一定要在第一时间就抓出来，以免给团队其他人带来不利影响。

量化制度，让懒惰因子无法遁形

每次进公司时总是会发现一个奇怪的现象，明明都是一个团队的，为什么有的人闲的剪指甲聊天，而有的人却忙得连饭都吃不上。本来以为只有自己公司是这样的，可是经过后来几次观察发现每个公司都有这种现象。虽然是一个团队的，但是时间差距特别大，有的人忙得不可开交，有的人却整天游手好闲的，总感觉就像南郭先生一样投机取巧。并且因为这一两个懒惰因子总有很多人因为他们的疏忽花上好几倍的时间，慢慢地公司其他员工的不平衡感也变得越来越大，说得不好听些就是一颗老鼠屎坏了一锅汤。

可能会有人觉得小题大做了，一个人的力量哪可能那么大？可是要知道现在的企业都是流水线形式的，每个员工有每个员工的职责，环环相扣形成一个生产流水线。假如中间有一个人出了差错就会影响整个团队的效率，最重要的是团队其他人的心理状况，同为一个团队的人为什么自己付出那么多，得到的却和没有付出的人一样？这样一来员工心中会感到不公平，慢慢地对公司感到失望，进而整个团队的效率和效益将越来越低。

其实团队就像班级一样，在班级里有好学生，有差学生，那些平常非常懒惰的、不学习只靠在考试时临阵磨枪的人考试是不可能考好的，而那些每天都非常勤奋的学生自然会在最后考出一个好成绩。班级和团队唯一不一样的就是对于学生来说成绩是个人努力就能得到的，不努力不可能得到，所以那些勤奋努力的学生心理不会有不平衡感。但是团队不一样，对于一个团队来说每个人所做的努力是为了团队的效益，所以对于那些懒惰的人来说也就无所谓立人，而那些努力工作的人心里的不服气会被无限放大。针对这种情况，领导者必须尽快揪出那些懒惰因子，还勤奋努力之人一个公道。要想改变这种现象领导者可以制定奖惩方案，可以由一个月考核一次改成一个星期考核一次，并且把考核制度设定得更严格些，这样员工就不会在最后去临阵磨枪了。因为考核周期短，没有磨枪的时间，所以平时必须努力。这样就可以很容易查出那些懒惰因子了，查出来以后要对其施以惩罚，这样对于其他员工来说会公平很多。

在实行奖惩制度时还要适度地给那些努力的员工一些公正的机会，这对于那些努力的人来说是一种激励，当他在这个公司看到公平之后会更加努力地工作。

苏黎世大学的教授费尔（Ernst Fehr）和盖希特（Simon Gachter）联合举行了一个实验。他们把参与者分成四人一组，并为每个人提供了钱，要他们选择要么自己保留这些资金，要么将一部分或全部资金投入基金池。不管参与者做出何种选择，基金池都会增长40%，并且在所有的参与者中进行平均的分配。

游戏刚开始时，大多数人将一部分资金投入基金池里，他们的平均贡献值一般为9分多一点儿（总分是20分）。可是随着游戏的进行，那些把资金投入基金池的人们不愿意了，因为他们意识到其他的参与者是在不劳而获，有些人没有投钱，但总是在分享基金池的增长利益。

于是，那些贡献多的人不想损害自己的利益，合作精神就这样在这里被破坏，他们不希望自己付出，而别的成员却坐享其成。所以，愿意贡献的参与者们开始选择了放弃，他们开始减少了投向公共基金池的资金额。就这样，经过了 10 轮游戏之后，平均贡献值降到了 3 分。最后教授们发现，几乎所有的参与者，都将自己的全部资金留下来，不再想投入进去，这样一来，基金池很快就干枯了。

接下来，两位研究人员为这项游戏增加了一项新的条件：在新一轮的游戏中，参与者可以花自己的一部分钱对于那些不投钱的人进行惩罚。游戏开始发生改变，在第二组游戏中，每一个人的平均贡献值与第一组非常接近，但是后来就慢慢地增加了很多，有的时候甚至还上升到 20 分。由于参与者们都产生了责任感，所以合作成了他们每个人的主导行为标准。于是这些人的平均贡献值达到了 18.2 分，在这些人中间，有 82.5% 的参与者将所有的资金投向了公共基金池。

那些偷懒的人害怕被惩罚，于是加入了积极的阵营，提升了工作效率。只有在这个基础上，我们对于工作进度的量化管理，才有可能实现。在实验的最后，两位教授说："随着时间变化，团队合作明显减弱，到最后降到非常低的水平。"这些事实表明，缺少惩罚措施时，参与者必定没有办法进行稳定的合作。

这个实验告诉我们一个道理，在团队当中我们不能只看那些优秀努力之人，既然他们已经够努力了，我们就不用花太长时间去关注了。反而我们要把焦点放在那些懒惰之人的身上，因为这些懒惰之人将成为损害团队利益的人，作为一个领导者要及时揪出来，以免影响到那些真正为团队做贡献的人。

对于一个团队来说揪出懒惰的人远远比奖励一个勤奋的人要重要得多，因为让勤奋之人变得不勤奋的原因就是受那个懒惰之人的影响。就好比一张只有一个黑点的白纸，人们往往看到的是那个黑点，而不是白纸，只有擦掉这个黑点，人们才可能看到这张完美的白纸。因此要想管理好自己的团队，就要找出懒惰因子，千万不要让这几个人影响整个团队。

个人制度与共同负责

马克思曾经说："人们奋斗所争取的一切，都同他们的利益有关。"确实，现代很多人碰到事情先考虑的不是怎样去解决这件事情，而是先想这件事情和自己是否有关。若和自己有关就会投入百分百的努力，如果和自己没有关系再大的事也会转身就走。公司里也是这样的，如果领导分配下来一个任务，没有具体分配到个人，只是分配给一个团队的话，那么每个人都会觉得和自己没有关系，即使做也是敷衍了事，这样一来效率就会很低。这就是为什么责任要具体到个人的原因，只有具体到个人才能增加每个员工的责任感，只有每个员工共同努力担负起每个人的责任才能推动团队的共同利益。所以无论上级分配任务还是制定制度一定要分配到个人，只有每个员工都发挥自己全部的才能和力量才能推动团队的整体能力。

我以前的朋友曾经给我讲了他曾经就职的公司的事情：

这家公司的老板是个大学刚毕业的富二代，毕业了想要自己创业，在这座写字楼开了个广告公司。虽然看着他们公司的人每天也都是在工作，可是他们公司整体给人一种很懒散的感觉。其实他们的业务也不少，只是这个公司每次有什么业务的时候，只是把任务给每个员工说一下，随后把资料交给所有员工，也没说任务要做到什么标准，员工们也没有目标，所以所有员工都是懒懒散散的，到最后一刻才去敷衍了事的做一下任务。因为这些任务根本没有执行标准，任务也没有说具体由哪个员工做，所以即使某个环节或者是最后任务完成得不好，也没有办法对他们进行奖罚。

正是由于这些原因最后导致了公司的破产。任务没有具体分配到个人身上，所以每个人都感觉没自己的事。任务具体不到个人身上，责任也就具体不到个人身上，这种情况下他们根本不会用心去为团队服务，这样一来团队根本就没有效率。我的这位朋友在这家公司待了不到一个月就走了。他说他在这个公司根本看不到希望，这个公司只适合好吃懒做的人。他本来是想努力在这家公司干出一番大事业的，结果来了以后发现他根本无法和这个公司的人产生默契，这种情况下他根本什么都做不了，连最基本的工作都没有办法做，所以他选择了辞职。

一个公司最不能有的就是员工没有责任心，做任何事都是敷衍了事，如果员工没有责任心他根本不会好好地做事，只会找机会偷懒，并且这种人最看不得的就是认真工作的人，他们必定会在背后对那些认真工作的人指指点点，以至于其他员工也没有办法认真工作。

领导者在团队里一定要将工作具体分配到个人，让员工明确自己的责任，用个人责任来推动共同责任。当然也有人说个人利益和共同利益很难调节，其实要想完美地融合个人责任和共同责任并没有大家想象得那么难，只有做到以下几点，才可以将个人责任与共同责任完美融合：

1. 公平

首先最重要的就是公平。这是最基础的，因为每个人都希望自己被公平对待，如果稍有偏差其他人心里就会感到不满。当然了，绝对的公平是不可能的，无论任何事情、任何行业都不可能做到绝对的公平，但关键是你要把公平这种观念植入他们脑子里，最起码让他在意识上感觉到公平。

这种公平分为两种就是过程上的公平和结果上的公平。所谓过程上的公平就是说你要给每个人平等的机会，无论是在分配任务上还是制定制度上都要体现公平。他们有了平等的机会，就会产生出个人的责任感，从而推动共同的责任感。而结果上的公平不是领导者能给的，我们只需要提供开始和过程中的公平给他们，而结果上的公平是他们在过程中努力的结果，公平与否都是他们自己努力的结果。

2.适当的奖励

每个公司都会有绩效评估，团队绩效的好坏都是员工共同努力的结果，也是共同负责的基础，所以领导者一定要重视绩效评估会。最好在会后做出一整套公开透明的绩效评估体系，在这套评估体系里要体现出你重视每个员工，尊重他们每个人的付出并适当地做出奖励。

团队的绩效是靠所有员工共同努力的结果。要想让每个员工都担负起自己的责任，推动共同责任的话，身为领导人必须做到将任务清楚地分配到每个人身上，再给予他们一个公平的工作环境和适当的奖励，这样才能更好地激发他们的工作动力和个人责任感。

总之，个人责任和共同责任是紧密相连的，无论如何都要做到公平的原则，该奖赏的奖赏，该惩罚的惩罚，务必把责任清楚地分配到个人身上，才能创造更大的效率。

人力资源的制度要明确

人力资源是企业最重要的组成部分，对企业起着重要作用。所以关于人力资源的制度一定要制定好，企业的运转靠的是员工的努力，如果员工的制度不明确，在工作中就会出现很多人事纠纷，这种事是最浪费时间的。如果公司经常发生这种事，员工和企业之间的矛盾就会有很多，公司也很难正常运转，只有建立了健全的人力资源制度，企业和个人才能取得共同的发展。

有很多小企业经常发生这种事。因为企业小，员工少，所以公司人力资源制度方面就很不重视，导致员工和企业之间产生很多纠纷。因为制度不明确，员工发生事情以后无章可循，处理起来就多了很多麻烦。这样一来，这个企业光处理员工的事就花费了很多时间，效率自然不会高，公司的发展也就很难壮大。

需要明确的八大人力资源制度：

1. 人事结构。这个是最基本的，就是要明确企业每一层的管理层包括领导的职责，一级一级要明确各自的分工，各级之间都会有联系，但是在职责上一定要分开。如果各级的职责不明确的话在发生突发事件需要负责时，各级之间有可能会推卸责任，这样一来，本来很小的事最后却要花费很多的时间。

2. 员工合同。这是在员工进企业时就要签订好的。这份合同必须一条一条详细地注明所有相关的条款，这份合同还需要有一些预见能力，就是对将来有可能会发生的事提前预知并写在这份合同上，以免以后真的发生了再花费时间去处理。

3. 时间安排。也就是工作时间的规定和打卡的安排。工作时间必须提前制定好，包括加班的相关规定都要提前安排好。这个时间必须是固定的，不能太乱否则会引起大家的不满，并且会降低工作的效率。

4. 工资福利。这个应该是这八大制度中最重要的，毕竟员工工作绝大部分都是为了工资，如果这方面制定得不明确，员工工作的劲头就会小很多。并且利益纠纷是最难处理的，一旦钱方面出现了问题，在处理时花费的时间和精力将会更多，并且还有可能造成财产方面的损失。

5. 休假安排。很多人觉得这一项没有用，其实不然。因为休假安排的错乱会引起很多人对公司的不满，所以制定的时候必须把相关的休假条例包括带薪不带薪，时间长短，公休私休等方面必须一一写清。

6. 仪容仪表。这个虽然是一条小的制度，但为了避免以后会发生的情况，也要提前明确好。关于员工在公司的穿着方面，工作纪律方面，包括接待顾客等方面都要明确好，因为这是企业的门面，一旦出现什么差池所危害的将是整个企业的利益。

7. 奖惩制度。关于奖惩制度，最重要的就是公平，无论是什么样的奖励或者是惩罚都要注重公平，不能有任何的偏差，因为这样的偏差看在其他员工的眼里会引起极大的不满，更会打击到员工的工作积极性。毕竟每个人都希望自己可以被公平对待。特别是在奖励的时候，一旦对谁有了偏向，就会引起其他所有员工的不满。所以在制定奖惩制度时一定要明确好。

8. 最终补充。这个等于是一个对未来会发生，但是现在又无法预料到的事的解决制度。毕竟人考虑得再周道，还是会发生一些突发事件的，所以要制定一个制度专门为了更加快速地解决那些未知的事情。

制定一个明确的人力资源制度是提高企业办事效率的方法之一，同时也是推动企业进一步发展的必要条件。

员工福利制度要合理

对于一个企业来说，一个合理的福利制度至关重要，一个能令员工满意的福利制度会激励员工更卖力地工作。

为了鼓励一些员工，领导经常奖励一些员工，可是怎样奖励才能让员工更加努力工作却成了问题。一般领导采取的就是两项，口头表扬或者是涨工资，其实这两项福利制度也会出现问题。如果口头表扬的话一般情况下是不会产生太大的效果的，因为这是一个现实的社会，对于大部分人来说口头上的东西是最虚的，根本无法激励员工更加努力向前，反而会让员工觉得你这个领导小气。那么再说一下涨工资，这确实是一个比较现实的做法，人们工作不就是为了钱吗？可关键是你该奖励多少才是最恰当的？钱发得多了公司承受不起，少了又有很多人不满意。

因为员工需求不容易掌握，每个人的要求都不一样，所以这个福利制度要建立在公平之上必须让每个员工都对这套制度感到满意，不会因此产生歧义，否则本来是为了激励员工让他们更好地工作却弄巧成拙反而让员工对你产生了偏见，反倒打消了积极性。

20世纪80年代在美国很流行的弹性福利制就很合理。这个弹性的福利制就像一个礼包一样，有各种福利套餐，有A餐、B餐、C餐。员工可以根据自己的情况进行选择，譬如有适当的金钱奖励，有分期制就是每个月涨一点儿，还有就是购房补助套餐这个是针对没有房子的员工在他们准备买房时可以相对的补助一些，或者是子女上学补助费。每个员工可以根据自己的个人情况进行选择，如果你选择的价值要比你应得的高就要再贴补一些，如果比你应得的低，你也可以要求补发差价。这就是弹性福利制度，这种制度比较人性化，因为每个人的个人情况不一样，所以相对的应当给他的福利也不一样，像这种选择多了，能照顾到的人也多了，而得到自己想要的满意的福利后，员工自然会更加卖力地去工作。

美国路易斯协会曾经对这种弹性福利制度做过调查，得到了这样的结果：控制新增长的成本(40%)符合员工需求（27%）促进员工满足感（17%）增进员工的士气（16%）使员工了解实际的福利成本为何（14%）增进员工的福利(11%)，所以虽然这种福利制度流行于20世纪80年代，但是至今还有很多成功的企业在用。

这种弹性福利制度好就好在既可以节省公司的金钱又可以提升公司的魅力，吸引更多的人，也不用再为了福利制度而专门设置一个小组。而对于员工来说可以根据自己不同时段的不同情况选择不同的补助方案。这样一来，公司和员工双方都满意，双方自然会更加努力地发展公司。

这种弹性福利制度非常合理，既可以为公司节省开支，又可以满足不同员工的不同需求，以此达到激励员工的目的，提高公司的效率。

培训制度要制定好

21世纪各行各业发展都非常快，新血液的注入对于企业来说非常重要。如果想让公司跟得上时代的潮流，公司必须在一定的时期引进一些紧跟时代潮流的人和技能，来推动公司的创新与发展。在这个时候建立全面良好的培训制度对于一个公司来说至关重要，一个良好的培训制度不但可以提高公司人员的工作效率，还可以更好更快地促进公司创新。

建立和完善培训制度是推动公司创新的基础，它为企业的发展提供了人才保证和技术创新。所以公司一定要专门设立一个培训机构，建立一套完整的培训制度。

沃尔玛创始人山姆曾经说过"企业的技术、专利等可以购买和复制，但唯独员工能力难以复制和购买"；微软总裁比尔·盖茨也曾经说过"将我们公司最好的20人拿走，微软在世界上将变得无足轻重"，可见在这个商业竞争十分激烈的社会，谁拥有高素质高能力的人才，谁就会成为最后的赢家。在欧美一些发达的国家，员工培训被认定为是企业最有价值可增值的投资，在业务发展到一定高度，他们会为员工们做定期培训。培训做得好员工能力得到提高，公司效率自然会提高，所以指定好培训制度是对公司和员工都有益的事情。

想要建立一个好的员工培训制度，首先要了解公司目前的情况并规划好公司的中长期目标。只有了解了这些才能知道公司需要哪方面的技术，然后根据需要进行培训，这样才可以更加直观有效地提高员工的能力。

确定过技能需求以后开始制定最基本的培训方案，也就是培训时间，人员，负责人，场地，所需金额等等这些基础的东西。这些东西必须在一开始就制定好，以免在培训中出现问题。为了这些最基本的东西浪费时间是最愚蠢的行为，所以必须在一开始就把基本条例制定好，把每个人的职责分配清楚，培训所需的资金一款款都要清清楚楚地列出来。还有就是培训讲师，最后分为两种公司内部的最优秀人才和公司外部高校的讲师，这些都要安排好。因为这些都是培训的基础，是必要的保证。

最后进行培训课程的分析与制定，在课程选择上一定要谨慎，不能盲目地根据培训人员的推荐或者是市场流行的来选择培训课程，要根据公司需求和员工的个人情况选择培训课程。了解了公司的需求以后再制定相关的培训课程可以填补公司的技术空缺，同时也要了解到市场未来的需求，这样可以更好地跟上时代的潮流，最后还要了解到每个即将参加培训的员工的个人情况，了解一下他们需要增进哪些方面的技能，经过了解这些以后选择的课程才能更好地提高员工的技能，提高公司的绩效和创新技术。

当然还有最重要的就是培训评估，即员工的反应收获以及应用问题，根据这些可以查出员工学习的情况和效果，提取员工学习到的好的东西来应用到公司，同时还要查出学员还缺少什么为下次培训做准备。

对于一个企业来说一个良好的培训制度至关重要，可是有些企业却不以为意，即使建立起了这个制度也只是敷衍了事。所制定的制度不但对企业没有任何推动作用反而会浪费企业的资金和员工的精力和时间，所以一定要指定出切实可行的培训制度，只有这样才能真正地推动公司的发展。

PART

第三章

3

重视决策，强壮管理的心脏

一项任务的成败取决于人们在做这个任务时所做的决策是否正确，对于一个企业来说成败取决于每一个任务，而对于任务来说成败取决于决策。对于企业管理来说决策就好比他的心脏，是致命的，所以领导在做决策时一定要谨慎，关于这个决策的有关事项要一一考虑周到再去做出决策，以免一些错误的决策影响团队的整体效益。

正确的决策源于有效的信息

决策是什么？决策是管理的中心。它代表的是风险，小的决策代表一个业务的成败，大的决策有可能决定公司的成败，所以领导者在做任何一个决策时必须小心谨慎，不能出现任何差池。那么怎样才能做好每一个决策？这需要领导人全面地了解关于这个决策的所有信息，每个信息都必须认真审核，必须确定它的有效性，因为一个小小的无效信息都可能致使决策失误以至于整个业务的失败，所以正确的决策必须依赖于有效的信息。

举一个简单的例子。就像大家平常看的有关间谍的电影一样，安插间谍的一方做出的任何决定都要靠间谍所传过来的关于敌方的信息，因为他们要靠这些信息来了解敌方，然后凭这个信息做出决策再制定出对付敌方的方案，那么这个时候间谍所传来的信息就变得至关重要了。假如他传来的不是有效信息，他们按照这个无效信息做出的决策必然是错误的决策，后果将会十分严重。这就是为什么说正确的决策源于有效信息的原因，因为领导做决策时需要先分析这些相关信息，再根据这些信息做出判断，做出决策，环环相扣，而这第一环就是信息，如果信息为无效信息，那么一步错步步错，后边的那些都没有任何意义，并且最后的决策一定会变成错误的决策。所以，有效的信息对于做决策的人非常重要，因为他将决定决策是否正确。

一般情况下我们要做任何决策前，都会先把相关事项过滤一下，权衡一下利弊再决策。也就是说决策是否正确完全靠你所得的信息是否有效，一旦信息是无效信息，你却不知道，并且把这条信息考虑进去了，依靠这些信息做出了决策，那么你做出的决策是不可能正确的。就像平常盖房子一样，连地基都没有打好，房子盖得再高都是在做无用功，因为基础都没打好其他部分怎么可能单独存在。

那么怎样做出正确的决策，检验有效的信息呢？

1. 在决策一件事时，先搜集与这件事相关的信息，一定要是所有相关信息，无论重要不重要都先收集起来，以防错过细节处。

2. 收集到信息以后就要检查信息的有效性。这一步是最重要的，假如信息是无效信息的话会影响你的正确判断。检验信息的是否有效的方法有很多，首先应该先了解信息源，看看信息源是否可信，可信的话，信息的有效性就会增大很多，其次再了解信息本身的可信度，因为有些信息本身的可信度就很弱，这些信息是可以直接过滤掉的。

3. 去掉这些无效信息以后，再将所有信息中和一下，然后根据这些信息做出合理的决策。

作为领导者我们不能凭个人的喜好与主观意识就草率的做出决定，在做任何决定前，领导者都要对相关的信息进行详细的了解，对所掌握的信息进行筛选整合，通过对信息的了解及判断，最终做出最有利于发展的决策。

在如今的信息时代，做决策更是需要依靠外界的有效信息，因为事物的发展很快，做决策时如果外界发生了变化，决策也会受到影响。因此，我们只有把握正确的信息，才能做出有利于团队的决策。

从众效应：优秀管理者做决策决不随大流儿

什么是从众效应？官方解释是从众效应也称乐队花车效应，当个体受到群体的影响，会因为怀疑而改变自己的观点，而和大多数人保持一致，也称之为随大流儿。这种随大流儿的现象有积极影响也有消极影响，对于普通人来说这种行为也许只是对自己有所影响，可是对于领导来说这种随大流儿的行为是万万不能有的。因为领导是决策者，无论他做的决定是对是错，员工都会去做，他的任何一个决策所影响到的是一个团队甚至是一个企业的整体利益。所以领导者在决策时必须保持清醒的头脑，不能受任何其他人的影响而做出随大流儿的决定，一旦决策错误整个公司的员工都会受到牵连。所以作为一个优秀的管理者在做决策时绝对不能随大流儿。

美国人詹姆斯·瑟伯有一段十分传神的文字，来描述人的从众心理：突然，一个人跑了起来。也许是他猛然想起了与情人的约会，现在已经过时很久了。不管他想些什么吧，反正他在大街上跑了起来，向东跑去。另一个人也跑了起来，这可能是个兴致勃勃的报童。第三个人，一个有急事的胖胖的绅士，也小跑起来……10分钟之内，这条大街上所有的人都跑了起来。嘈杂的声音逐渐清晰了，可以听清"大堤"这个词。"决堤了！"这充满恐怖的声音，可能是电车上一位老妇人喊的，或许是一个交通警察说的，也可能是一个男孩子说的。没有人知道是谁说的，也没有人知道真正发生了什么事。但是2000多人都突然奔逃起来。"向东！"人群喊叫了起来。东边儿远离大河，东边儿安全。"向东去！向东去！"……这种从众效应就是消极的，很容易引起群众的恐慌。还有现在电视上的节目，一开始《非诚勿扰》的蹿红，使得很多其他电视台的领导开始做出跟随的决定，于是随之而来的各种相亲节目就都做起来了，可是结果却没有预期的那么好。因为这种节目太多而且他们学《非诚勿扰》又让观众感到排斥，收视率就很低。其实类似的事情还有很多，一个节目比较火其他台的领导人就开始跟随，就因为领导人一个错误的决定，整个节目就都毁了，并且还挫伤了员工的积极性。

领导在做决策时一定要做好一个完整的计划，考虑周详些，千万不要因为别人这么做了，你就心动跟着做。一个优秀的领导人在做决策时绝对不会做出随大流儿的决定，因为这样的一个错误决定将带来很严重的后果。现代社会的人都喜欢一些创新的东西，决策一样了，所生产出来的东西也会一样，也许一次两次会有人去看，但是时间久了就会产生视觉疲劳，那么这个项目必定会失败。所以作为一个优秀的领导人必须保持一颗清醒的头脑做决定，因为一般情况下员工喜欢跟随领导，如果领导人盲目跟从，那么下属也会跟着你这样做，一个只会盲目跟随的团队是注定不会有大发展的。

一个领导人，要摆脱从众盲目的心理，保持清醒的头脑和独立的思想，摆脱那些所谓的条条框框，只有这样才能有所创新，成为一个优秀的领导人，带领团队走向一个更高的位置。

晕轮效应：不以自身喜欢作为决策的依据

很多人喜欢戴着有色眼镜看人，总是根据自己的喜好去评判一个人的好坏。有的领导在看到一些人身上的缺点以后即使这个人有再多优点也会很讨厌他，而一旦一个人身上有一点是这个领导喜欢的东西，哪怕他没什么能力也会重用他，这种戴着有色眼镜去评判他人的行为就是晕轮效应的表现。这种行为非常可怕，因为根据自己的喜好去随意评判人的话很容易做出错误的判断，在做决策时如果出现这种情况会导致决策的失误，所以一定要克服这种心理，不要把自身的喜好带入工作中，应当理性地做出正确的决策。

关于这种晕轮效应在现代社会有一个很典型的例子，现在很多人都认为"90后"是没责任没担当的一代，所以有人在见到"90后"第一面时就喜欢说教，好像对他们有多了解一样，但其实他们只是戴着一副有色眼镜在看"90后"罢了。因为"90后"的孩子喜欢穿鲜艳的衣服、喜欢开玩笑，而对于那些思想保守的大人来说这是难以接受的，所以他们很喜欢对他们说教，其实这样对于"90后"来说很不公平，只是因为人们的自身爱好就随意评判他们，很容易挫伤他们的积极性。并且很多领导人在面试时看见"90后"，还没有开始了解他们，就觉得他们浮躁，以至于很多人还没有真正地去展现自己，可是在领导心里已经被刷下来了，就是因为这些人以自己的喜好去随意评判一个人，不仅使公司错过了一个又一个的人才，又挫伤了"90后"孩子的积极性。

因为晕轮效应曾使文学界少了一颗巨星。文学巨星普希金曾经非常狂热地喜欢上了莫斯科第一美人娜坦丽，并且还和她结了婚。娜坦丽虽然长得非常漂亮，爱好却和普希金完全不同，甚至可以说相反。娜坦丽喜欢把自己打扮得漂漂亮亮地去参加各种舞会而普希金喜欢作诗，每当普希金有新的作品想让娜坦丽看时，她都不屑于看，但是每当娜坦丽让普希金陪她去玩时，他都会马上丢掉手里的工作去陪她，最后弄得普希金债台高筑还为了她决斗而死，使得文学巨星就此陨落。很多人不懂为什么普希金愿意这样做，普希金认为有美貌的女人就必定有非比寻常的智慧和品格，然而事实并非如此。可惜普希金一直并不懂得这个道理以至于深陷于晕轮效应之中，最后做出了错误的决定，竟是以死为代价。

其实所谓晕轮效应就是一种以一代全、不顾全局的行为，这种行为很容易麻痹决策者，蒙蔽他们的内心以至于他们做出错误的决策。作为一个决策者应当学会用理性的眼光看待问题，不能自己喜欢什么就以此为基准做出什么样的决定，这样不顾大局的行为会使得决策者做出错误的决策，从而影响整个企业的计划和发展。

作为一个决策者无论是对人还是对事都不能根据个人喜好而先入为主地对他们做出判断，这样的判断是偏离轨道的，很容易犯错误。作为一个好的决策者应当尽力避免自己陷入晕轮效应的旋涡中，要防止把自己主观的想法强加到别人身上，应当尽量去了解人或事以后再去做出决策，以免做出错误的决策影响企业的发展。

定式效应：突破思维的墙，才能制定好决策

其实大多数人都有定式效应，因为一般情况下人们的工作环境和生活环境都是一样的，所以很容易形成思维定式。于是人们在思考任何事时都喜欢使用同一种视角来观察。

可以说思维定式是一把双刃剑，好的一面是可以节约时间和精力，因为已经有一种固定的思维模式了所以就不用再多动脑了；坏的一面是这种固定的思维模式会束缚我们的思维，这样就很难创新了。这种没有创新的思维模式是企业的大忌，因为突破不了这种固定的思维模式根本做不出好的决策，没有创新的思维方式所制定出的决策也都是一些随大流儿的东西，很难形成竞争优势，所以要想制定出好的决策必须突破思维的墙。

苏联心理学家曾经做过一个经典的关于"思维定式"的实验：研究者向参加实验的两组大学生出示同一张照片，但是在出示照片之前，向第一组的同学说："这个人是一个无恶不作的罪犯"；对第二组学生却说："这个人是一位伟大的科学家"。然后他又让两组学生各自用文字描述照片上这个人的相貌。第一组学生的描述是：他有一双深陷的双眼里面满是仇恨，及其突出的下巴说明他一直在犯罪的道路上前进不知悔改。第二组的描述是：深陷的双眼说明这个人的思想非常有深度，突出的下巴说明这人在知识道路上有克服困难的意志。他们对于同一个人的评价仅仅只是因为前面的人所给他们的描述就产生了这么大的差距。所以说心理定式对人们做出的决策会产生很大的影响，以至于产生错误的意识做出错误的决策。

我国数学家华罗庚讲过这样一个故事：若我们去摸一个袋子，第一次，我们从中摸出一个红玻璃球，第二次，第三次，第四次，第五次，我们依然摸出了红玻璃球，然后，我们会想，这个袋子里装的肯定都是红玻璃球，可

是，当我们继续摸下到第六次时，却摸出了一个白玻璃球，那么我们肯定认为，这个袋子里装的只是一些玻璃球罢了。但是，当我们继续摸，我们又摸出了一个小木球，我们会想，这里面装的是一些球吧，如果我们再继续摸下去……这说明，当我们在一个有限的范围内，接触了一定类似的概念后，往往会形成一种思维定势，并且在一定的范围内它似乎是没错的，但是如果跳出了这个范围会怎样？假如我们可以跳出这个范围我们将能看见新的世界，可以用一种新的思考方式来做出新的决策。

所以我们一定要打破这种思维定式，从固定的思维模式中走出去，只有这样才能做好每一个决策。要想走出这种思维定式首先要随时保持这种警觉意识，因为这种思维定式是固定的，一旦沾染上了就很难再甩掉。所以我们一定要随时保持警觉。

当然人都是脆弱的动物，所以再警觉也有可能产生这种思维定式，一旦产生了这种思维定式，也不要慌张，一定要认清自己这种思维定式是怎样形成的，然后解放自己的这种思想，更新出新的观念来突破这种思维定式。还有一点最重要的就是无论在什么情况下，在做决定时都要独立思考，坚持自己的意见，不要被其他人的思想束缚了。

商界人士常说："观念一变天地宽"，可见思维定式的危害性有多大。所以无论是领导者还是普通的员工在做决策时，一定要突破这种固定思维的高墙，学会独立思考不要盲目跟随，只有这样才能做出更好的决策。

危急时刻，敢于大胆做决策

我们无论是在什么环境下工作或生活，都会有遇到危急时刻的时候。遇到危急时刻并不可怕，可怕的是在危急时候你优柔寡断，迟迟不敢做决定导致最后的结果变得非常糟。特别是身为一个领导人，最忌讳的就是在关键时刻畏畏缩缩地不敢做出决策，因为在关键时候大部分人都会乱了阵脚，一般情况下，在这个时候人们都会把希望寄托在最强的人身上，如果这个时候你也乱了阵脚，犹犹豫豫地不敢做决策导致最后事件失败的话，那么你在大家心中的威信也会降低很多。

坦白地讲，危难时刻靠的不是谁的智慧有多高，而是胆识和担当。这个时候领导变得畏畏缩缩的就只能说明他没有担当，这是身为领导最基本的东西，如果连这个能力都没有的话，怎么让员工相信你可以带着他们走得更远。

想必大家都遇到过这种情况，在遇到一些非常紧急的情况时，因为害怕做错决定，所以一直在考虑这考虑那地犹豫不定，直到最后想出应对方案了，才发现事情已经结束了，然后就一直在悔恨自己当时为什么没有放开胆来做决定，如果当时做了也不至于是这个结果，并开始后悔。很多人都是这样，事情发生时，瞻前顾后地不敢大胆的做出决策，等想到了也晚了，然后开始后悔当时为什么不再大胆点儿。并且很多人都是在这种恶性循环中，类似的事情明明已经发生过了，可是再遇到依然不敢大胆地做决定。

这种人就是没有魄力，一个人如果想要有更大的发展，必须有危急时刻勇于做决策的魄力。其实那些不敢做决策的人，并不是他们考虑周详，归根结底是不敢承担责任，怕自己万一决策做错了再让自己承担责任。

这种事情如果发生在平常的那些小事情上就算了，可是对于一个企业来说是万万不可的。在一个企业里身为决策的人，你所做的决策并不是危及了你一个人而是整个团队。所以在这种危急的时刻，一定不能犹豫不决，不敢做决策，一定要在事情刚发生时就赶紧在最佳的时间段里以最快的速度做出一个合理的决策。这个时候你不要想那么多，更不要想着担责任什么的，敢于承担风险本来就是一个领导应有的魄力，这时应当做的就是集中精力思考这件事情，然后果断出击，做出决策，不要等到事情发生以后再去懊恼自己当时没有及时大胆地做出决策，事后后悔是最没用的。

危急时刻一个领导人该如何来做呢？

1. 领导之所以有很高的威信并不是他有多高的智慧，而是他有其他人没有的胆识和担当，而这种东西平常根本是体现不出来的，关键就靠在危急时刻你的所作所为了。

2. 这种时候千万不要有丝毫的退缩，首先先摆出自己的威严，震慑住下边的员工，使他们安心，然后再整理整件事情的来龙去脉，记得一定要快。最后在最佳的时间，一举出击，果断地做出决策。

3. 之后再简短地说几句让员工安心，接下来就是等这件事情的结果了。假如你决定对了，一定要乘胜追击，进一步建立自己的威信。假如决策失误，就想办法弥补，但是切记不要再在员工面前提这件事。这样并不是逃避责任，而是要保住自己的威信，毕竟，对于一个领导人来说树立威信是最重要的。

作为领导，在危急时刻，一定要拿出自己的魄力和担当大胆地做出决策。在事情发生时不要去想别的，只要大胆地做出决策就好了，即使决策失误最起码在员工心中，在最危急的时刻，你站出来为团队承担责任了，这就够了。

作为一个领导者要敢于做决策，不要面对问题而缩手缩脚的，要果断地做出对团队有益的决策。

面对棘手项目时，合理做决策

在工作中，不可能每个项目都是顺风顺水的，总会遇到一些棘手的项目，当你遇到棘手的项目时，团队一定不能像对待平常的那些项目一样按照固定的套路做决策。团队应当根据这个项目的整体情况，具体问题具体分析，然后做出合理的决策。

如果一个团队遇到了比较棘手的项目，千万不能自己先乱了阵脚，在这个时候最需要的就是冷静思考。首先团队整体先给每个员工都分配好各自的任务，一起把项目的各个情况都分析一下，权衡一下利弊，找出问题所在，再根据整体情况做出一个合理的决策。

无论再大的团队都有可能遇到棘手的问题。本来销售量一直很好，发展很顺利的聚美优品曾因为一个棘手的问题处理不太好险些夭折了。2013年3月1日深夜零点时分，聚美优品所有的员工都聚在了一起准备欢庆聚美优品三周年，并且为了庆祝三周年他们搞了一次很盛大的促销活动，代号"301"，本来大家非常看好这次301的活动，在大家准备庆祝时一件棘手的事发生了。

由于抢购的人太多，网站出现了崩盘的迹象，直到凌晨三点也没有要变好的趋势，实在没有办法了，技术人员开始往外踢用户，由于这一切来得太突然，董事长陈欧和聚美优品的整个团队始料未及。由于聚美优品一直往外踢用户导致很多人提前购买的优惠券都没有用出去，外界开始有人攻击聚美优品说他们不诚信。这事情已经够大了，可没想到的是后面还有更大的问题，公司出现了严重爆仓的情况，堆积成山的货物发不出去，客服电话也快被打爆了，几十万用户给聚美优品的客服打电话都联系不上。

其实这是聚美的团队高估了自己的仓储和物流能力才导致出现了这个棘手的问题，问题出现以后陈欧和整个团队开了个紧急会议，根据现在的整体情况做了一些相应的对策，首先陈欧和各高管先发表声明道歉，被踢了的用户的优惠券稍后还会让其使用，爆满的仓库里的产品会在事件后依次发出。如果不是后期这个团队合理的对策，聚美优品险些被击垮。

其实任何团队都会面临棘手的问题，关键是在棘手的问题发生时团队能不能够冷静而理智地应对然后做出合理的决策，这才是关键。

对于工作中遇到的一些棘手的问题，一定要将整个团队的力量和优势聚集起来，一起分析这个棘手的问题，根据各方的意见和建议，做出合理的决策，只有这样，才能化险为夷。

第四章

4

制衡与分享，力求尽善尽美

要想提高团队整体的效益，必须要会制衡和分享，制衡是为了平衡员工与员工之间的关系，领导与员工之间的关系，还有领导自身的角色平衡，只有每个人都完美地平衡好自己的角色才能使团队更加团结和谐地发展。而分享是让大家分享那些技能、经验，以及管理者手中好的项目，只有分享利益，才可以得到更多的利益。如果每一个人都不愿意分享，都把自己的技能闷在自己这里不愿意和别人分享的话，是很难有更大进步的。只有做到这两点，团队才能达到尽善尽美。

让精英员工去带新人

我有很多朋友向我抱怨说"在公司进驻新人时，为了让这些新人可以更快地跟上公司的步伐，都会找人对他们进行统一培训，但是这些新人依然跟不上进度，既浪费了这个新人自己的时间，又影响了团队整体的效益。"其实现在很多企业都有遇到这个情况，以至于企业里一直没有新鲜血液的注入。其实我认为完全没有重新找人来培训的这个必要，领导人可以挑选出一些团队里的精英员工来带新人，完成培训新人的工作。

我曾经去上海出差时见过这样一家公司，这位公司老板说这个时代发展太快，稍微落后一点儿就不行了，所以他经常招一些新人来公司。我问他"招新人来，确实可以为公司注入新鲜的血液，但是团队成员之间的默契度不就减少了吗？"他说在新人进入工作时他会先了解这个新人的优势在哪儿，应该安排在哪个部门，了解以后他会从该部门中选取一名精英来带这位新人，这样在这个过程中可以增加默契度，并且这名精英在传授给新人技能时一定是按照自己在工作中做任务时的经验来传授的，这样一来在培训完以后，新人就可以立刻着手于公司的工作了，因为在这个过程中他已经完全了解了公司的基本情况，并且他所学到的所有技能都是适合公司的，所以上手就很快了。

让公司精英来带领新人好处很多，比如：

1. 这些精英员工已经非常了解公司了，所以在他帮助新人时就可以完整地向新人介绍公司的情况，有助于新人更快地了解和适应公司，以便在培训后可以立刻上手做任务。

2. 既然是自己公司的精英员工，那么优势一定是有关于自己公司业务的，这样一来教授给新员工的技能一定是符合本公司发展的技能，新人也少了再去了解公司主攻业务这一项，节省了很多时间。

3.一般新人来到新公司的磨合期要很长时间。让公司里的人来带他们的话，可以缩短磨合期，在传授技能的过程中也增加了默契度，再做任务时就可以很快地与同事一起工作，大大提高了工作效率。

4.并且如果找人培训的话不但效果不好还需要培训费，让公司精英来带新人不但可以达到良好的效果还省了很多的培训费，一举两得。

虽然让精英员工带领新人的好处确实很多，但是关键是这个精英的推选一定要适当，在新人定位上也一定要准确，不然不但无法完成培训任务，还会误了这个精英。首先在新人进公司时要先大概了解一下他，明确他的定位才能知道要给他找哪个部门的精英。如果随便找的话，不是新人的优势所在他自己学不好也误了精英更多的时间。其次在挑选这名精英时，一定要先询问他是否愿意，毕竟带新人的工作也没有那么轻松，还要给他适当的报酬，不然义务劳动会挫伤人的积极性。

让公司内部的精英带新人，既可以提升这位精英的技能，对于这位新人来说也取得了很好地培训效果，而对于整个公司而言，更是大大提高了公司的整体效率，成功地注入了新鲜血液。

"庸者"制约，"能人"重用

现在国内很多企业都存在着这样的现象，一些"能人"总是被一些"庸者"压制着，明明很有才能的人在公司里却总是被那些没有才能的人压着，没有出头之日。优秀的人才被压制着，怎么会有努力的动力？一个没有优秀人才的企业怎么可能得到发展？

这样一来，所被制约的就不只是庸者了，还有这个团队和企业，这就是为什么国内的很多企业总是高不成低不就的原因。其实我们国家不是缺少人才，而是缺少能够重用能人的企业。

造成国内公司出现这种现象的原因是因为领导人认为有些人能力虽然小忠诚度却很高，所以就重用他们，提拔他们。而那些真正有本事的人，领导认为他们对公司贡献得越多所掌握的公司信息就越多，危险度也就越高，他们觉得能力越高就越会威胁到公司，于是管理者怕这些员工能力大了自己压制不住他们，干脆从一开始就不重用他们，压制他们。其实不光是管理者有这种心理，就连古代皇帝也是一样，那些能力强的将军最后的下场不是战死沙场，就是因为皇上怕他们能力大了造反，干脆就在半路就杀了他们。可是现代社会肯定不能像古代那些皇帝一样随便赐死什么的，干脆就把那些有能力甚至会威胁到自己的员工放在一个既可以听自己的话又可以让自己随时监视他们的位置上压制着他们。

当然，领导有这种想法也不是空穴来风，在古代确实有很多这种例子。曹操死后他的儿子曹丕夺得大汉江山，隋朝开国皇帝杨坚因为能力强从周静帝中篡夺北周，最为有名的就是赵匡胤因为能力强大而夺了柴家的权，自己当上了皇帝。可以说这种心理在赵匡胤这儿最为典型，在这以后每一代皇帝都开始有这种心理，开始压制各种有才能的人，在最后甚至开始重文轻武。

就是这种种的原因，一些领导人就觉得一个人太过优秀会威胁到自己的权力，就开始制约这些人，然后去重用那些虽然没有能力却很忠心的人。一个忠心的员工确实不会背叛你，但是他也不会助你成功，一个没有竞争力的公司在这个竞争激烈的时代是不可能长久的。他们却忘了一个道理，在古代那些有能力的人都会有一支强有力的军队才可能造反，而现代单靠一个人是不可能推翻一个公司的，并且一个真正好的领导人是不会怕有能力的员工超越他们的，因为他们有足够的信心和能力留住并让那些员工忠心于他。

那么作为一个领导人要怎样做才能平衡这个团队呢？

首先让庸人做领导者，虽然有些庸人能力不强，但是他们深谙一个道理。他们明白什么事情他们可以做好，什么做不好，他也明白强行做的后果，所以他会很聪明地做出选择，让手下的能人来完成任务。这样做到强强联合，将庸人和能人的优点激发扩大并联合在一起，可以更大地推动公司的发展。之所以不直接让能人做领导，是因为能人虽然有能力，但是由于他们能力强大，觉得自己什么事都可以完成往往喜欢挑大梁，这些行为是领导者的大忌，因为这样会打消员工的积极性，压制新人的发展。所以利用庸者的忠诚管理能人的才能，强强联合才能更好地推动公司的发展。

其实并没有所谓的能人、庸人的问题，归根结底还是领导人的问题，一个好的领导人是会去制衡庸者和能人的，而是利用他们各自的优点来推动公司的发展。

分享利益才能创造更多利益

公司能够源源不断地获取利润靠的是什么？有人说靠的是一个会管理的好老板，当然一个好老板确实很重要，可是一个人能够运转整个公司吗？不可能，所以一个公司若想不断地获取更多的利益最终靠的还是团队里的每一个人对这个老板、这个公司的忠心和努力的付出。

如果员工不愿意忠心为你卖命，这个公司很难壮大。那么要员工为你卖命的基础是什么？说白了就是利益问题，任何人卖力工作都是想挣到更多的钱，如果公司挣了一百万你自己拿了七八十万，其他的分给员工，那员工是不可能为你卖命的。不要说员工贪图什么，凭什么大家一起赚的钱你一个人拿走了大部分，却给那些付出很多的员工只有一点点。如果作为一个老板只顾眼前利益，不懂得和员工分享利益的话，那么这些员工迟早会离你而去的，因为谁也不想让自己的付出付诸东流。

现在网络上很流行一句话"21世纪最缺少的就是人才"，确实如果想进一步推动企业发展需要大量的人才，如果一个老板拥有很多愿意为他卖命的人才，这个公司必将可以在这个竞争激烈的社会上有自己的一席之地。一个优秀的领导人，眼里装的应当是整支团队，而不只是一时的利益，只有你心里装得下你的员工，你的员工心里才能装得下你，才会真正地忠心为你卖命。

所以作为一个优秀的领导者必须懂得放长线钓大鱼的道理。

同时这也是很多成功的明星公司的秘密所在，比如说人尽皆知的美国汽车大王亨利·福特就在他的公司实施了利益分享的制度。1908 年，福特汽车制造的 T 型汽车广受欢迎，由于价格低廉也成了真正的普通人的汽车。在1909 年到 1914 年间，福特汽车始终保持着它的旺盛销售形势。但是福特并没有趁机涨价大赚一笔，而是信守着他的商业宗旨"薄利多销总比少卖多赚好得多"，不让消费者失望。在向消费者让利的同时，福特也和他的员工们分享着企业的成功。福特公司开创了世界工业史上从来没有过的、在工人报酬方面最伟大的革命。亨利·福特主动并且富有同情心地提出，将工人的工资增加一倍，而且凡年满 22 岁的工人都可以享受公司利润中的一份，如果工人有眷属需要抚养，即使没有年满 22 岁也可以享受这一待遇。

正是凭借这样的利益分享措施，福特汽车公司的员工得到了极大的激励，提高了工作效率，从而也推动了企业的发展。其实福特之所以成功是因为他懂得顾客第一，员工第二，老板第三的道理。

领导人在分享利益时一定要遵守三个原则：

公平：对每个员工对公司的奉献做出考核，让员工得到自己应得的利益，多劳多得，少劳少得。

明确：让员工明确自己在公司应尽什么样的职责，让他们明白公司的每一季度的目标，让他明白自己在公司中到底起了什么作用，怎样做才能得到更多，才能提升自己。

参与：在领导人分享利益的时候一定要让每个人都参与进来，增加透明度，只有这样才能达到分享利益的真正目的。

如果一个老板只懂得向"钱"看，只会剥削员工，只看得见眼前的利益，那么这个公司只可能往后退。一个没有员工愿意为他忠心卖命的企业是注定不会长久的，因为员工、老板、顾客之间是相互依存的，公司把价钱定得合理就会有顾客买；员工愿意为公司卖命，公司才能正常运转；老板对员工好，懂得与员工分享利益，员工才会为公司卖命。所以但凡有一方对你有意见不愿意再帮助你时，这个链子必定会断开，公司也不会长久。

一个好的领导人必须懂得也许你今天分享出了一粒瓜子，而在不久的将来你可以得到一桶瓜子，所以不能只看得见眼前的利益，要懂得放长线钓大鱼的道理。

平衡好三个角色：领导、兄长和朋友

一个好的领导者在管理工作中要明确自己的定位，这个定位不仅仅是指领导者这一个定位。好的领导者要像"超人"，哪里需要就要随时出现在哪里，并且在出现之前就要先明确好自己这次要扮演什么角色，并扮演好自己该扮演的角色。一般情况下，在领导人要扮演好的多种角色中最重要的三种是，领导、兄长、朋友这三种最基本的角色。

1. 领导

首先，领导这个角色是你本身的角色，也是重中之重的角色。毕竟你在员工心目中第一定位就是领导，并且这个角色是和你本身利益有关的，所以你必须做好这个角色。员工们来你这里为你打工虽然只是为了赚钱，但是在精神上他们更渴望可以遇到一个好的领导人，既可以让自己赚更多又可以满足自己的精神需求，可以说你是他们的衣食父母。所以你必须非常努力地去为你的员工争取更多的福利，让他们赚取的更多。

其次要公平对待每一个员工，不能因为谁有什么关系就偏向于他，这样会引起员工对你的不满。增加公司制度的透明度，分配给每个人的职责还有共享的利益都要公开透明地让每个员工都知道，以免领导和员工之间产生隔阂。

2. 兄长

所谓兄长就是学会分享，分享自己的知识、技能、人生经验来促进他们的进步。作为"兄长"就不能吝啬与他们分享你自己的经验，一个好的领导人是要起一个引导作用，引导他们发展自己，提升自己，这是你第二个重要的角色。很多领导人都怕自己把经验分享给员工以后员工会超越他们，其实这样反倒不利于公司的进步。

当领导人把自己的知识和技能传授给员工以后，他们一定会快速成长成为优秀的人才，在这个人才匮乏的社会中，你拥有无数优秀的人才无疑是最大的竞争力。一个优秀的管理者必须要拥有把普通的员工变成优秀人才的能力，当你拥有这个能力以后你就可以根据自己的需要培养人才，这样一来你的公司绝对会快速成长起来，并且当你把这些人培养成优秀人才的同时他们一定会感恩于你，愿意更加努力地为你卖命。

3. 朋友

也许很多领导人觉得这个角色可有可无，甚至有些人会觉得这个角色会给自己带来很大麻烦。曾经听一位朋友说他曾经收了一名刚毕业的大学生，这名大学生非常勤奋聪明，并且两个人非常聊得来，所以这位朋友也非常照顾他，他家里有什么事了也尽量帮助他，甚至有些时候还经常约他吃饭。可是没想到这样却引来了大麻烦，私底下开始有很多员工说闲话，最重要的是这名员工慢慢地竟然开始偷懒，没有以前那么上进了，并且总是向外人炫耀自己和老板的关系，老板怎么规劝都没有用，没有办法找了个借口把他给辞退了。他感到非常困惑自己只是想和员工交朋友，为什么会是这样的结局。当然你有想和员工做朋友的心理是好的，但关键是你要学会把握好尺度，在不影响到自己权威的情况下和员工成为朋友关系，并且这种关系不能只是和某一个人要平等对待每一个员工，如果不能做到平等对待的话反而会适得其反。所以一定要把握好这个度，不能太近，不然会让员工迷失其中。

一个优秀的领导者，不只要扮演好领导这个角色，还要在不同的时间段扮演好不同的角色，只有搞好自己和员工之间的关系才能更好地促进团队发展，提高企业的竞争力。

将手头优质的项目尽量平均分配

无论是什么性质的公司，公司里的每一个员工在做任务时肯定都希望可以领到一些优质的项目。谁都知道优质的项目既可以提高自己又可以赚取更多的工资，所以每一个人都会去争取更好的项目。身为一个公司的领导人，在分配任务时应当尽量将一些优质项目公平分配，因为每个人都渴望更好的项目，所以一旦领导人有所偏向，员工心里一定会有怨气。这样的怨气会使得他们在做项目时有所分心，一旦这种怨气越积越深后果将不堪设想。在领导分配任务时一定要将那些好的任务平均分配给适合的每一个人，不能有所偏袒。

也有领导人抱怨说优质的项目并不多，每次也就一两个不可能平均分配给每个人。确实，要是多的话也不会有人去抢了，所以不可能平均分配给每个人。既然这样可以选择批次分配，这次的优质项目分给了这几个人，那下次的就分配给另外几个。不要连续分配给某个人，否则很容易引起公愤，每次分配给的人不同并且让每个人都有机会分配到也可以称之为平均分配。

在我以前曾经从事过的广告公司，我曾经遇到过这样的事，像广告公司这种地方，广告虽然多，但是都是一些小的不足一提的东西，所以最难得的

053 ▶ 第四章 ▶ 制衡与分享，力求尽善尽美

就是优质的任务。每当有什么好的广告单下来了，每个员工都在暗地里拼命地想要争取过来。因为一个优质的任务所赚取的钱是那些微不足道的广告的好几倍，况且好的广告单还可以提升自己的自身技能和知名度，所以每到这个时候大家都会紧盯着老板，看他会给谁。我们这个老板是个年轻老板，做事情也喜欢根据自己的喜好去选择。我们公司有一名员工和他比较近并且老板也很喜欢他，于是老板一有优质的任务都会先给他看，并且很多时候都会分配给他，这样一来就引起了其他一些员工的不满，可是即使有怨气也没有办法说出来，因为那个接到任务的人办得确实不错，所以大家也没有借口给老板说。久而久之，大家的怨气越积越深，那些优秀的员工觉得在这里待下去发展前景不大，很多都跳槽了，剩下的只有那些本身技能差的，因为他们找不到好工作只能在这里耗着，这样一来，偌大的公司只剩下一些差的员工，一个没有优秀团队帮持的员工前景非常渺茫。

从这个故事里我们可以看出一个很浅显的道理，每一名员工都希望可以分配到更好的任务，都希望可以被老板公平对待，所以作为一个老板一定要清楚员工的心理，要做到公平公正地将手头里的优质任务平均分配。其实员工工作也不图什么，就是想多挣些钱，挣到大钱的唯一途径就是多做些优质的酬劳多的任务，作为他们的领导者一定要懂得并做到这一点，只有这样才能真正地抓住员工们的心。

PART

第五章

5

一边放权，一边授权

在企业中权力太过集中容易形成独权，作为领导要会适度地放权和授权，对于有能力的员工要多给他们一些权力，这样可以提高员工的积极性，而对于那些能力较弱的员工不能一味地轻视他们，要让他们学会担当。这样一来，整个团队的积极性提高了，效率自然就高了。管理者一定要适度地放权，这样既提高了效率又避免因权力过度集中而形成独权。

大权独揽，小权分散

总是有很多领导人抱怨工作太累，天天从早忙到晚，有时候恨不得自己像孙悟空一样有分身术，可是他却不想是怎么形成的，总是把所有权力都掌握在自己手中，什么都自己来做，没有给下属分任何权力，自己当然会累。

并且一个人把所有权力都掌握在自己手中，员工没有任何权力工作积极性也会降低。其实领导可以适当地分散些权力，把这些分散出去的权力当成自己的分身术，这样既能调动员工的积极性，让员工有责任感，自己也不会累得忙不过来。并且如果权力过于集中的话容易形成独裁，而且在做决策时，一个人进行思考，没有人给建议的话，会有很大的风险，容易做出错误的决策。

其实作为领导者并不需事必躬亲，真正的领导者应该学会放权，让员工去做，自己只用做重要的决策，去正确地领导他们就行了，分散权力的好处有很多。

比如：

1. 把小的权力分散出来，自己就有足够的时间去处理重大的事了。

2. 当员工有了权力以后，干劲儿就足了，做起事来效率自然会提高很多。

3. 每个领导人都不是十全十美的，总有一些缺陷，可以找一个员工来弥补这一部分，把这一部分权力分给他，这样既能提高质量，又可以提高员工的热情。

4. 权力分散出来以后再做决策时可以多一些人给意见，这样决策的风险性就会减少很多。

大权独揽对公司来说就是非常重要的权力要牢牢抓在手中，这样可以保证公司的稳定性和和谐性，就像古代审案一样旁边会有很多人给出建议，可最后能拍惊堂木的只有一个人。这个人和这个权力就是公司的核心也是领导人必须抓住的权力。但是身边那些小的权力也要放出去,这样最起码有人替你分担,给你建议。

在授权时一定要注意以下几个问题:

1. 在分散权力时,要把权力分散给直系下属,不能越级分散。越级分散会让部门与部门之间产生矛盾,反而适得其反。

2. 在分散权力时,一定要选择正确的人。这个人的优势必须适合做这份工作并且乐于做这份工作,在选择这个人时一定要经过考核,完全了解这个人,知道这个人适合时再去授权。

3. 还有最重要的就是不能干涉这个被你授权的人。既然你选择了他,说明你认为他有这个能力,既然这样就不要干涉他做的决定,如果过多干涉的话,被你授权的人就没有积极性再去做事了。

4. 选择要授予的权力时也要慎重。一些至关公司生死的权力一定不能分散出去,要选择那些说大不大、说小不小的权力分散出来,以免影响企业的稳固性。

总之,作为一个优秀的领导人,不能太过专制,事事包揽,要多分一些权力给员工,给他们一些自由发挥的空间,提高员工的积极性。而领导人自己只要领导好这些人,办好自己该办的事,稳定公司正常运转和正常发展就可以了。

有效控权与合理控制相结合

一般情况下,如果企业比较小领导可以什么事都亲力亲为,但是企业比较大的话,这样就不合适了,这种情况下企业不要过分控权,要适当地放权。对于领导人来说手里的权力太多了容易形成集权,这样对企业进一步发展不利。企业应当适当地下放一些下属可以掌握的权力，并且在权力下放以后要有效地去控制这部分权力，还要控制好不能因为下放权力而影响了企业的发展。

有一个寓言故事是这么说的，有一位国王养了一只猴子。猴子很乖，对国王的命令从来都是无条件地执行。于是在某一天国王郑重地对猴子授权，代表权威的宝剑交给猴子，并告诉猴子："如果你发现有谁要害我，你不用向我报告，你有权用宝剑直接杀死他！"于是猴子每天提着宝剑无限忠诚地、一步不离地跟随着国王。一天国王带着猴子和大臣们到森林里打猎，吃过中饭，国王躺在草地上睡着了，这时有一只蜜蜂落到了国王的头上。猴子一见恼火了："我的国王日理万机，好不容易在这里休息一会儿，你还敢来蛰我的国王！"于是猴子举起宝剑，手起刀落，把蜜蜂劈成了两半。国王的头也变成了两半。当然这只是一个童话故事，没有人会傻到向一只猴子下放权力。但是仔细品读这个故事会发现这里蕴含的道理，就是如果只是单纯的有效授权没有合理控制是办不成事的。一个优秀的领导人要学会在有效放权的同时合理的控制好，这样才能真正地推动企业的发展。

要将有效控权与合理控制相结合才能完善企业的发展。如果光控制权力的话，下属没有任何权力很容易缺乏责任感，并且一味地不下放权力会让下属感觉企业不信任他们，努力的劲头儿就没有了。所以要将两者有效地结合起来，在适当放权的同时将这些权力控制好，这样才是安全的授权和合理的控制。

如何将有效控权和合理控制相结合：

1.首先先制定标准化的管理程序和操作标准，对不同的资源使用做出事先的层级界定。然后成立一个专业的从管理到财务到业务的监察机构后就可以对下级管理人员进行基于管理程序和标准的授权了。授权后由监察部门通过各种法律许可的手段不规律地对各级权力行使人进行管理、业务和财务审计即可。

2.第一步是有效控权，接下来就是要一级一级地控制好每一阶层的权力，然后对这名下属的权力进行合理的控制，以免出现问题，影响整体的效益。

3.最后明确每一个下放的权力的风险点。就是说要提前预知这名下属的权力一旦遭到滥用会发生什么情况，然后写出备用方案，以免发生事情时来不及处理，这样可以更好地控制权力。

只有将有效控权和合理控制有效地结合，才能保证公司的正常运作和快速发展，才可以降低企业风险度，提高工作效率，提高企业的竞争力。

授予权力的同时明确责任

作为一个领导人在你拥有授予别人权力的那一刻起相对应的你也担负起了有关这个企业生死的责任。一般情况下，权力与责任是相辅相成的，权力越大责任也就越大，特别是对于一个企业来说，你有监管整个企业员工的权力，同时必须担负起所有员工的工资问题，因为权力既是你有比别人更优越的条件为授予你权力的人去服务，也是在你接受权力的情况下必须担负起的责任。

其实不光是领导，包括每一个员工，每个人身上都会有大大小小的权力和责任，这世界上没有无责任的权力，如果你想拥有某份权力你必须先明确你有没有可以担负起这个权力相关的责任，不然，即使你拥有了这份权力，所持有的时间也不会长的。权力的本质是责任。

最明显的例子就是一个企业的会计，作为会计掌握着一个企业的所有财产，有着向公司里其他人发放钱的权力，但是同时也有很大的责任。会计必须清算好每一笔进账和出账，因为这是整个企业所有员工的共同财产，你要保证不能出任何差错，一旦出现了差错必须全部承担，与其说这是与权力相对应的责任，不如说这是你接手这份权力的代价。所以在你接手权力时一定要先明确相关的责任，确定你可以担负起这份责任了再去接手这份权力。

也就是说当你有这个职务时就拥有了这份权力，有这份权力就担负起了完成任务的责任。所以你一定要完全了解这份权力，要学会怎样运用你的权力，不然整个团队都将受到你的影响，如果不能充分地认识权力与责任的联系的话，就很容易误用和滥用权力，给自己和整个团队带来不利的影响。

团队里的领导权力与责任这种关系就像学校里的教师一样。身为一名教师拥有管教整个班级所有学生的权力，同时也有领导和教育学生的责任，作为老师必须好好履行教育学生的责任，如果只是利用自己的权力没事只去批评学生或者利用职务之便收取学生家长的红包，不去履行教育学生的责任，这样的老师一旦暴露出来就再也不可能有当老师的可能了，最终不只是害了自己还害了整个班级的学生。虽然是学校里的事，但是道理和企业里的领导是一样的，如果一个领导只会一味地滥用权力不履行责任的话一样会害人又害己。

托弗勒曾经说过"权力就相当于电力"，你必须会利用，利用好了可以带着整个团队走向更好的发展，这也就等于相对责任的完成。一旦你不履行你的责任，滥用权力就会造成很大的伤害，就像电力一样毁了自己击伤了别人。《金刚经》里有一句话"权力也非权力，而是权责"也就是说在你拥有授予权力的同时，也担负起了相对应的责任，其实这才是权力与责任的本质。

给有能力的员工多一点儿自主权

如果想在这个竞争激烈的社会取得一席之地，那么企业必须有创新意识。企业里的员工就不能被束缚在条条框框之中，要想让员工有自己的思想去创造新的东西，就要给员工一些自主权。有了自主权，他们自由发挥的空间就大了很多，思维也会更开阔，在做任务时想法也会多很多。当然并不是每一个员工都给他自主权，如果每个人都有的话，在管理上就很难做了，并且有些人并不适合开放的自主空间。所以要会选择给那些有能力的员工自主权，他们自身有足够的能力时自我掌控能力也会更强，在这个时候给他一些自主权，没有了束缚，他的能力和创新意识会被无限激发。

基普二廷德尔和加略特·伯恩创建康泰纳零售连锁店时，曾说要打造全美第一的零售店，显然他们做到了。他们成功的核心战略就是员工，他们很多的员工其实都是从那些爱冒险的顾客中发展来的，他们在雇用员工方面非常用心，他们希望自己的员工可以激情饱满，有足够的信心在自己的岗位上创新，为此他们赋予了员工很大的自主权。即使只是一个小小的兼职员工，也可以享有这样的自主权。一般兼职人员在其他一些公司都不会被看好总是受到压迫，而他们却称兼职人员为"黄金时间工作者"，他们觉得在他们最需要兼职人员的时候，这些兼职人员会在第一时间上岗，给了他们很大的帮助，并且为员工指引努力的方向是公司的文化。

他们认为身为一名工作者你要明白自己是为何工作，工作目标是什么计划是什么，这些都要搞清。公司第一名员工同时也是公司文化和教育部门的经理芭芭拉·安德森说："每个公司都有自己的公司文化。对你来说可能没有什么用处，但是这种文化的确存在。"公司文化来源于公司内部，需要一定时间来创造。所以一个员工有没有自主权对他们的发展非常有影响，通俗点儿说就是有自主权的员工就是"野生"的，非常有自己的想法，不受束缚有创造力，而没有自主权的就像"家养"的思想被束缚于条条框框之中，做出的东西一成不变，这样公司也很难得到发展。并且有研究表明一般情况下获得授权的员工为公司带来了更多的贡献，康特纳零售连锁店曾被评为最理想工作的地方。

同时在选择这些有能力的员工时也要有技巧的选择：

1. 这个员工必须有能力，并且学会掌控自己的能力，如果掌控不好自己能力的话，很有可能在某一阶段有失误，所谓可以掌握自己的能力意思是他必须有稳固的基础，不会因为某些特殊原因而经常影响能力的发挥。一般一个人当他没有掌控好自己能力而出现失误时影响并不是很大，可是当你把自主权发放给他时，这种失误有可能会被扩大。

2.这位员工必须明事理，不然等你把自主权给他时，如果他因此产生骄傲的心理很有可能会影响到他的发挥，事倍功半。

一名优秀的领导人一定要懂得在适当的时候多给那些有能力的员工一些自主权，不要总是束缚员工，当你给他们自主权时他们不会觉得自己只是一名小小的员工，他们会感觉自己是特别的。这样他们的思维会更开阔，满足感也会大大提高，自然会为公司带来很大的贡献。

关键时刻，让实力较弱的员工多一点儿担当

一个团队里每个人的实力不可能一样，总有一些实力较强和实力较弱的员工，一般情况下很多领导对于实力弱的员工都会尽量的分配给他们较少的任务，甚至是在一些比较关键的时刻，怕他们误事分配给他们的就更少了。当然领导的考虑是出于整体来考虑的，不能说错，只是对于那些实力弱的员工来说，他们的任务少了，担当少了，锻炼的机会就少了，那么他们很难让自己的实力再变强。

作为一个优秀的领导人，应当学会放手一搏，在关键时刻，应当让实力弱的员工多一些担当，多给他们一些锻炼的机会，把他们推到前面，逼迫他们成才，如果一味地不给他们机会的话，他们的实力永远也不可能变强。

我的一个朋友经常跟我抱怨说，公司里的员工没有长进，只有几个实力强的能帮助他，其他的人来公司很久了依然是没有什么实力。后来，我跟他一起去了他的公司考察情况，我发现他在分配任务时经常把那些需要实力

的任务分给那些实力强的人，而对于实力弱的员工所分给他们的都是一些几乎不用怎么思考的任务，特别是对那些年轻人他几乎不怎么分配任务。我问他为什么不多给那些年轻员工一些任务，他原话是这样说的"现代的年轻人没有什么经验哪有实力啊？我怎么敢把任务分配给他们，万一做得不好怎么办？"这就是问题的所在。经验是怎么来得？经验不都是靠一个个任务累积而成的吗？没有谁一进公司就是有实力有经验有担当的，对于那些没有实力的员工，应当多让他们担当一些责任，去激励他成才，如果什么重要的任务都不给他，就说明这个公司不信任他，那他还有什么劲头儿去工作，没有担当怎么会有责任感的诞生？所以作为一个领导应当给那些实力较弱的员工一个展示自己的舞台，特别是在关键时刻要强硬地把他们推到队伍的最前面，因为这个时候最能激发他们的责任心，逼迫他们成才。这样一来，员工自己实力强了，公司的整体实力也会变强。

如何给实力弱的员工分配任务：

1. 首先，领导应当先摸清员工的底。因为很多人自己都不知道自己的优势在哪里，所以领导要帮助他们摸清他们的优势是什么，然后重点培养这方面，在分配任务时将有关这方面的任务多分配给他们，锻炼他们的实力。

2. 然后要先选择一个适当的任务。选择给实力弱的员工任务时，不能为了锻炼，什么重要的任务都给他们，而是挑一些比较难做但是如果失败了影响又不会太大的任务给他们。这样一来，即使失败了也不会有什么影响，而且他们还积累了经验。

3. 最后在这些员工积累得差不多的时候，他们也有了很大的责任心。在这个时候要给他们一些更重要的任务来成就他，特别是关键时刻的任务，分发给他们，一般情况下，这个时候对他们的激励和刺激是最大的。

其实这三个步骤等于是一个实力弱的员工向实力强的员工蜕变的必经之路。如果你可以这样去培养那些实力弱的员工的话，我相信在不久的将来这个团队里的每个人都会有很强的实力，并且他们都愿意为你卖命，因为你是那个让他们变强的人。

第六章

6

有激励，就有战斗力

适当的激励可以激发员工的积极性和竞争力。管理者要从多方面下手对员工进行激励，要尽量地满足他们的需求，当他们本身需求得到满足时就可以集中注意力面对工作。当员工被激励时自信心会越发膨胀，在这种情况下工作会事半功倍，并且战斗力会更强。作为领导人要多激励自己的员工来提高他们的工作积极性。

了解并满足个人需求

现在很多人特别是年轻人不了解自己的需求是什么，比如你现在上街上问一个人他的需求是什么？很多人都说不出来，因为现在社会发展太快，并且很多年轻人生活得也很好，太舒适了也就不再去想其他的了，甚至连自己真正想要什么自己都搞不懂。可是随着社会的发展，很多政策都开始发生改变，公司开始精减员工，很多人已经被精减下来了，人却还处于半迷糊状态，根本不知道为什么。想想一个连自己需求是什么都不知道的人，在工作中怎么可能会有规划和目标。

如果想摆脱这种困境首先要做的就是了解自己的需求，明白自己真正想要什么，自己适合什么样的工作，然后朝着这个方向去努力，做好一个完整的规划，为了满足自己这种需求而努力。

对于一个不了解个人需求的人来说，若想要明白自己的真正需求是什么，首先要做到的就是对自我的分析。做这个是为了让你明白自身的一些优缺点，然后选择适合自己的工作，选择好以后再做一个详细的职业规划，包括对岗位的适应度，未来发展的可能性有多大，还有社会就业形势，以及自己选择的职业前景，要保证自己将要走的每一步都稳扎稳打的，最重要的是在这个过程中，了解到自己真正的需求是什么，什么是适合自己的。

这个了解个人需求是关于个人的，每个人都要明白自己的需求是什么，这样才能满足它，当了解了以后就需要靠公司来满足员工的需求了。

作为一个公司在满足员工需求时要做到下面最基本的四条：

1. 首先最重要的就是公司必须知道员工的需求是什么，才能去满足他。所以第一步就是了解每个员工的需求。

2. 其次就是工资问题了。想必每个人工作的原因中最重要的就是挣钱，所以当员工到你这里，你一定要给出最合适的薪金，要对员工对薪金的满意度做一个合理的调查，然后再做出适当的调整，满足员工们的物质需求。

3. 还有就是工作环境的问题。想必每一个员工都希望自己可以在一个较好的工作环境中工作，如果在一个很烂的环境里，估计大家连工作的心情都没有了，并且一个稳定、和谐、舒适的工作环境对提高员工工作效率是非常有帮助的，对树立良好的公司形象和激发员工对公司的自豪感也起着非常重要的作用。

4. 每一个个体都希望自己可以被人尊重，在企业中更是如此，领导必须尊重每个员工，对于员工的建议一定要诚心诚意地听，要给予肯定，这样一来还可以调动员工的积极性，更加努力地工作，既满足了员工的需求，又提高了工作效率。

只有个人明白自己的需求是什么，才有可能让领导帮你实现这种需求。当公司努力地去实现员工个人需求时，员工也会以同样的方式回报给公司，通过实现个人需求来推动团队的需求。

放大成绩和缩小错误

老板是一个公司的领导者，他除了要给员工下达任务领导他们以外，还要培养和激励员工，最大程度地提高他们的工作效率。作为一个领导者在面对自己的员工时一定要注意自己的态度，一件事一个态度，不能一味地严格要求他们。在他们犯错时不要太过严厉了，要适可而止地进行教育，尽量缩小他们的错误，不要因此看不到他们身上的优点，适当的批评加上大量的夸赞才是完美的领导应有的教育方式。

在员工犯错时，如果领导抓着不放或者是非常严厉地批评甚至是讽刺，那么他们会对你产生一种抵触情绪，因为他们会觉得自己的自尊心受到了伤害，这样的情况下他们就不愿意再为你拼命做事了。并且在下次做任务时就会一直想着怎样做才能不出错而不是怎样做才能做得更好，思维得到束缚做出来的东西也不会很好。身为领导应当懂得适可而止，大事化小，在他们犯错误时适当委婉的进行批评，让他们知道自己错了就行了，不要为了乘一时的口头之快而一直批评讽刺员工，这样的老板是不会得人心的。作为一个优秀的老板应当经常夸赞员工的优点，激励他们，增强他们的满足感，这样他才会更加愿意为你卖命，才能提高工作的效率。

也许会有人问怎样才能在这两种态度之间完美地转换，要想完成完美的转换，必须做到以下四点：

1.要尊重员工。你不能因为觉得你是领导，是他们的上司就随意批评他们，或者是抓住他们的错误不放手，就因为你是领导才更应该尊重他们。每个人本质上都希望自己被人尊重，你是他的领导才更应该尊重他们，因为他们做事是以你为风向标的，你的批评会打击到他们的自信心，一旦没有自信心在做任务时就会变得犹豫不决，想得就会很多，这样一来放在工作上的精力就少了，所以作为一个领导一定要尊重你的员工，要尊重每一个人，并且要相信他们有潜力，他们会成功。

2.要相信员工。其实领导就像老师一样，起着一个引导和教育的作用，所以领导要把这些员工当成自己的学生，要引导他们向前走，要相信他们是有潜力的，相信他们一定会成功，你的信任对他们来说就等同于对他们能力的认可。因为他们会觉得你能做到这个位置一定很强，其实在暗地里他们都是以你为榜样努力的，如果你不相信他们的话，在他们的内心深处慢慢地会越来越没有自信。一个连自己都不相信的人怎么可能在工作中取得他人的信任，所以作为一个榜样你的信任对于他们来说至关重要。

3.要赞扬员工。对于员工的优点或者是好的表现老板一定要多多地去表扬，并且一定要把这种表扬大声地说出来，让员工知道你很重视他的存在，要夸大他每一个优点，这样他会变得越来越自信。一个极度自信的人在做事时也会非常相信自己，哪怕再难的任务他也会相信自己能完成，这样一来，员工的潜力就被无限激发出来了。

4.适度的批评。当然我们也不能一直表扬员工，在他们犯错误时也要适度地批评他们，语气要委婉些，点到为止。让他们知道他错了会改正就行，不要一直抓着一个小问题就揪着不放，这样会让他们产生抵触情绪，在下次做任务时思想就会非常放不开。要学会用显微镜去看待他们的那些错误，点到为止就好了。

任何人在工作中都会经历大大小小的成功和失败，作为领导不要紧抓着那些错误不放，要学会用赏识教育的方式对待他们。对于错误，委婉地说明让他们从中吸取经验就行了，对于优点要多多地夸赞他们，增强他们的信心，激发他们的潜能，作为一个优秀的领导人要学会用放大镜看员工们的优点，用显微镜看他们的缺点。

奖励推陈出新，让员工不断得到满足感

国内很多公司的老板都希望自己的员工可以不断地提高自己，推出新的创意，为了达到这个目的很多老板天天督促员工，给员工很多压力。他们总是觉得压力就是动力，但往往适得其反。也许有的员工工作效率有所提高了，但是所想出来的东西仍是一成不变的，依然推出不了新东西。他们忘了人是有感情的动物，是很脆弱的，不像那些冰冷的建筑物一样是一成不变的，人是需要情感方面的照顾和物质方面奖励的，只有让员工不断地得到满足感，他才会有动力去继续工作，有灵感去创造出新东西，从而推动公司的发展。

有些领导总觉得我已经给这些人工资了，他就应该卖力为我工作，我凭

什么还要额外付出呢？话本来没有错，可是领导忘了，你给了他们基本的工资，他们也可以只做基本的工作，既然你要求他们做额外的事就要再给予他们更多的奖励。再者说了，人是活的，是需要有满足感来推动他们的，所以作为领导应该经常奖励员工，鼓励他们推陈出新，让员工不断地得到满足感，才有更多的动力做事。

英国瑞奇音响激励员工的方式十分有创意，以度假小屋、私人飞机、劳斯莱斯小汽车作为奖励让员工使用，很多人感到不解，花费这么多有什么意义呢？而董事长朱利安是这样说人和建筑物不一样，建筑物只要盖好了，50年都不变，而人不一样，员工今天士气高昂，明天只要改变计划，他们就会感到很失落，就没有士气再去工作了，并且他的激励方式也花样百出，因为一种激励方式吸引人的时间很短。比如说度假村这种激励方式，过一段时间大家都忘了，于是他们买了私人飞机，每次出差可以奖励7个人去旅游，并且每次他自己都不喝酒，为了其他人玩闹过后可以有人照顾，他从来都是保持清醒的，并且每个员工都觉得坐这个飞机是无上的荣耀，于是每个人都非常努力地工作，至今为止已经有200多人坐过这架飞机了。并且为了奖励表现好的员工，每个星期选出3名优胜者可以在周末开着劳斯莱斯，可以去朋友家，也可以带着家人出去玩，这对于他们来说是非常有面子的，并且这对于那些一辈子都没有做过豪华轿车的人来说是非常新奇的，于是他们更加努力地工作。虽然因为奖励员工让他们公司每年都要多出很多额外的花费，可是不得不说，每年8500万英镑的营业额，是非常让人嫉妒的。

其实让员工努力地工作很简单，就是让他快乐让他满足，他自己快乐了心情好了就会很好地去照顾顾客，给顾客一个良好的服务。所以作为公司的领导应当不断地设计出新的奖励计划，让员工从奖励中体会到乐趣，这样他就会有更多的士气去工作了，公司的效益自然会大大提高。

设立科学的绩效管理体系

公司之所以要进行绩效考核有两个原因：第一是为了考察公司的阶段目标实现情况。一般情况下一个公司每个阶段都会设定一个目标，而这个阶段目标的实现情况就要靠绩效考核来审查完成的情况。第二是为了督促员工，激励员工，通过绩效考核可以看目标的实现情况将这个情况直接呈现给员工，这样可以督促他们努力去完成下一季度的计划。同时公司希望可以通过绩效评估来给每一个员工一种存在感，通过这个评估，员工们可以看到公司对他们的重视，提高他们的团队意识，以此完成团队与个人之间的价值取向的统一。所以，一套科学的绩效管理体系可以很大程度地提高企业的效率和领导的管理水平。

1. 设立绩效目标

要想建立一套科学的绩效管理体系首先要先设立绩效目标，因为绩效中所有过程的完成都要靠目标的落实，这个目标必须清晰明确，这样在进行绩效考核时，才能有一个清晰的目标去对照完成情况，并且在每次考核结束以后，一定要将完成情况与事先设立的目标进行对比，看看目标实现情况，这样可以更好地去制定下一次考核的目标。这个目标一定要让每个员工了解，只有当员工了解了这个目标以后才能明确自己要努力的方向并明确自己的具体责任。

2. 考核执行

鉴于绩效考核的重要性，在考核执行当中公司应当专门建立一个考核小组来执行，并且执行过程必须公开透明，这样才能保证结果的可信度。在对每一个员工进行考核时一定要全面地收集信息以保证考核的真实性，这种收集信息除了在执行考核期间的收集还包括平常工作中的信息收集，资料越多记录越详细，最后的评估结果就会越好。

3. 绩效辅助

绩效辅助是建立科学有效的绩效管理体系中非常重要又非常容易被忽视的一个环节，因为一般人都是重视开头和结尾，轻视过程的。其实绩效辅助就是辅助绩效考核更好地完成，需要做的就是奖励员工，让他们知道绩效考核的好处，这样可以更好地实施绩效考核，也就是说要给员工足够的奖励，这种奖励既有对那些绩效考核结果非常好的人的奖励，也有对参与考核的所有人的预期利益的奖励，就是让他们对自己的绩效完成情况感到有信心，更加鼓励他们去努力地工作，取得更好的绩效评估。

4. 季度总结

在每次绩效考核以后都要及时地对这次考核做出总结，要明确这次绩效考核好的方面和不好的方面以利于下一次考核的实施。要对这次考核的过程做出一个详细的评估报告，并将这份报告反馈给每一个人，让他们明确自己在这一季度工作中的得失，这才是绩效考核真正的目的。这次反馈必须公开透明不能有任何小动作，不然会引起很多人对绩效评估的不信任。

在这个人才匮乏的社会中拥有一套科学的绩效考核体系也是吸引人才的一大亮点。只有建立科学的绩效考核体系才能吸引更多的人才，最大程度地开发好人力资源，推动企业的发展，为企业创造更大的效益。

数据激励更具可比性和说服力

在市场经济快速发展的今天，企业的管理模式也发生了天翻地覆的改变。从刚开始兴起商业时候的压榨模式到后来的控制模式直到现在的激励机制。在现代，激励机制在人力管理上起着很大的作用。绝大部分公司也从一开始的控制员工到现在的激励员工，可是因为这些激励没有具体的方法而实行的盲目激励也导致了很多不好的后果。于是，怎样正确激励员工能达到本该有的目的成为很多公司面临的问题。

大部分的领导选择口头激励，就是在一个员工某项业绩做得不错时进行口头表扬。其实这样的表扬对于员工来说说服力太低，因为人的能力是有限的，你再能说如果没有数据的话这个表扬的威力就会减少很多，并且口头上的也只是说这个人说得好，好到什么程度却无法表达出来，假如用数据来显示的话可以将这个人的业绩和其他人的业绩做一个图表相对比，这样可比性和说服力都会提高。并且，现在当人们再说某件事时如果加上一句有数据显示的话，会让倾听者更加相信这件事，说服力会更强。

其实这种数据显示和成绩单有一些像，就像我们上学的时候老师都会把成绩单打在表上，并且把这几次的成绩打在一起，这样一来谁进步大，谁有所退步就非常直观了，并且那些有所退步的也会拿自己的进步和别人的比一比，自己差到哪一科目上了，找到原因了下次才能知道该往哪方面努力，而进步的人看了数据以后就知道自己受表扬的原因了，知道自己哪儿进步了，相对于让老师直接说成绩，说服力会更强一些，可比的空间也会更大。道理其实是一样的，企业领导激励员工就像学校老师激励学生一样，学校这样做效果很明显，企业也可以模仿这种模式去激励员工。

要做好数据激励要注意以下三点：

1. 不能只是单单地把该员工做的事给列举出来，最重要的是引用一些已有的案例来证明出你激励的可信度，这样对员工的激励效果会增加很多倍。因为现在大多数人还是比较相信"专家说"的。

2. 对比。在数据表中，要列出这名员工现在和以前的业绩对比，这个员工和其他员工的业绩对比，这样可以更加直观明了的表达出你的意思，可以提高这名员工的信心，也可以让他明白自己还有什么不足的地方，起到很好的鼓励和推动作用。

3. 这份数据报告一定要公开出去。这样这名员工就会觉得面子十足，士气十足，并且一旦你贴出去了也可以让其他员工对比一下自己差到哪儿了，这样一来不但激励了这名员工，还同时帮助了其他员工找到了他们的不足之处。

在以前企业的控制模式中谁先懂得激励员工谁就是赢家，而对于现在大部分人都开始激励员工的时代，谁先学会利用数据激励的模式来激励员工，谁就会成为最后的赢家。数据激励相对于其他激励模式效果会更明显、更具说服力，并且有了对比以后，看似只激励了那一个人，但是在公开的数据中也让其他落后的员工对比出了自己的不足，会更加努力地去工作，堪称一举两得。

优胜劣汰，源自优秀机制

一个优秀的团队就意味着这里的每一个人必须是优秀的，他们不一定是各方面都优秀，但最起码必须有自己擅长不能被人替代的技能。如果想建造一支优秀的团队，管理者就必须学会优胜劣汰，对于团队里那些"坏分子"要一律开除，以免影响整个团队的气氛，拉低整个团队的效率。管理者要明白，一支优秀的团队来源于每一个优秀员工的共同努力，但凡有一个不良分子都有可能破坏这支优秀的团队。

末位淘汰法则

每一个团队总有那么一两个人，有他不多没他不少，在团队里看他也是忙来忙去的却没有给团队带来任何效益。很多领导人不知道该怎么办，出于同情心就把他留在团队里了，但是这种同情心很容易给团队带来困扰。因为这是一个团队，团队的工作效率和团队精神需要靠每一个人来维护。

如果有一个人出了问题，不能为团队创造效益，就有可能拖团队后腿，所以必须及时将不能为团队创造效益的人淘汰出去。要建立一个合适的淘汰机制，淘汰掉最末位的，再补充上新的可以为团队创造利益的能量，这样一来，整个团队的效益就有了保障，并且可以提高每个员工的积极性，更加努力地工作。

这个末位淘汰法则说白了就是存优去劣，在一个团队中为了更好地提高团队效益就要适时地淘汰掉那些不能为公司创造效益的人。当然了，我们不一定要把他开除，也可以帮他找到更适合他的位置。我相信每个人都有自己的优点，所以我们可以利用这一点把他调到适合的能为企业创造效益的位置上。

陈经理是一家企业人力资源部的主管，他所在的公司自2007年以来一直实行末位淘汰制度，在年底对员工进行综合考核，然后根据制度按照15%的比率对员工进行淘汰。如果只是从表面上看的话，这个制度确实很好，但是操作起来有一大堆问题：员工多了工作量大了，出错的概率也变大了；越是坚持自己的原则不轻易低头的人，得罪的人就越多。结果在年终总结时这两类人评分都不好，都有被淘汰的可能，按照公司的规定，他们应该要被淘汰了。可是因为他们本身能力不错，也有各自的优点，所以公司里有很多人对他们被淘汰感到惋惜，意见非常大，因为他们觉得如果再这样淘汰，公司里就没有人敢说真话了。于是，到了 2008 年，公司的末位淘汰制度就被取消了，陈经理感到非常不解：为什么我的制度没起作用？为什么别的公司却可以见效良好？

作为一个领导者在制定这个法则时一定要注意以下两个问题：

1. 要淘汰谁：有很多公司建立这个法则时都会遇到这个问题，本来想的是把不符合标准的人给淘汰了，可是却不清楚自己公司的标准是什么，这样一来根本不知道要淘汰谁才是正确的。确实有不少领导人想建立这种淘汰法则，但是在执行时由于没有一定的标准，根本无法执行下去，这样很容易出现优秀的人被淘汰了，真正要被淘汰的人成了漏网之鱼。我建议领导人在确定这个要被淘汰的人时，不能光看他的工作业绩，还要进一步对他做出全方位的考察，如果他是因为个人不努力消极怠工的话，那是一定要剔除的，可是如果是能力和现在工作不匹配完全可以留下来。

2. 行业要求：就像人与人不同一样，公司与公司之间也不一样，并不是所有公司都可以随便裁人的，比如有些公司裁人非常容易，可是想再招人就非常困难了，并且招聘也需要很大一笔支出，所以在指定末位淘汰法则时一定要根据自己公司的实际情况，不能不分时机就硬要执行这个法则。

其实这个法则就像现在学校里的 AB 班一样。现在很多学校根据成绩分 AB 班，每一个月进行一次考试，如果有人连续两次考试倒数第一就将这名同学从 A 班也就是优班中分到 B 班也就是差班中，再将 B 班里的第一名分到 A 班，这名被重新分到 A 班的学生，在优班里遇到了更强的对手和更好的班级就会更加努力，以免自己再次被分到差班，而那名被分到 B 班的学生虽然在 A 班成绩不好可是在新的班级里排名却不错，这样也给了他很大的信心，会更加努力。这就像企业里的末位淘汰法则，既可以提高团队效益，又可以激发员工的工作潜力。

当然作为一个老板要会全方位考虑问题，当你认为这个人不能胜任这个职位时，不要直接将人赶走，要试着去看看在公司有没有其他适合他的岗位，实在没有的情况下也不要强求，直接说明情况再辞退。假如你发现他不能胜任就直接辞退的话会给这个员工甚至其他员工留下很不好的影响，并且会危及团队的和谐。

平等对待就是抹杀杰出者的贡献

现代很多员工都喜欢说老板偏向谁不公平什么的，都想追求一个绝对公平的制度，但是可能吗？世上是不可能有绝对的平等对待的，因为每个人付出的不同，如果在付出不对等的情况下，老板平等对待所有人的话就是对付出多的人的不公平对待。

其实仔细观察大家就会发现那些经常说老板不公平的员工往往是那些不喜欢付出爱偷懒的员工，他们不想付出却想要和那些付出的比他们多的人一样的回报。那是不可能的，并且他们口中的平等对待是一种错的理解方式，真正的平等对待应当是谁为企业奉献得多谁得到的多，谁奉献得少谁得到的就少，这才是真正的平等对待。

如果老板因为一些天天投机取巧的员工的闲言碎语就真的要去公平对待每位员工的话，那就是对杰出者贡献的抹杀，也将是这个公司的悲哀。试想一个员工每天早出晚归地、努力地为公司付出，但是他所得到的和一个只会偷懒的员工得到的一样，那么他将会怎么想，他将感觉这个老板是不公平的，怎样做都会有一方感到不满意，所以如果让你选择的话，你会选择让一个为公司做出很多贡献的杰出者对你不满，还是让一个只会投机取巧的人对你不满呢？

其实这些员工的心理和学生的心理是一样的，一般天天喊着老师不公平的学生都是那些天天不学习的学生在抱怨，可是老师为什么要放着那些成绩好的或者是非常努力的学生不管而要去特别关注一个差生呢？你身上又没有值得老师去关注的东西，为什么老师要对你公平对待呢？

当然作为一个企业老板也不可能对此无动于衷，所以一定要想办法让那些觉得你不公平对待的员工明白为什么你会这样做？要学会承认那份不公平，要让他们明白一个道理，若想被公平对待就必须去努力做那个值得得到那么多的人，如果不付出的话是不可能有收获的，如果自己不想付出就不要想得到那份不属于你的东西，因为那样是对那些真正努力付出的人的不公平。

现在有很多年轻的老板为了建立一个好老板的角色就制定一些公平对待的制度，殊不知最坏的制度就是公平主义。因为这种公平对待只会助长投机取巧之风打压努力工作奉献之气。一千个人中就有一千个哈姆雷特，每个人都不一样，所以每个人的想法也不一样，自然付出也就会不同，有些人付出得多，有些人付出得少。你所谓的公平对待其实是对那些努力付出的人的不公平对待。

一个真正好的老板不是天天琢磨着怎样才能让所有员工对你满意感受到公平，而是你要勇于承认这种不公平，要教会员工每个人都应该有自己的目标，要努力为这个目标去付出去努力，而不是一味地抱怨这个世界的不公。要让那些天天抱怨不公的员工明白，只有努力去做并做到的人才有资格得到更多，而那些做不到的人只能当配角。

别让坏人创造气氛

很多公司经常会面临这样的事"一个员工因为个人问题影响了整个团队，并且造成了很坏的影响，事后他许下各种保证说再也不这样"，那么公司就会感到非常为难到底是开除他还是留下他。我给出的建议是开除他。如果因为一时的同情心作祟而留住了他，那么以后需要被同情的人就不只他一个了，有可能是自己公司更多的员工，也有可能是你自己。

确实在任何一个团队里总有那么几个"破坏分子"，也许他们并没有太大的威力，但总是把团队气氛搞得很糟，破坏团队的团结，对于这种人我们同情一两次可以，如果一直不摘除的话将会成为团队一个很大的隐患。要知道，一个团队就像一个产业链一样，每个人有每个人的职责，需要互相团结起来配合在一起才能完成任务，可是哪怕中间有一个环节出了错将会影响整个团队的努力成果。就像感冒一样，一个人感冒了如果不及时治疗，那么他周围的人将很快被传染上，所以我们不能因为一时的同情心就放过这些对团队产生不好影响的人。

关于这方面曾经有人做过一个很精彩的论述"一个能工巧匠花费多日精心制作的陶瓷器，一头驴子只需要一秒钟就能把它们全部毁坏掉，让它们从完美的成果变成一堆什么都不是的破烂儿。在这种情况下，有再多的能工巧匠，也不会有多少像样的成果"。就像一个团队一样，如果你的团队存在着一头破坏性很强的驴子，你应该马上清除他，不然你和你的团队做再多的努力都是白费。

下面给大家列举几种团队"坏人"：

1. 公私不分：这种人一般说的都是一些倚老卖老的老员工。他们觉得自己对公司的奉献大，所以觉得自己拿些公司的东西来用也没什么，也许你会觉得拿些笔呀或者是公话私用什么的没有什么损失，可是时间久了，这种不好的习惯，如果你不及时整治将会传至整支团队。

2. 破坏团结：每个公司总是有那么几个天天不好好工作就等着看别人出丑的人。这种人最大的特点就是好吃懒做，喜欢背后说别人的坏话，乱嚼舌根，乱聊八卦，甚至制造同事之间的绯闻，挑拨离间。这种人是最不能被原谅的，因为他会破坏团队的团结，致使整个团队合作不协调，影响整个团队的氛围。

3. 推脱责任：所谓人无完人，每个人在工作中都会犯些错误，当然犯错误只要承认了并改正了就行，关键是有些人不但不承认还把责任推脱到别人或整个团队身上，这种人总是特别会找借口来推脱责任，就好像他自己永远也不会犯错误一样。这种人很容易影响到被推脱人的心情和整个团队的团结。

4. 不懂感恩：有一些员工，在公司好的时候，很会和老板员工搞好关系，大家一起享福，但是一旦公司有一点儿困难，就开始有各种心理活动，甚至想尽办法打听公司有没有可能继续变得更好，就立刻转身投入下一家，这种人同样恐怖，因为他会影响到整个团队的信心，搞不好还会卖主求荣，为了去更好的地方出卖自己的公司。

其实这就像一个管理学上的酒与污水定律一样，一匙酒倒进一桶污水，得到的是一桶污水；把一匙污水倒进一桶酒里，得到的还是一桶污水。显而易见，污水和酒的比例并不能决定这桶东西的性质，真正起决定作用的就是那一匙污水，只要有它，再多的酒都成了污水。也就是说你想用一个好的东西去改变一个坏的东西，很难。但是若你把一个坏的东西放在好东西的身边，那么这个东西也会在很短的时间内变质的，就像大家常说的变坏容易变好难。

所以对于这些"坏人"作为领导人要赶快处理。曾有研究表明，消极行为的影响力比积极行为要大很多。也许一开始只是一个坏员工的问题，可是如果不及时处理就有可能破坏整个团队，所以领导人要在这颗老鼠屎坏了这锅粥前采取强硬的措施，拔除这些"坏"因子，不然走的将会是那些杰出的员工。

变革与守旧的关系

无论是一个国家还是一个团队若想提高自己的竞争力和创新力，就必须不断地进行变革。一个团队的发展始终需要变革的伴随，这是团队一直向上的必要力量。当然变革也是需要一定基础条件的，并不是任何变革都能成功。因为变革的对立面是守旧，很多变革没有成功的原因都是守旧势力的阻挠，守旧是先于变革存在的东西，是根深蒂固的，所以它的威力也是无穷的。如果在变革前不先拔除守旧势力，无论你变不变，这个团队终将会走向灭亡。

其实不光是团队需要变革，国家也是这样的。回顾中国历史，大家会发现中国每一次成功的变革都会伴随着一次蜕变，并且每次都有守旧势力伴随左右，如果成功地拔除了守旧势力，那么这次变革就会成功，可是如果没有提前考虑守旧势力存在的话，那么它就成了变革最大的障碍致使变革的失败。

例如在清末时期的康梁变法，当时要变革的守旧官僚势力非常大，由于他们怕变革以后自己会受到影响，特别是那些当时的满族官僚，是最大的守旧势力，他们都是一些有爵位但没有职位拿空饷的人，他们担心变革以后，自己不能再平白地吃喝玩乐了。所以他们全力反对康梁的变法，在当时只要要求变法的知识分子，都会被认为是康党，虽然也有动摇一些封建势力，可是由于前期的考虑不周，导致守旧势力成为变法最大的障碍。以慈禧为首的守旧势力扼杀了这次变革，在这次变革运动中，可以说变革与守旧贯彻了变法的整个过程，最后终因守旧势力的庞大而摧毁了这次变革。可想而知，守旧势力力量的庞大，假若在康梁二人准备变法前期先解决守旧势力的问题，也不至于让这次变革运动那么快就失败了。

所以认清在变革中的守旧力量，是一个团队寻找改变方法的基础。就像拔除守旧势力是变革的基础一样，变革也是企业发展创新的基础，我们不能因为守旧势力的根深蒂固就放弃变革，一味地止步不前。我们国内有很多为大家熟知的明星企业，像联想、新飞、海尔等企业确实是在很短的时间内就迅速崛起的，但是他们和一些国外优秀的企业相比差距还是很大的，所以他们必须做出变革来提高企业的竞争力和创新力，否则将一直止步不前。

所以我们必须在适当的时候做出变革，也许变革会暂时性地损伤企业或者是团队的利益，但是有失去就会有得到，我们必须为整体利益考虑。

那么守旧势力都包括什么呢？

1. 成员问题：一个人一旦适应了一些东西就很难再去做出改变，特别是对于那些喜欢怀旧的人来说，所以你的变革一定会有人支持，有人反对。当然他们不一定只是为了利益，也许有些人只是因为感觉这样的做法使他们没有安全感罢了，所以如果你在改革前缺乏和他们的良性沟通，那么他们的心理障碍将变成你改革的最大障碍。

2. 利益问题：变革就代表着团队内部大的变动，而这些变动一定会触及一些人的利益，进而变成他们对变革的不满和百般阻挠，其实这种守旧势力是变革的最大障碍，因为心理上的障碍可以用良性沟通来解决，而金钱方面的，企业不可能全面地做出赔偿，并且很多人为了利益可以做出很多可怕的事情，所以对于这一种类的守旧势力一定要万般警惕。

3. 成本问题：想要进行变革就要付出成本。这种成本是很多方面的，比如时间方面，也许因为持续改革时间过长影响顾客对该企业的支持，所以在变革前就要做出一个详细的时间计划表和成本计划表，以免收获的比付出的少。

企业的竞争力和创新力的提高需要变革的推动，而变革的身边也伴随着守旧势力的阻挠，所以如果选择了变革就要先了解清楚你所要做出的变革身边伴随着怎样的守旧势力，要完全掌握它，并做出相应的解决方案，再去进行变革，才能真正地提高企业的竞争力和创造力。

锻炼随机应变的能力

现代社会上什么样的人都有，什么样的事情也都可能会遇到，想要在这个瞬息万变的世界取得更大的发展，你必须具备随机应变的能力。有人说这种能力是和智商有关的，是天生的，其实不然，任何一种技能都可以通过后天的努力训练出来。你可以观察一下你所在的企业中那些随机应变能力非常强的人，你会发现他们并不是从一开始就有这种能力，很多人都是突发事件遇到的多了，慢慢地自己总结经验才练就了这种随机应变的能力。

正所谓人算不如天算，诸葛亮那么聪明的人也有失算之处，并且在企业中要和形形色色的人打交道，每个人性格都不同，行事方法也不一样，所以突发的事件也会很多。在遇到突发事件的时候如果你没有随机应变的能力，必定会出现手忙脚乱的情况。一旦发生这样的情况，由于你是代表公司的，对方一定认为你们公司没有能力，那么事情就很难谈妥，假如在发生突发状况时你会见招拆招，随机应变的话，一定可以成功地取得对方的信任。

曾经发生过这样一个有趣的故事。有个小偷瞄准了一家企业，打算利用礼拜天中午的时候去行窃。但当他按照计划顺利进行时，不料碰见了该公司的两个女员工。这时，小偷灵机一变，对两个女职员说："你们两个赶紧把桌子上的材料再复印一遍。"顺着小偷指的方向，女员工看到了一叠资料，看了小偷一眼，以为是新来的领导，只好照办。

小偷心里的石头刚落地，准备离开企业，不料碰到了正要朝经理室走的一个先生。眼看先生正要喊他，小偷提前开口了："经理，我是××空调维修部的员工，你们的空调该做一次800元的维修服务了。"经理一愣，脱口而出："以前都是600，怎么这么贵了？"小偷回答道："这是我们老板的意思，我也做不了主。""那你去跟你们老板说下，说我们是老客户了，能不能便宜点儿。"经理说完，小偷会意地点头，然后从门口溜走了。而经理还浑然不觉，以为眼前的是一个空调维修员。当然小偷不可取，但是他随机应变的方法值得我们思考。

从上面的故事中，我们可以学习他的机智敏捷，随机应变能力强，把被动变为主动，掌控大局。在面对客户的时候，要避免被客户牵着鼻子走，也需要拥有一种掌控大局的能力，能够以不变应万变。

所以随机应变的能力非常重要，特别是在商场上打拼的人，为了利益肯定会给对方出很多难题，这个时候我们要做的就是保持冷静，一旦慌张将很难应对。要学会见机行事，遇事先快速分析，然后迅速做出决策，只有这样才能镇静的解决眼前的难题，不会被客户牵着鼻子走，一旦有了掌控大局的能力，就可以以不变应万变，在商场中取得竞争优势。

下面为大家介绍几种提高应变能力的基本方法：

1. 扩大个人的交友圈。遇到的人多了遇到的事情也会多，我们可以从处理这些事中取得经验，提高随机应变的能力。

2. 有些人做事犹豫不决，优柔寡断，这种人应变能力是最弱的，因为当发生紧急情况时他们的反应能力太慢，或许事情结束了他们还在思考。所以一定要改掉自己身上的不良习惯，这样有助于培养随机应变的能力。

3. 多观察那些随机应变能力强的人，向他们学习讨教，自己多加总结和实践也可以提高随机应变的能力。

应变能力是当代人应当具备的基本能力之一。现代社会竞争力非常大，只有努力提高自己的应变能力，才能在这个变幻多端的社会中取得自己的一席之地。

实现关键性成长

如果一个公司在进一步的发展和变革中想要做到面面俱到，没有任何损失，是不可能的。因为在变革中总会面临很多问题，总会有一些损失，既然无法做到面面俱到，那我们要做的就是抓住最重要的部分，实现 20% 的重点突破。我相信很多领导人都明白这个问题，但是最终还是有很多失败了，因为他们虽然明白这个道理，但是很多都不知道什么对自己的公司来说是最重要的，以至于在最后连那 20% 都没有成功突破。

有一条著名的二八定律，是这样说的，在任何一组东西中最重要的只占其中一部分，约 20%，其他 80% 尽管是多数，但都是次要的。微软公司前任总裁比尔·盖茨也曾经说过"如果把我公司里的最重要的十个人带走，那这个公司就没有发展的可能了"，也就是说多数人不一定是重要的，那些小部分的人才是我们要去发展的。

美国有一位企业家威廉·穆尔，他在为格利登公司销售油漆时，头一个月只挣到了 160 美元。威廉差点儿崩溃，假如他不尽快弄清原因，他将会很快赔光所有的资产，然后从竞争中出局。于是他研究了犹太人信奉的二八法则，又根据自己的销售情况分析了销售图表，发现他 80% 的收益只来自 20% 的客户，他过去却对所有的客户花费了同样多的时间——平均用力，这是他过去失败的主要原因。

于是他做出了改变，他把最不可能推销成功的 36 个客户重新分派给其他的销售人员，而自己则把精力集中到最有希望给公司带来最大收益的客户上。不久之后，他的利润就赚回来了，一个月赚到了 1000 美元。其实，一项生意的成功，成功的秘诀在于弄清重要的地方，而不是盲目地去发展投资。

其实就像捕鱼一样，如果毫无目标地去大面积的撒网，那么你会发现你花费了很大的精力最终得到的却很少。只有当你真正搞清到底哪些地方真的可以抓到鱼，然后把大部分精力放在这最重要的部分上，最终捕到的鱼将要比你大面积撒网捕到的多得多。

那么，我们要怎样才能抓住这最重要的部分呢？

1. 选取最优秀的团队

首先，公司的核心是人，所以你要先找到你公司最优秀的人，这个时候就不要再想着对待所有人都一视同仁了，现在最重要的是找到 20% 的核心成员，将重点放在他们身上。

2. 以优带差

找到这些人的优势所在，然后给他们与之相对应的职位，重点培养他们，然后再让他们去带动另外 80% 的人，从而提高公司的整体效率。

3. 团队利益大于任何个人利益

在变革时期，任何一个人的个人需求都要先放在一边，将团队利益放在第一位。要记住，在整体利益面前任何个人利益都要为之退让。

在你决定进行变革时，就要狠下心来，放弃一切个人利益，不要再去想着照顾每个人，每个方面，因为在这个时候，你若能抓住关键，你得到的将是整个"太阳"，如果你依然抓不住关键，你就注定会失败得连一缕朝阳都看不到。

PART

第八章

8

使众人行，创造互动

所谓的"使众人行",并非驱使着所有人向着一个方向行动,而是令所有追随者自愿地向着同一个方向行动。一个团队只有在所有成员对所要达到的目标充分肯定时,才能够付出百分之百的努力,最终实现共同目标;同样,当团队的领导者给予成员充分的信任,通过分享权力与自主权来增强他人的实力时,才能得到成员们的信任,形成凝聚力极强的高效团队。

因此,作为一个团队的管理者,拥有巨大的凝聚力,创造更多面对面的沟通和互动来替代电子式的交流才能带领着团队建立信任和共同目标,从而促进团队的协作,将团队的优势发挥到最大化。

聚合众人的力量

汇聚众人的力量，就能打开时代的大门。俗话说得好，"一人拾柴火不旺，众人拾柴火焰高；一人难挑千斤担，众人能移万座山；一人踏不倒地上草，众人能踩出阳关道。"由此可见，众人齐心，其利断金。当团队中的每个成员都抱着同样的信念，朝着一个方向努力，就能事半功倍。

南美洲的草原上曾经发生过这样一件令人难以置信的事。一个秋日的午后，一片靠近河岸的草丛，在干燥的气候下，红色的火舌顺着风如一条华美的丝绸突然呼啸而起，向着草丛中一处高地逼近，短短的一瞬间，就将这处高地团团包围。高地上无数的蚂蚁被骤然燃起的大火逼得无路可退。似乎葬身火海是它们唯一的命运。可就在这千钧一发的时刻，令人意想不到的情形出现了。只见蚂蚁们突然井然有序地迅速靠拢，抱成一团，形成了一个黑色的"蚁球"，滚动着冲进了火海。熊熊的大火将外层的蚂蚁烧得"啪啪"作响。然而，"蚁球"越滚越快，迅速地穿越火海，冲进了河里。河水将"蚁球"卷到了安全的对岸，使大多数的蚂蚁得以生还。

团队里的成员就如同这个蚁群。如果团队像一盘散沙，每个人只顾及自己的得失，那么解散只是早晚的事，可如果将团队里的每一个人的力量汇聚在一起，齐心协力，定能化险为夷，增加团队的凝聚力，推进工作的进程。当然，这一切，都离不开一个可以聚合众人力量的优秀的管理者和领导者。

大概每个上班族在新年的初八上班时，都会带些微微的抱怨。可是，腾讯的员工们却是带着满心的欢喜早早地去上班。究竟腾讯的 CEO 马化腾有什么样的魔力做到让员工欣然地在新年伊始就早早上班报到的呢？原来腾讯自创立以来就有派发新年开工利（红包）的传统，每个红包的金额 20 元——100 元不等，虽然金额不多，可是员工们领红包的热情却十分高涨，领红包的队伍经常排满整个腾讯办公大厦。这对于员工来说，不仅仅是几十元钱的红包，更加是企业高层对下属的体恤和祝福。马化腾本人也说，虽然成千上万份红包的派送和祝福令他累到手软、嘴软，可是这种可以近距离和员工沟通互动，增加团队凝聚力的事很有意义。

一个好的领导者不仅仅要懂得如何控制手下的员工，更要通过自身的决策和行动来表达自己和成员一条心的情谊，这就需要团队的管理者做到：

1. 增加与成员面对面的互动。凡事尽量亲力亲为，通过面对面的沟通传播自己的亲和力和与大家紧密团结的意志。

2. 处理内务时，履行"公平"、"公正"、"公开"的三大原则。令员工们在同一起跑线齐头并进，只有这样，团队成员才有足够前进的动力，团队中可能影响内部团结的不安因素才会被消除。

3. 积极发现成员的长处，并及时给予肯定和鼓励。作为一个成功的领队，必须要细心观察下属的优点和长处，随时给予鼓励和表扬，如此便可大大增强属下的信心，营造亲密和奋进的团队氛围，进而增加团队的整体实力。

一个好的团队，肯定是一个沟通渠道畅通，上下齐心的优秀集体。要想心往一处想，劲儿往一处使，作为团队核心力量的带头人一定要增加与成员的沟通和互动，熟悉成员的优劣势，传递正能量，聚合众人的力量，方能展现一加一大于二的团队实力。

促使员工积极的相互依赖

团队成员的相互依赖性是工作中相互作用的变量之一。一旦个人的工作过程和结果对他人的行为产生影响的时候，相互依赖就应运而生了。而这种依赖性，在团队的合作中尤为重要。

清朝末年，时局动荡，当时位居二品礼部侍郎的曾国藩，借由母亲过世在家守孝的机会，充分利用当时清政府为抑制太平天国的势力，积极鼓励地方团练扩大势力的时机，在他的家乡湖南一带组织了宗亲、师徒、好友等众多人际关系，建立了一支称为"湘军"的团练。曾国藩竖起"忠孝"的旗帜，很快便聚拢了大量的追随者，又加之曾国藩为人正直，以身作则，善于用人，善于治军，湘军迅速地超越了八旗军和绿营兵的实力，成为清政府对抗太平天国的主力军事力量。不久，曾国藩便率领着他的湘军，成功的守卫了清政权，摧毁了太平天国的农民政权。而曾国藩本人也因此被朝廷封为一等勇毅侯，从此平步青云，官居一品。

倘若没有湘军的支持，曾国藩一人的实力恐怕是难以有所作为的。即使一个人的能力再优秀，没有优质团队的依靠与支持，也是难以取得成功的。水能载舟，亦能覆舟，只有管理者与团队相互依靠，团队间的成员相互依靠，创造更多积极的依赖感，方能达成所愿。

20世纪80年代中期，作为家族企业的帕科公司有着典型的家族式企业传统。总裁史密斯十几年来，始终以铁腕政权来管理着公司，面对着激烈的竞争市场，史密斯无法容忍一丝一毫的失误。这便导致了手下员工越来越沉默，每个人只顾着忙自己手头儿的工作。这种等级分明的管理制度不久就展露出了它的缺陷：员工害怕承担风险。每个部门和员工只局限在自己的小圈子里行事，造成了各部门间的联系出现断层。这种情形令帕科公司在印刷、切割、粘连等各种生产工序中出现大量问题。尽管公司声誉一直不错，可长此以往拖垮公司是必然的。

不难看出，积极的依赖是心智成熟人士采取的明智之举，是对团队成员的信任和肯定，独立是必要的，但是积极的相互依赖更能促成事情的高效发展。因此，管理者应该做到如下几点：

1. 提高自身的整体素质。整体素质包括领导者的政治素质、思想素质、道德素质、文化素质、业务素质、身体素质、心理素质以及管理能力。只有管理者自身以身作则，用个人的人格魅力征服队员，得到队员们的信任和尊重，才能更好地促进积极的相互依赖。

2. 给予成员空间和信任。信任感并非你说信任便是信任，而是要通过你的行动来证实。在处理事件的时候多多地给予同伴和成员自主的选择和空间，才能使之感到充分的信任和依赖感。

团队的力量不是天生的，而是靠后天的培养和训练得到的。个人英雄主义早已不符合主流的发展，现代的成功更多的是依赖团队和成员的整体表现。积极的情感依赖有助于团队共同目标的实现，有利于成员工作绩效的加强，从而出色地完成任务。

分享权力和自主权

高度集权容易导致决策失误。一个成功的领导者并非时刻强调和彰显自己的个人权力，而要懂得拿捏分寸，分享权力和自主权来增强他人的实力是成为一个优秀领导者的基本过程。

当领导者适当地下放一些权力给下属时，当领导者为下属创造体验抉择和处理问题的自主权时，当领导者增强下属的责任心和义务感时，就能增强他人的实力，令人们主动地采取行动，自觉地承担责任。

大雁天生有一种合作的本能，它们在"V"字阵形的飞行速度比单飞的速度高出71%。处于"V"字尖端的大雁任务最为艰难，承受的空气阻力最大，因此带头的大雁每隔几分钟就要轮换一次，以此来保证雁群长距离飞行而不需要休息。而病弱、年幼以及衰老的大雁经常被强壮的大雁安排在雁阵尾部最轻松的位置。雁群会不停地鸣叫，也是那些强壮的领导型大雁在鼓励落后的同伴。如果同伴中有大雁因为过度劳累或者生病而掉队，雁群也不会遗弃它们，而是留下一只健康的大雁陪伴它直到再次起飞。研究发现，以这样组织形式飞行的雁群要比单飞的大雁多飞行出 12% 的距离。

雁群通过不断变换领队的方式来确保飞行进程的顺利，这种举动非但没有动摇雁首的领导位置，反而增强了雁队的飞行效率。动物都能领略的道理，反而聪明机智的人类却有时因为利欲熏心而酿成大错。

当年伴着成龙"爱多 VCD，好功夫"广告词名噪一时的爱多 VCD，从艰苦地创业，到后来的巨大成功，都没能让这个最初靠打工为生的爱多董事长胡志标意识到分享的重要性。直至 2000 年，胡志标以票据诈骗罪、挪用资金罪、虚假注册资本罪银铐入狱后才幡然醒悟。他曾在狱中这样感慨道："当初如果能顾及陈定南等股东的利益，能够与他分享一定的权力，爱多就不至于那么短命。"

对很多人来说，"分享"一词听起来容易，做起来难，可只有做到这一点的人才能取得真正的成功。

那么作为管理者该如何做到分享权力和自主权呢？

1. 亲和平等地对待员工。如果领导者一开始就以平等和认可的态度对待每一个人，大家就会感觉到你的尊重，体会到自己对公司创造的价值。当你要求他们去做什么时，他们也会为了得到你的赞同而努力去完成。

2. 保持好奇心。想要保证自身权力的领导就需要保持好奇的态度。本性好奇的领导者会不断提出新的创意，并且随时抱着学习的心态去听取他人的意见。在好奇的同时也能尽早发现团队中产生的问题和不安因素，并且及时给予正确的引导。

3. 提升他人。将团队的成绩据为己有的人是想以此来把握住现有的权力，而通过分享提升他人实力的领导者才能打造出一个价值更高的团队。一个可以雇用比自己能力更强，并不断给予正确导向的领导者才能使团队更加强大。

当你通过高明的方式——分享权力和自主权而打造起来的充满正能量的团队，才叫获得真正的权力。与其通过打压成员来增强个人权力，倒不如分享权力，齐心合力促进项目的完成和工作的进展。

注意成员的行动

注意观察团队成员的行动是一门社交的学问。当然,注意并不是最终目的,而是在细心地观察中发现成员的问题,及时给予祝贺或者帮助。人都有七情六欲,因此,每个人都有开心或者消极的时刻。而这些情绪的显露往往都来自成员们工作时的行动。因此,注意成员的行动有利于增加团队的凝聚力,体现团队间密不可分的信赖。

2011 年 8 月,三峡坝区室外的温度高达 40 摄氏度。而在三峡工区的各个施工现场,一些一线员工在机器的轰鸣声中,在建筑泥浆夹带的阵阵热浪中,头顶烈日辛勤地工作着,汗水一滴滴浸湿土地。看到这一幕,作为长江三峡水电工程有限公司党委书记、副总经理的关柳玉急忙送上解暑的绿豆汤和冷饮。每一次递,他都不忘关心大家的身体,亲切地问候和叮嘱大家。员工们接过的也不仅仅是冷饮,还有来自高层的关心和体恤。而这样温暖人心的举动,关柳玉做过的远远不止这么多。

有人说,领导者的工作就是帮助每个团队成员达到个人的最高境界,这句话被很多注重人文管理的领导者所吸收。而这些领导者都有以下的共同点:

1. 打破等级观念。尊重每一个成员就要收起自己的架子,把自己和成员的身份摆在一个相等的位置上,多与成员进行开放式的沟通,了解他们真正的需求。

2. 尊重底层员工的劳动。底层的劳动者作为职位最低,人数最庞大的一个群体,经常被企业的高层和团队的领导所忽视。其实这庞大人群的需求才是人心所向。一个好的管理者不会忽视任何的群体,尤其是默默耕耘的劳动者们。

3. 多走动,多沟通。成天坐在办公室里"神龙见首不见尾"的管理者一定不是一个合格的管理者。只有当一个管理者把自身放到团队中间，多与团队成员往来走动，增加沟通，才有更多的机会去注意成员的行动，体现领导者对成员的关爱，也有利于及时提供帮助。

4.减轻成员压力。不仅要注意减轻成员在团队工作中的压力，更要注重观察成员生活中可能给工作带来影响的压力，主动去缓和解决。

团队成员个人的行动看起来微不足道，其实足以影响整个团队。积极的情绪可以带动团队愉悦地工作，而消极的情绪不仅会影响个人更会给整个团队带来阴霾的低气压。管理者自主地积极注意团队成员的行动，不仅是领导亲和力的一种表现，更是掌握整个团队气氛的钥匙，因此注意观察团队成员的行动这门社交学问是每个管理者必须掌握的制胜法宝。

适时表彰个人的卓越表现

作为团队的领队，除了用高额的薪金和奖金来鼓励成员之外，还要善于激励成员，调动团队的工作积极性。激励成员最有效的方式就是：珍惜下属，看到他们的劳动成果，发自内心地欣赏他们，而做到这一点最直接的方法就是——夸奖他，赞美他，表彰他。

著名的排球教练郎平在美国教排球的时候就面临了一次批评还是赞美的难题。郎平在美国曾经被请去做一个排球馆的教练。以郎平的实力，那些业余小姑娘的技术很难入她的法眼。由于她对学员的标准高、要求严，常常毫不留情地指出学员们姿势、动作和技巧上的错误，所以一段时间后，学员们都很怕她，在她面前畏首畏尾，动作施展不开，反而令教学效果更不尽如人意。球馆的老板了解到情况后，就邀请郎平去看馆里另一个很受欢迎的美国女教练是怎么训练的。虽然这个女教练的专业水平不及郎平，但是她的教学效果却比郎平好很多。郎平过去一看，美国教练对学员的教学方式令郎平大吃一惊。原来那个美国女教练每次都会鼓励学员说："亲爱的，你已经做得很好了"，"初学者做到这种程度已经很棒了，但是如果你的手臂再抬高一些就更完美了"，"从来没有见过你这么有天赋的人，要是能再快一些就更好了。"

世界上第一个年薪100万的人——美国联合钢铁公司的第一任首席执行官查理·史考伯是一个对管理非常有研究的人。他曾经说过："我认为，能够使员工士气鼓舞起来的能力，是我拥有的最大的资产。而使一个人发挥最大能力的方法就是赞赏和鼓励。"没有人希望受到批评，但是没有人不渴望赞赏。适时的表扬和鼓励会增进团队的战斗力。

2011年11月16日，思科在新加坡召开的思科网络大会上，对亚太、日本和大中华地区信息与通信技术产业在服务交付方面取得的出色创新给予了表彰。这一智能服务奖项是由思科首次推出的，目的在于鼓励业务合作伙伴不断开拓创新，为客户打造更优质的服务，帮助客户有效地利用其技术投资。此项表彰计划彰显了思科公司与合作伙伴相互促进取得成功的重要承诺。同时也简化了与思科开展业务所需要的琐碎的服务流程，加快了业务的处理速度，扩大了业务合作的规模。

不难看出，表彰这一行为手段，在公司和团队的管理中都起到了至关重要的作用。这样不仅有利于成员与管理者紧密关系，而且可以增加成员的信心及工作的积极性，这对团队完成工作任务起到了很大的推动力。但是赞美和表彰也并非人人擅长，因此需要注意以下几点：

1. 表彰要快。成员在哪些方面有突出表现，一定要及时嘉奖，如果拖延过久，错过了表彰的最佳时机，就不会令人激动，表彰就失去了意义。

2. 表彰要诚恳。避免刻板的公式化表彰，发自内心的赞扬才能令成员感受到真正的鼓励。

3. 表彰要具体。表彰他人一定要就事论事，什么方面做得优秀，什么方面值得赞扬，都要具体行之，见微知著，才能令受到夸奖的人高兴，令大家信服，引起情感的共鸣。

4. 表彰莫要又赏又罚。作为管理者，如果将表彰进行得类似于工作总结，先扬后抑，就会失去表彰的作用，达不到表彰的效果。

员工最需要的是：工作得到赏识，个人问题得到关心，工作获得成就感。而实现员工需求的最好方式便是关心员工，适时地表彰个人的卓越表现。优秀的领导者会承认单枪匹马难成大事业，而下属们也认可只有工作获得赏识的时候才会付出自己最大的努力。

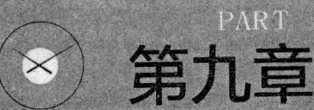

PART

第九章

9

分化角色，先诊断后果断

团队中通常会有以下的角色担当：实干者、协调者、推进者、创新者、信息者、监督者、凝聚者、完美者和技术专家等 9 种角色。每个人都有自身的优势和特色，那么团队中亦是如此，每个人都有符合自身特点的角色定位。但是通常个人并不十分清楚自己应该在团队中扮演怎样的角色，这就要求团队的管理者根据团队和个人的实际情况做出诊断，继而果断地做出正确的指示和引导，分化队内成员的角色担当。这是对一个优秀的领导者最基本的要求，如果团队的领导者不能正确地分化团队成员角色，那么团队的分工将会乱成一团，团队不团结，工作效率也会下降。

在《西游记》中的"取经团队"中的角色定位就非常明确。孙悟空是斩妖除魔的实干者，猪八戒则是消息最为灵通的信息者，而沙僧作为协调者在整个团队中起到了很好的磨合作用。因此，虽然一路上冲突矛盾不断，但是他们始终没有分崩离析，最终取得真经。现实生活中也同样如此。

寻找最强的实干者

实干者在团队中的作用巨大，由于他的可靠性和高效地处理工作问题的能力，常常得到大家的信任和依赖。他们通常相对比较内向，性格保守，但是对于工作有着一种格外的执着和责任感，因此，他们遵守纪律，效率极高。虽然实干者在团队中很好辨认，但也需要领导者擦亮双眼，拨开烟雾，才能找到最强的实干者。

杨朱在宋国边境的一个小客栈里落脚休息时发现，客栈的店主有两个老婆，但是两个老婆的长相与其身份地位相差甚远。杨朱不解，便询问店主，店主回答他："长相美丽的自认为无与伦比，因此言谈举止傲慢，可是我并不认为她美丽，所以把粗重的脏活儿交给她来做；而另一个虽然外貌并不突出，但是她深知自己的平凡，凡事谦虚谨慎，可我并不认为她丑，所以让她掌管家室。"

很显然，丑妻虽然其貌不扬，却是有能力的实干者，店主没有被美妻的美貌迷惑双眼，而发现了丑妻的能力，给予她实权。真正的实干者往往是勤勤恳恳地做事，有时容易被忽视，因此，团队的领导者一定要"慧眼识英雄"，公私分明，通过现象看到本质去甄别人才。

一天，索尼的董事长盛田昭夫按照往常的习惯走进职工餐厅与员工们一起用餐，忽然他发现了一名郁郁寡欢的年轻员工。盛田昭夫就主动坐在这名员工的身边，与他攀谈起来。借着酒精的作用，年轻人终于开口："我以优异的成绩毕业于东京大学，原本拥有一份待遇优厚的稳定工作。但是出于对索尼公司的崇拜，我觉得进入索尼才是我的追求，因此我便毅然决然地来到索尼工作。可是令人失望的是，我一丝不苟、勤勤恳恳地工作，却从来得不到科长的认同，且处处挤对我。我真的心灰意冷，这就是我当初放弃优厚的工作来追求的索尼吗？"听到这些，盛田昭夫十分惊讶。由此他想到，公司这样郁郁不得志的员工恐怕不在少数，因此便展开了公司内部的招聘制度，令那些真正的实干家得以有用武之地。

找寻团队中角色的定位是一个长久而不易的工作，除了擦亮双眼，还要多与成员进行沟通，多多听取当事人自己的意见，才是一个合格的领导者。那么，寻找最强实干者究竟该如何下手呢？

1. 通过现象看本质。真相往往都隐藏在外表之下。你看到的不一定是事实，尤其当你身处到一定的位置时，分辨是非的能力是必需的，细致入微的观察现象，深入本质，才能找到最强的实干者。

2. 开放用人制度。在用人的环节里不拖泥带水，公开你渴望达到的目标，这时便有真正的实干者来毛遂自荐了。

总之，想要寻找团队中的最强者并不是一件难事，需要领导者擦亮自己的眼睛，透过现象看本质，然后把最强者的能力挖掘出来，为团队创造更大的利益。当然，最强者是团队里素质最高的一员，对纪律也十分遵守，把他提拔上来，也有助于团队的运行。

那个最会协调的人

一个高效、团结的团队中一定有一个协调能力极强的成员，就如唐僧师徒中，如果不是每次孙悟空与猪八戒吵得不可开交时，沙僧适时地避开矛盾进行劝阻并且提醒二人营救师父是当务之急，想必取经团队早已解散，而唐僧也早被妖怪给吃掉了。可见协调者待人公平，目标性强，能够整合不同类型的团队成员，同时兼顾人际与目标两个方向。

中国对外经济贸易合作部部长龙永图曾经在中国入世谈判的时候选过一

位大家都不赞同的秘书。在大家的眼里，秘书都是那种工作严谨，少言少语，极其细心的人。可是龙永图选的这个秘书颠覆了大家对于秘书的看法。这个秘书大大咧咧，从来不会照顾别人，就连陪同龙永图出国都要龙永图叫他起床。对于工作的日程安排，他很多时候没有龙永图清楚，常常是九点半的活动，他却记错是十点，十次中有九次都是他的错误。可是这样的人为什么会被龙永图选作秘书呢？原来龙永图是在自己谈判最艰难的时期选择了他。由于当时谈判压力很大，龙永图的心情很压抑，有时还会和客户吵架。每当龙永图生气的时候，没有人敢去打扰他，只有那位秘书，每次不敲门就大大咧咧地走进办公室，坐在龙永图的房间跷起二郎腿，还批评龙永图哪句话讲得不对，等等。因此，他经常挨龙永图的骂，可无论怎么挨骂，几分钟后他又进来说龙永图的想法不对。

协调者就是整个团队的"润滑剂"。哪里有摩擦，哪里就需要他。看起来似乎是一个轻松不费劲儿的差事，可是要做好也是一件难事。最会协调的人通常个人的能力和创造性都只是偏中等，在重大决策和贡献上看不到他们的身影，可是正是这群毫不起眼的成员，却是每个团队必不可少的螺丝钉。用好协调者才能使团队内部和谐，工作顺利，进而实现工作目标，保证团队的战斗力。

不要忽视消息灵通的成员

如今全球已经进入了信息化时代，无论是人们日常生活还是企业的发展，都离不开消息。只有掌握第一手的消息，才能抓住时机，乘胜追击。因此信息对于团队的工作进展有着巨大的推动作用。

20世纪90年代，沃尔玛就推出了新的零售业配送理论，为零售业的工业化运作开创了新阶段——以集中管理的配送中心提供货源而取代了直接将货品运送到商店。这种新型的配送体制，大大降低了成本，加速了货物的周转，形成了沃尔玛无可替代的核心竞争力。20世纪90年代初，沃尔玛在公司总部建立了庞大的数据中心，整个集团的所有店铺、配送中心和所有商品，以及每天的购销调存等信息都会通过通信卫星传送到数据中心。因此，沃尔玛每销售一件产品，都会及时用电脑记录下来。

信息已经渗透和包围了我们的生产和生活。因此，团队中消息灵通的人也成了不可多得的信息型人才。

股票刚刚在中国兴起的时候，炒股的人络绎不绝，大家都想通过炒股来改变自己的生活，而股市难以预料的跌宕起伏也时常有人欢喜有人忧。当时陆家有一个少爷经常在交易市场出现，在他的观察中，炒股的人里有一个小道消息灵通的人，虽然他的投资少，但是他很少会亏。陆少爷就将那个人收到自己的手下，承诺在自己的投资中适当地给他分红。而他也乐意效忠。最终在二人的联手下，称霸了上海的股市。

对于消息型人才的应用可以说是一门学问。这类人通常小聪明多，你过分重用他，会令他骄傲自满，容易丧失辨别信息的能力，走入别人的圈套；可如果你忽视了他，极有可能丧失一些关键性的消息，也容易引起他的不满，继而导致他的叛变。因此，团队的管理者应当在平时的工作中多留意团队中这种类型的人，多多地提点和警示，千万不可忽略消息灵通的成员。

因人而异，提升团队士气

世界上的人千千万万，他们所拥有的性格、能力也不同，有的人性格是多血质型，有的人是胆汁质型，有的人是黏液质型，还有的人是抑郁质型，等等。

简单地说，一些人内向，另一些人则开朗；一些人相信自己能掌控环境，另一些人则认为自己的成功靠环境的影响；一些人喜欢稳中求胜，另一些人则喜欢在风险中挑战自己。无论是怎样的性格与能力，都会有适合他们自己的工作岗位，而准确做到这一点，要因人而异，就会使员工在工作中感到满意与舒适，从而调节好情绪，更好地与团队里的队员合作，真正达到提升团队士气的作用。

日本著名的电器公司——松下公司，是一个气氛活跃的公司。在日本，这个公司对自己员工的物质方面给的并不是最好的，但是他们重视每个员工的精神需求以及其他方面的要求。因为松下公司建立了一套正确的激励体制，而其中起决定作用的就是因人而异的政策，他们不会将全体员工简单的一视同仁，从工人的个人需求来说，采用物质激励会更有效；对于高层次的技术人员和管理人员来说，他们的精神需求却是极其重要的。他们是企业价值的重要创造者，公司希望将他们留住，因此松下集团在尽量给员工提供物质待遇的同时，还会极力满足员工的精神需要，比如说提高其工作职位，了解他们的精神世界，创造有利的工作环境，提供有难度的工作来满足这些人的需求。所以说，松下电器公司对于各个企业尤其是我们中国的企业有着很好的示范作用：一个团队的士气，不仅要靠团队管理者的调节，更需要我们合理运用人才，了解人才，做到因人而异。

其实，管理一个企业与管理一个球队是一样的道理，需要做到因人而异。只有我们理解了这一点，我们才会明白如何正确分配队员在球场上的作用，才会提升队员的士气，打一场漂亮的比赛。

怕萨尔斯（Bill Parcells）作为纽约巨人队的队长，带领整个队赢得了超级腕总决赛（Super Bowl）。有人问过他："在这个赛季您选择了两个四分卫，西姆斯（Phil Simms）与霍斯泰特勒（Jeff Hostetler）。您是如何让他们两人保持如此好的比赛状态的？"怕萨尔斯的答案特别值得让我们进行思考，他说他最成功的一点就是知道如何能让他们兴奋起来，比如说如果是西姆斯，他必须使用刺激法,他得指着鼻子,对他大喊大叫。而对于霍斯泰特勒来说,他不能用一样的方式对待他,因为他们是两个不同的个体,如果教练对霍斯泰特勒说话声音大了一点儿,他就会不理你,所以他必须得轻声细语地说。也正是因为这样,他们才会有高昂的团队士气,才会取得胜利。

通过上面的案例我们明白:一个团队的士气与我们的用人方式是紧密联系的,只有我们真正了解了我们的员工,做到因人而异,才有可能取得成功。所以,在今后的工作中,我们需要:

1. 建设合理的人力资源管理方案,完善员工职业规划。

2. 培养不同类型的人才,将其放在合适的岗位委以重任。

3. 了解员工真正的需求,用不同的方案对待不同类型的员工。

最后,因人而异,才会使我们做到以人为本,才会制定出有效的目标规划,适合企业的发展。

因势利导,积极营造团队氛围

在一个团队里,无非就两种氛围,积极的与消极的。而积极的团队氛围是自由、真诚、平等的工作氛围,就是员工在对自身工作满意的基础上,与同事、上司之间关系相处融洽、有集体责任感、积极发挥团队合作,共同达成工作目标、在工作中共同实现人生价值的氛围。在这种氛围里,每个员工在得到他人承认的同时,都能积极地贡献出自己的力量,并且全心全意朝着组织的方向努力,在工作中能够随时灵活方便地调整工作方式,使之具有更高的效率。

在我们的日常工作中,会发生好多好的或者是坏的事,无论是怎样的,我们都需要正确理解与解决它。

曾经"前程无忧"研究整个企业职工的工作情况:"在企业中大量存在着

85 后员工，而企业中主动辞职的员工也特别多。比如说，企业拥有的 1985 年以后出生的员工大概为 70% 以上，员工主动辞职的有 21.9%，高于 2012 年员工整体主动离职率"，这是管理者必须思考，不能永远只用一种眼光看问题、做管理，要进一步做出改革，要建设一些可以实现年轻员工能力与价值的平台，让他们能够看到希望，可以产生融入这个集体的渴望。"80 后"和"90后"员工已在企业中发展成为主力军，这要求我们真正认识这一形势，通过主动变化方法来进行管理，开发出这些员工真正的正能量，只有搭好了舞台，才能够看一场好戏，才能够创造出积极的团队气氛，只有企业根据这一趋势，积极做出通往正确目标的道路，引导年轻的员工积极努力工作，就会有不一样的效果。

丹尼尔斯是一位行为学家，他在 *Bringing Outthe Bestin People* 一书中发表了一番理论，就是所有的行为都会具有其相应的结果，而且这些结果在可以决定行为人会不会重复统一行为。而这种结果会呈现出不同的形式：正面的和反面的、未来才出现的和及时就出现的、确定的和不确定的。当然，在这些结果中会对工作产生不同的影响。而对于这一理论，要求领导者、管理者正确对员工进行指导。

据说有一次，子路问他的老师孔子，如果一件事已经考虑得很周全了，是不是应该立即去做。孔子的回答是在我们做之前，还应该征询一下别人的意见。孔子的另一个弟子自贡也问了孔子一个同样的问题，可是孔子却说当然应该立即去做。孔子的弟子们感到疑惑不解，为什么相同的问题却会有不同的答案呢？原来是因为虽然问题是一样的，可是问问题的人却是不相同的，其中一个是性格鲁莽，而另一个是性格谨慎。所以孔子根据不同的人做出了不同的回答，不同的选择，目的就是能够引导两个年轻人根据不同的性格做出正确、有利的选择。

在这个世界上，人无完人，也没有一成不变的事物，孔子之所以给出不同的答案，是因为他明白在不同的环境中，面对不同的人，每件事发展的形势是不一样的，所以我们需要顺势而为，灵活运用我们的生活经验，对不同的事件做出正确的判断。因此：

1. 积极了解世界的变化与自己周身的变化，正确判断事情发生的原因及发展。

2. 顺应局势的潮流，适时做出解决事情的方法。

最后，希望我们做一个融入社会的人，了解当今世界的变化和趋势，勇敢地顺着时代的潮流，正确地获得自己的利益。

10

赢在沟通，卓有成效

"沟通"二字从来就被万千管理者苦苦追求。首先能够和下属有效沟通，对工作效率的提高是有百利而无一害的；再者，良好的沟通在一定程度上还能够帮助管理者在下属中树立起亲和友善的形象，让员工更加有为公司效力的干劲儿。所以，一个团队的发展往往与高效的沟通是分不开的，要想团队赢，很重要的就是赢得沟通。

以他人的眼光看待事物

学会切身处地地为对方设想，了解其思想认知和价值观。即使我们不可能透彻地掌握个中一切，但只有尽可能多地掌握这些，我们才能迅速且有效地建立起有利于双方合作的关系。这就是以他人的眼光看待事物。

保罗·克雷默，多年来掌管公司的一个部门，即使是公司被另一家公司收购后，克雷默也留任原职。新来的上司和他的手下早在收购前就对部门的运营情况进行过深入研究和讨论，他们认为自己知道该如何改善部门的业绩。与此同时，他们下令改变定价，放弃小顾客群，截断部分赢利低微的产品。然而克雷默却认为部门的运营状况最清楚的人非他莫属。他强烈反对这一系列新计划，却没有过多地向新上司分析出这些计划出台的利弊。经过一场沉默的争执后。新计划最终还是执行了，克雷默无法忍气吞声就辞职了，公司业绩也随之越来越不景气。

克雷默和新上司，两人都掌握着大量的有用讯息，他们只是自傲地各自都认为自己知道的就是全部。其实不然，克雷默可以从新上司的另类分析中学到不少东西，而同时，新上司也能从克雷默多年的经验里收获许多管理办法。如果当时双方不是刚愎自用，而能彼此虚心讨教，这场人仰马翻的闹剧就可以避免了。所以说，借以他人的眼光看待事物，通过对他人本身优势的索取，以及主动了解他人的想法，可以碰撞出许多别样的思维火花，并创造出共赢的和谐团队。

但是，光知道他人的看法还是不够的，每个人看待事物的出发点不同，着眼点有所偏差也是难免的。要想在他人看待事物的眼光中收获到自己需要的讯息，还必须学会斟酌取舍，切忌"眉毛胡子一把抓"。首先要扪心自问自己需要什么，类似的资料需要多少，然后在他人的看法中精挑细选出与自己相同的抑或有道理的相反看法，为自己计算出最大化的利益。总而言之，就是用以他人的眼光看待事物作前提，以自己的实际得益作标尺，做出适当的取舍。

听过这么一个故事。台风天过后，大街上一片狼藉。街道两旁的大树绝大部分都被狂风摧倒了，许多工人在竭力抢救着那些东倒西歪的大树。奇怪的是，工人们总是先将靠树干下部的一些大枝大叶锯去。一个行人看了，便问："将树的枝叶都锯掉了，它还能活下去吗？再者，这样一来树都变得好难看。"工人们笑着回答说："你这么想就错了，恰恰相反，锯掉一些枝叶，树的成活率还会更高一些。因为锯掉了一些枝叶，树的重量轻了不少，把它扶正就变得更加容易了，要是不锯掉，再刮起风来，又会因为根基不牢，而再次被风吹倒的。"

可见，抛舍一些不必要的想法，选择自己一些正确的方式创造出属于自己的辉煌，是一种莫大的勇气，更是一种精明的取舍。

日本人对中国人说过这么一件事：一些美国人常常会选择离开栽培自己的公司，到竞争对手那儿去谋求更好的职位。或者有一些公司会为了略低的价格而贸然更换供应商。日本人的用意何在，已是不得而知，但是，不得不说美国人的做法并无非议，他将自己的优势，譬如丰富的工作经验，优异的货品销路，加上他人正确的眼光，最终糅合出新的合作关系与利益链条。这是十分聪明的一种自我经营手段。

总之，运用好他人的眼光，也运用好自己独到的鉴赏力。适当地理解，适当地取舍，适当地融合，以他人的眼光，创造出属于自己的最大收益。

做决定前征求和倾听对方的意见

都说沟通是一座桥梁，诚然，拥有良好的沟通能力，是建设一段良好合作关系的必经之路。无论是为何事打交道，与何人打交道，沟通的方式技巧都会间接甚至直接地关系到双方这段关系的最终发展。

其实并不一定非要以所谓友谊作为良好沟通的前提，与意见有所出入的人进行一段有效交流，也是对自己沟通技巧的一个难得的考验。在道理为主，小争小吵为辅的方式下最终达成一个共识，是何其地有成就，想必不用多言了。

当你面对抉择的时候一定是很为难的，因为不知道选择哪一个对自己更有利。如果只考虑到自己的利益而不顾对方的利益那么做出的决定很有可能让自己失去这个合作共赢的机会，但是如何让双方的利益最大话呢，这就需要做决定的领导者在考虑众多信息的前提下，也要站在对方的立场、对方的利益上来考虑自己如何做出决定。往往在双方利益最大化的立场上做出的决定更能使双方合作愉快，并且能够获得利益最大化。

所以说，做决定前征求和倾听对方的意见，对于一个决策者而言绝对是有百利而无一害的，倘若遇到你不爱听的意见，大可不留情面的屏蔽，坚持自己的最初想法。倘若遇到一拍即合的看法，那更是太好不过了。

曾经有个小国的人来访中国，向皇帝进贡了三个一模一样的金人，这可把皇帝乐坏了。可是这小国的人竟然有意刁难，给皇帝出了一道题目：这三个金人哪个最有价值？这可把见惯金银珠宝的皇帝难倒了，他甚至请来珠宝匠鉴定，反复的称重观摩，但无论怎么折腾，眼前的三个小金人都是一模一样的。可不能让我泱泱大国被这样的小事绊倒吧？最后，是一位退居幕后的老大臣对皇帝献了计。皇帝兴奋的请来使者，老臣则胸有成竹地拿着三根稻草，插入第一个金人的耳朵里，这稻草从另一边耳朵出来了。第二个金人的稻草是从嘴巴里直接掉出来的，而第三个金人呢，稻草进去后就直接掉进了肚子，什么响动也没有。老臣说道：第三个金人，是最有价值的。使者默默地点头，以示答案正确。

这个故事意在告诉大家：老天爷赐予我们两只耳朵一个嘴巴，本来就是让我们多听少说的。善于倾听，是每一个想要成功的人必备的基本素质。所以说，最有价值的人，恰恰是那些善于倾听，善于沟通的人。

为了建造起沟通的桥梁，建立和谐长久的合作关系。我们需要学会以下三点，以便在日后的工作与生活中，养成良好的沟通习惯。

1. 做决定前善于征求意见；

2. 积极倾听对方意见；

3. 预先做好沟通的计划。

下面让我们看看这个故事：

美国主持人林克莱特一天访问一名小朋友，问他说："你长大后想要做什么呢？"小朋友天真地答道："我要当飞机驾驶员！"林克莱特接着问："如果有一天，你的飞机飞到太平洋上空所有引擎都熄火了，你会怎么办？"小朋友想了想："我会先告诉坐在飞机上的人绑好安全带，然后我挂上我的降落伞跳出去。"当在现场的观众笑得东倒西歪时，林克莱特继续注视着这孩子，想看他是不是自作聪明的家伙。没想到，接着孩子的两行热泪竟夺眶而出。林克莱特急忙问道："为什么要这么做？"小孩的答案是："我要去拿燃料，我还会回来的。"

这表面是一个孩子的童言无忌，实际上却蕴含了"听的艺术"。是的，听话请不要听一半，也许你真的非常忙，但是耐心地倾听是一种基本的礼貌，无论你是否成功或即将成功。另外，千万不要把自己想当然的看法安放在别人的话语里，既然是沟通，当然是需要一些碰撞的。

在做决定前征求和倾听一下对方的意见吧，双方不同的思维就好比是两块有凹有凸的积木，是谦虚的征求和耐心的倾听黏合了这两块积木，最终让它们团结成一块可塑的良材。

说服，而非强制：有话好商量

人之一世，没有人是一个绝对独立的个体，每个人都需要适当地与人交流，以积攒自己为人立世的资本。即使是在孤岛上生活的鲁滨孙·克鲁索也是需要和仆人"星期五"打交道的不是吗？

一次北风和太阳吵架，它们都倔强地相信自己比对方强大。为了决出胜负，太阳向北风发起战书：谁能让行人先脱下大衣，谁就是胜利者。太阳胸有成竹，于是"慷慨"地让北风先试。太阳默默地躲到了云朵之后，这时北风开始呼啸。可是，风越是铆足力气向大地吹气，行人越是裹紧大衣。经过好一番挣扎，北风也唯有放弃了。这时太阳方从云朵后边探出头来，洒尽它所有的热量于行人。行人被太阳的热情火辣辣地包围着，最后不得不脱下大衣，坐到树荫底下躲避太阳了。

说服对方信服自己的方法可以有许多种，但最有技巧的方式一定不会与强制有关，正所谓"强扭的瓜不甜"，靠硬碰硬的争执换来的结果怎么可能甘甜呢？但在现实中，像太阳这样懂得以智斗争取最终胜利的人着实不多。

强制的手段非但无法解决双方的分歧，还会让双方的关系变得更加恶劣。强制性的方法往往会让对方觉得自己不被尊重。愤怒和沮丧的情绪也会油然而生，继而压倒所有的理智。

强制手段会破坏达成协议的最后质量。因为通过强制手段而达成的协议，多半会夹带着其中一方的不满，这一方会觉得自己的利益和观点已经在无形中遭到了对方的拒绝，对方对自己不够信任，对方待自己诚意欠佳云云。诸如此类的问题横生在协议之间，又怎么可能让协议行之有效呢？

即使是迫于种种内在或外在压力接受了对方的意见，这样的协议也很容易在往后的日子中轻易被第三者几句有心的话弹指间摧毁。

相反，运用说服的技巧而成就的协议就会非常容易得到贯彻，因为双方有共同的认知，共同的目标，共同的利益，自然也就不用担心会有第三方利益插足破坏了。

美国胜纱公司是当地一家生产衬衫布料的大型纺织厂。1986年，公司因为遭到了来自韩国和中国的竞争，经营状况每况愈下。胜纱总裁乔治韦德和董事会都认为要取得这场商战胜利唯一办法就是购买新的纺织机，这样一来既能降低劳动成本，又可以增加流水线作业的速度。然而，事情的发展并不是想象中的那样顺利，胜纱总裁乔治韦德认为新的纺织机上线后，工作效率一定能得到很好地保证，根本不必再花多余的钱去聘请工人，应该适当地裁员。而董事会的代表邓拉普却嚷道："你不能事先不跟我们商量就做出这样的决定。"并执意维护着工人们的利益，句句话都直指乔治是依仗总裁身份在肆意妄为。

这是一次非常失败的谈判，因为谈判双方都试图用强制的手段去说服对方通过自己的意见。双方的立足点有所冲突，其实想要取得统一的意见，必须要有一方先让步的。而乔治和邓拉普丝毫没有认识到这一点，所以他们的谈判失败也就在意料之中了。

强制性手段，无论是古今中外，都无一例外地会破坏双方的长期合作关系。而以有理说服这样的模式去获得的意见统一，往往对双方关系都是积极推进的，有百利而无一害的。无论对方秉持怎样的态度与你交谈，请铭记，时刻说服，而非强制，有话好商量。这样，好的谈判以及结果与发展契机自然就会与你不期而遇了，大家也都能在和谐积极的氛围中长久发展了。

给员工发牢骚的空间

想成为员工眼中威严又不失亲和力的模范好上司吗？那么请给员工一点儿发牢骚的空间吧。八卦公司大小事，谈论上司对错得失俨然就是这个信息爆炸的年代所推出的又一办公室文化，同时，这样闲来无事的牢骚也是让员工内部建立起和谐关系的一个不小的功臣，毕竟除了工作，员工们的共同话题充其量也只有这些了。

马克·吐温曾言："每个人都在谈论天气，却没有一个人会对天气做什么。"其实这就好比公司里超半数的员工都钟情于用各色不同的牢骚消磨工作以外的时间一样。哪怕心里深知光靠嘴皮子的碰撞，根本不可能动摇公司的一分一毫，却偏偏就有这样一股莫名的耐力支持着他们效力于发牢骚这一崇高的事业。

在一个企业的运营与发展里，员工永无止境的牢骚和怨言就如虱子般让万千管理层挠破了脑袋。既然牢骚问题当断难断，越斩越乱。何不试着将如何克制员工发牢骚变成如何利用员工的"牢骚效应"呢？

一位来自哈佛大学的心理学教授梅约就曾说过这样的话，和没有人发牢骚的企业相比，有人发牢骚的企业往往能做得更加成功。这位教授骄傲地把这种特殊的现象称为"牢骚效应"。在他眼里，牢骚是改变不合理以及不公平现状的强大催化剂。牢骚虽不永远是正确的，但认真对待牢骚永远是聪明的。有人发牢骚，说明他对改善现状有信心，没有信心时，他就不再发牢骚了！

从前在芝加哥郊外有一家制造电话交换机的企业，里边各式各样的生活和娱乐设施一应俱全，福利工作也做得十分出色。但让厂长感到十分困扰的是，员工的生产积极性极低。于是梅约深入员工群体，意外地发现相当一部分的员工都有满腹牢骚。梅约就此决定采用"谈话法"，一字一句地耐心倾听员工对厂方的各种不满与意见，并做下很详细的倾听记录。员工们通过发牢骚的形式将不满或其他负面的情绪统统发泄出来之后。工作热情和工作效率自然就随之上涨了。

所以说，对待员工无休无止的牢骚，管理层能做的是疏而不是堵。好强反叛的员工比比皆是，所谓越堵越泛滥，越禁越活跃。疏则不同，平心静气地了解而后解决员工的需要，难道还不能鼓舞士气吗？

其实，有牢骚对于企业而言从来就不是一件坏事。关键是领导如何对待并将牢骚转化为工作的动力。

可见，给员工发牢骚的空间，是企业长久发展的一条好路子。

美国的许多企业，都会设定一个"发泄日"。也就是会专门划出一天作为该月让员工发泄不满的时间。在这天，员工大可放肆地与公司同事甚至上级说话，开玩笑，乃至顶撞都是被允许的，领导许诺一定不会因此迁怒于任何人。

员工们对公司的抱怨实则就如对天气的抱怨一样，并不是因为他们希望改变什么，而是因为通过这样的形式，他们的牢骚就找到了出口，同时也能让员工因为共同的话题并团结在一起。

将无关痛痒的小抱怨小牢骚看做是工作中调和情绪的一个必要环节，可以减少员工间的埋怨与芥蒂。此外，这样的牢骚不但可以增强社交关系，还可以给员工一份强大的归属感，从而大大缓解了员工在工作上的大部分压力，提高工作效率和工作质量。

因此，如果你是管理者，不妨也给员工发牢骚的空间，从他们的牢骚中发现自己需要改进的地方，让自己改进，成就企业的未来。

制造机会，让老人与新人之间有效沟通

员工与员工长时间共事，非常容易形成利益或竞争关系。如果将不伤大雅的埋怨积攒下来，日子长了，无疑会在员工之间造成相处的沟壑。所以充分的沟通，对于员工间的相处是十分有必要的。这种必要性，在老人和新人之间，就体现得更加明显了。一来新人如果是个乳臭未干的大学毕业生，有效的沟通会是这位新人非常宝贵的工作指南，老人们的只言片语，都足以让这一新人感激涕零；二来如果新人是个经验颇丰的成功人士，有效的沟通更可以让老人们宣誓主权，捍卫元老的尊严，挫挫新人不知天高地厚的锐气，巩固自己的公司地位。那么，老人和新人之间究竟该如何有效沟通呢？

1. 老人与新人之间存在竞争是难免的，既是竞争，总会有高低胜负之分。能力欠佳的一方在心理上一时难以调节是完全可以体谅的。较为出色的一方千万要考虑到对方这种微妙情绪，在沟通过程中注意放低姿态，尽可能帮助对方找出能力欠佳的原因进而弥补。切忌嚣张跋扈，给对方造成压力以及刺激。

2. 与朋友交往，尚且需要保持恰当的距离，同事与同事的相处，更是需要把握好尺度。无论老人新人，都切忌在对方面前抱怨公司的不是，指责同事甚至上司。如果实在难咽怨气，不得不排解一番，也要非常注意说话的方式方法。

3. 提倡老人与新人做朋友，并不是要求每一位同事都成为无话不谈的闺密，这是不可能的，更没有必要。大家完全可以在单位这个小圈子里选择性地结识知心朋友。初到公司的新人，先用心观察周围的每位伙伴，发现有共同点的同事后就可以主动靠近，与之慢慢熟络后向知心朋友发展。而其他同事也不应被化为异己，应该努力保持和谐的同事关系。

从前有两个天使旅行时同时来到了一个富有的家庭借宿。这家人似乎不太好客，对他们也不甚热情，甚至给他们在冰冷的地下室找了一个角落，而空置的舒适客房，却不让他们在那儿过夜。他们在铺床的时候，其中一位天使发现墙上有一个破洞，就顺手把它修补好了。另一位天使问为什么，他深奥的答道："有些事并不像它看上去的那样。"第二晚，两人到了一个非常贫穷的农家借宿。这对夫妇俩对他们非常热情，把仅有的一点儿食物统统拿出来款待小天使，还把自己的床铺也腾出来给两个天使。第二天一早，两个天使发现农夫和他的妻子都在伤心地哭泣，原来他们唯一的一头奶牛死了。第二个天使非常愤怒，他质问第一个天使为什么会这样：第一个家庭那么富裕，你还替他们修补墙洞，第二个家庭如此困顿潦倒还如此热情地款待我们，你却不阻止奶牛的死亡。"有些事并不像它看上去的那样。"这位天使又一次答道，他说："当我们在地下室过夜时，我从墙洞看到墙里面堆满了金子。我知道主人是被贪欲所迷惑，担心我们威胁他的金子。所以我把墙洞填上了。昨天晚上，死亡之神来召唤农夫的妻子，我让奶牛代替了她。所以有些事并不像它看上去的那样。"

诚然，有效的沟通并不是那么容易的。很多时候事情的表面与实际应该的样子不相匹配。而有效的沟通却可以让事情的真相明晰。

所以，制造机会让老人与新人进行有效沟通，绝对是化猜忌为团结的不二之选。

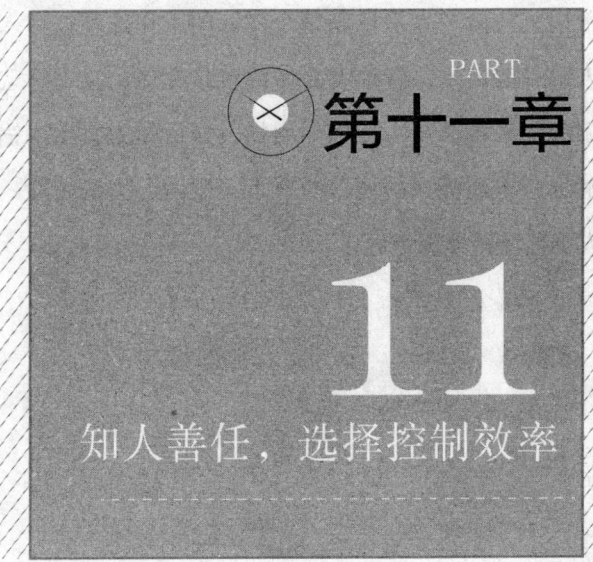

PART

第十一章

11

知人善任，选择控制效率

管理者的能力永远不能代表下属的能力，无论多聪颖的管理者，都有可能遇到不识时务的员工。而一个真正有能力的管理者，应该好好学习的就是如何知人善任，从员工入手控制整个团队的工作效率。初入团队的员工就像一粒粒尚未脱谷的糙米，管理者要做的就是在他们之中筛选出能够进得了高压锅耐火耐熬的米粒，褪去外壳的粗糙，而后抛光直至入锅，最终团队这锅粥是否能够绵密香甜呢，一切都是对上司眼力心力的考验。可见，对管理者而言，知人善任变得尤为重要了。

胜任才是硬道理

无论是身处高职的管理层抑或是劳碌与琐碎之间的基层人员，对自己都必须要有高要求、高标准，只有每一位都严格地规范自己的工作，团队才能建设得足够优秀，而最好的自我评价方式就是要看自己能否"胜任"自己所任的职务。

何为胜任呢，概念并不是大家想象的那么空泛，它可以用如下五个标准进行衡量：

1. 遇问题能够自己找方法，而不是处处求助；

2. 是否注重事情发展的最终结果；

3. 能否改革旧物，适当创新；

4. 是否自主工作，而不是被动地服从安排；

5. 有无绝对的忠诚与高度的责任意识。

一个人的工作能力通常会体现在遇到问题时他所表现的是否从容以及是否懂得自寻解决之径。当你成功地用自己想出的方法解决掉一个问题时，你对自己所任职务的胜任力就获得了一次体现。

联合利华曾经引进过一条香皂包装生产线。结果发现这条生产线总是会有一些盒子里没有装进香皂。为了避免将空盒子卖给顾客，他们请来一个学自动化的专业人士设计了一个方案来分拣空的香皂盒。经过一番努力和几十万的投入之后，问题得到了成功的解决。每当生产线上有空香皂盒通过，两旁的探测器就会检测到，并且弹出一只机械手把空皂盒推走。而在一个乡镇企业里，也有同样的生产线，遇到了同样的问题，而那里的小工不费吹灰之力就想出了解决办法：他花了90块钱买了一台大功率的电风扇，放在生产线旁边，风力一起，空皂盒很容易就被吹走了。

　　显然，对于同一个问题，不同的人总会想出不同的解决办法，而对于一个旨在经营效益的团队而言，能否花最少的钱解决最多的问题俨然是其遇事后选择解决方案的标准。并不是说专业人士的方法不对，只是，既然有更优更简的解决办法，又何必大费周章地做多余功夫呢？小工和专业人士所得到的结果不是都一样吗？界定一个员工是否"胜任"其职位，就要看其遇事能否自己找办法，并且找出最优最简的办法，无疑是直观且客观的。能够自己找方法，而不是处处求助才是硬道理。

　　春秋时期，在现在的河南省境内有这样两个诸侯国，一个叫郑国，一个叫息国。公元前712年，息国向郑国发起了战争。虽然这两个诸侯国都很小。但郑国的人力与物力远比息国要多得多，军力也要强许多。战争不出所料是以息国的失败而告终。事后，一些好事的智者便分析出，息国必定在不久之后灭亡。而他们分析的根据是，息国没有估量自己的力量便轻易迎战，这样鲁莽出师征伐别国，结果遭到失败，是现实之手推动的必然结果。果然，不久之后，息国就被郑国攻灭了。这就是传说中不自量力的故事。

　　这个故事告诉大家，不要自居过高，过早地自我设限自己该做什么或必须做什么。应该在考量自我能力的基础上，尽可能地选择一份自己能够十足胜任的工作，才能真正体现出自己的工作价值和工作能力。与此同时，认识自己的优势，将自己的优势推往更强更深的高度，也是一种非常聪明的、表现自己能够胜任自身工作的方法。所谓职场红人，不见得多么优秀于你，他们只是了解自己，懂得在各种场合上表现自己"胜任"的能力，懂得运用不同的资源以及自身的优缺点巧妙地避开自己所不胜任的工作。

　　归根结底，胜任才是硬道理，一个优秀的团队里需要的恰恰就是能够胜任工作的员工，仅此而已。

当团队的监护人

群龙不可无首，一个团队如果希望突破固有的模式，革新团队价值，不可缺少的就是监护团队的人。

这个监护团队的人首先在一举手一投足之间都一定要让团队成员感觉到你能够被信任，且放心交予你去震慑所有有意破坏团队利益的人，让你树立起高大的保护者形象。其次，作为团队的监护人，工作能力是不可或缺的，倘若连监护者都无法胜任团队的工作，团队又怎么能鼓起士气，积极进取地为团队制造出实效利益呢？最后，团队监护人还必须具备临危不乱的应变能力，解决半路横生的大小枝节，最大程度地保证整个团队的正常高效运作。

华盛顿儿时用小斧头砍倒了父亲的一棵樱桃树。父亲看见樱桃树被无情摧倒，气愤难以言表，扬言要给那个砍树的人一顿大教训。而华盛顿在盛怒的父亲面前十分诚恳地承认了自己的错误。父亲被感动了，说道："华盛顿的诚实比所有樱桃树都来的宝贵。"

可见，不管是在什么事情上，取得信任是很重要的。一时的诚实也许不能给你带来什么实际的效益，可这却是一个人的名片，他代表这个人的可信任度。尤其身为一个团队监护人，如果得不到团队成员的信任，一切工作都会变得难以开展。

信任是一种强效的黏合剂，既黏合人心，填白人与人之间的生疏猜忌，又黏合工作氛围，让整个团队得以在轻松的环境下高效率地工作。所以，团队监护人必须担负起"被信任"的角色。

耗时长达 8 年的平三藩事件无疑是康熙面前一场急需耐力的考验。当下耿、尚两藩在吴三桂之后起事，甚至连台湾的郑氏也趁势挑战朝廷。更严重的是，杨起隆在京师联络了数千八旗奴仆挑衅闹事，蒙古察哈尔部布尔尼亲王又举兵反叛，西北的王辅臣在总督莫洛的激变下揭竿而起。局势急剧恶化，康熙经受着"极限考验"。最糟糕的是就连统治阵营内部也出现了混乱。索额图等主张仿效汉文帝，首先杀了主张撤藩的人。汉官中的动摇分子偷偷地遣家眷回原籍，做好"另仕新朝"的准备。满官中有人主张应即速"搬家"，撤离京师回辽东。而康熙临危不乱，他每天要听取前线奏报，确定对敌方略。平均每天处理的军报高达三四百件之多，更可贵的是他还坚持每天出游景山射猎，锻炼身手。

当然，和平年代，的确不怎么可能出现这样挑战团队的"极限事件"，然而，监护一个团队，其中可能面临的突发状况却一定是层出不穷的。大大小小，倘若一事未平一事又起，那么这时候，对于团队监护人的考验就来了。康熙临危不乱地迎战策略是值得所有团队监护人敬佩和效仿的。作为监护人，既要抵御外界对团队的挑衅，解决现实带来的困难，又要维系团队内部的秩序，这一切只要稍稍乱了阵脚，就会让整个团队陷入分崩离析的危险。

但是，康熙在那样艰难的环境之下仍然能够坚持每天出游景山射猎，锻炼身手，可见，康熙是一个十分注重自身能力修养的团队监护人。而作为新世纪的团队监护人，自身素质的完善是不可忽视的，所谓榜样作用也大概如此吧！

所以说，一个团队的经营是非常需要一个得力的团队监护人的。当团队的监护人，肩上会顿生不可推卸的责任，可是，他所收获的，将是背后整个优质发展的团队。

作为领导者，你是否已具备了团队监护人的素质，只有如此，你所带的团队才会更具战斗力。

用人唯才，团队才有未来

作为一个团队的决策人，必须要摒弃个人成见，客观地对团队所用的人做出评价，即使主观上对某员工有所看法，也绝对不能以私误公，应针对对方工作方面的能力大小委以任务。

用人唯才，是指无论对方对团队决策人而言是亲是疏是恩还是仇，只要有能力就值得聘用。而与此对立的，就是用人唯亲，即对自己的亲戚或亲近自己的朋友予以信任并交付大任。诚然，用人唯亲可以在某种程度上保证彼此工作关系的亲密，让大家在工作的过程中可以轻松自在地表达自己的意愿，但其中所衍生出来的问题是不容忽视的。翻开历史的卷宗，有多少英雄好汉就是因为这样而败亡的。

用人唯亲的问题归根结底在于一个人的亲友毕竟有限，要在这样有限的人数中选拔出可以器重的人才，必然是数量少而且品质欠佳的，所以庸才居多也就难以避免了。况且，用人唯亲的决策者对外人必定是缺少信任的，所以外人在团队中就会出现遭排挤的情况，即使是人才也不会得到应有的重用，而不被重用的人才，自然会另辟蹊径、投奔更需要他、更赏识他的岗位。这等于是无形中为对手提供了人才，结果却增强了敌人攻打自己的力量。

用人唯亲的初衷无非是因为亲人可以信任，情感上较有信任，但事实是，是否可信任还是要看那人的品德，不可以单靠关系是否密切、情感是否亲密来判断。历史上用人唯亲的领导者每当势衰或败亡时，出卖他们的恰恰就是他们万分器重的亲密人。

李嘉诚常说："唯亲是用，必损事业。唯亲是用，是家族式管理的习惯做法，这无疑表示，对'外人'不信任。"李嘉诚深知，用人唯亲的结果就是会有很多优秀之人被拒之门外。这样的管理模式，兴许可以依靠经营者的才华撑个一时半会的辉煌，但第二代以后的辉煌很难就此长久维系。李嘉诚有自己的一套用人之道，创业之初靠自己，发展阶段就要靠整个团队了。如何用人，用什么人，都会成为团队管理的关键。随着企业的发展，李嘉诚没有一味地重用曾经打天下的功臣元老，而是不断地在为企业补充新鲜有力的血液，由此保证企业的常青与发展。

也就是说一代富豪李嘉诚是凭借用人唯才的用人原则，一步一步累积出了巨额的资产。可见，用人唯才，对于一个团队的发展与氛围来说是多么的重要。

贺龙元帅首选张之槐，二用周素园，三留蒋崇璟，他丝毫不介意旁人对他所用之人的评价，他只相信自己的判断，他坚持有能力者居高职，他将用人唯才诠释得惟妙惟肖。事实证明，从"两把菜刀闹革命"，到后来能够指挥南昌起义。他是人民军队的创始人之一，更是一位卓越的军事家，也是新中国体育事业的奠基人。他一生历尽艰难，百折不挠，英勇善战，战果累累，为新中国的诞生，建立了丰功伟绩，为我军的现代化建设做出了重大贡献。他的一生是战斗的一生，革命的一生，也是光辉的一生。他的英雄形象和崇高品德，深受各族人民的爱戴和崇敬。而这一切与他用人唯才的用人方法是分不开的，当然，他个中的努力和付出就更加不必多言了。

用人唯才，团队才有未来。如今人才资源已经成为极具战争力的第一资源，谁拥有最高素质的人才，谁就拥有了竞争优势。谁拥有最高质素的人才，并且能够做到用人唯才，谁就能更好的运营一个团队。所以，"人才是鱼，用人制度是水"，只有建立起"知才善用，唯才是用"的用人制度，才能吸引更多人才留下为团队效力。

用比自己"牛"的人会让你更"牛"

能承受一定的高压力，并且具有冒险及挑战精神的团队其实会有遇强更强的念力，这样的团队往往都是选用比领导者本身更牛的人作为团队成员的。这样一来，强强联手，团队自然会往更强更优秀的方向迈进。用比自己"牛"的人会让你更"牛"的原理和强强联手是一样的。

谈到强强联合，近年来房地产企业为什么都喜欢纷纷抱团经营呢？ 2009年，由雅居乐、富力、碧桂园等几大房产组成的"民企"联合体在广州亚运城地块的竞标中，击败了由万科、保利、中海等组成的"国企"联合体。这一不寻常事件告诉大家，房地产企业抱团经营，从拿地开始就强强联手，一致对外，不仅可以减低项目在竞标过程中对手对自己的杀伤力，更可以大大提高拿到心仪地段的胜算。2012年7月31号，成华区建设路2号国光地块被简单收拾了一下便拿出来拍卖了。北京国华置业和台湾新光集团都对该地块很是中意，网络更是盛传北京国华置业将携华贸中心入驻该地块。结果呢，万科拦腰跳出，联合成都华茂"虎口拔牙"般地夺走了这一优质地块。

由此可见，通过"合纵连横，强强联手"的手段，不仅能够让房地产企业笑傲于房产市场，更是将资金的运作功力发挥到了最大极限。在整合了资源之余、又降低和分散了自身的成本与风险，减少了对金融业的依赖感，让房地产企业从传统的房地产开发商变成资源整合者和品牌输出者。

这样高质量的联合，在团队工作中同样适用。上司总是担心聘用到比自己"牛"的下属会威胁到自己的领导地位，让自己在基层面前尽失威严。其实这个顾虑是大可不必的，团队作为一个大的整体，必须且首要的就是整体的综合能力。

不管一个人在为人处世方面的造诣有多"牛"，如果这个人不能遇到比自己"牛"的人与自己搭档着进步，那么个人的能力是很难真正融入团队中的，为团队创造效益的。牛人与牛人之间所碰撞出来的火花是一个团队工作中不可避免的一部分。

要达到用比自己"牛"的人会让你更"牛"的效果，要做到如下几点：

1. 保持谦虚平和的心态。没有人会喜欢与骄傲自大的人共事，而作为团队中公认的牛人，更是应该将自己的注意力投放部分在他人的强项上。只有这样，你才能看到自己的肤浅和无知之处。用谦虚平和的心态才能取得自己更大的进步。

2. 绝对的宽容。雨果曾经说："世界上最宽阔的是海洋，比海洋更宽阔的是天空，而比天空更宽阔的则是人的心灵。"这句话放在团队角逐竞技之上是尤其贴切的，宽容是让牛人尽快融入团队之中的捷径。牛人与牛人之间的互相宽容，是指能够容纳对方的差异性和独特性，以及适当程度地包容其错误，但并不是指无限制地纵容。这是一种以退为进的团队战术，为的是制造出强强联手的最大效益。

须知，团队本身一直强调的就是协同工作，所以团队的工作气氛对于工作而言是非常重要的，它会直接影响到团队的合作能力。要相信没有完美的个人，只有无敌的团队。用比自己"牛"的人会让自己变得更"牛"，团队中的牛人与牛人之间取长补短，相互协作，才能最终造就出一个优秀的团队。所以不是有"三个臭皮匠赛过诸葛亮"的说法吗？在一个团队中，再牛的人也会有自己的优点和缺点。作为团队的一员应该积极主动地去寻找每一个团队成员的优势和积极的品质，继而形成强强联手，一致对外的高效氛围，那么团队间的协作也会变得很顺畅，工作效率自然就会大大提高。

"刺头"比"奴才"有用

　　每个团队里都需要养一个"刺头"。也许你会问为什么要在团队里养一个"刺头"呢？相比于百依百顺的"奴才"，养一个处处向自己发难的人在身边，这不是搬起石头砸自己的脚，自己伤害自己吗？其实不然，这样的员工并不是非要隔出团队，一无是处的，经过一番适当地调教和扭转，是可以让他们起到十分积极的带动作用的，并且还能身体力行，继而激发起整个团队的潜在战斗力。毕竟一个团队里，总是需要一些反派的衬托和刺激，才能让整个团队活跃起来。

　　乾隆三十九年，山东临清发生了一场由王伦所组织的清水教民反清起义。事中李漱芳上书说这是"饥寒所迫"。乾隆却说李漱芳是沽名钓誉。一个月后，清军镇压王伦起义获胜，乾隆亲自在紫光阁审讯被抓获的起义群众，命李漱芳旁听，在这样高压的环境之下，被审问者自是不敢讲实话。李漱芳却因此事被降为礼部主事，范家宾被充军新疆。

　　后来，过了四年，礼部请将李漱芳升员外郎，乾隆耿耿于怀当初的事情，没有批准。李漱芳从此就进了另册，这一辈子最大官也只是做到了员外郎。李漱芳等大臣讲实话受乾隆排斥的事使和珅感觉到，皇帝身边其实是需要一些为人正直不阿、清俭廉明的高官的，但是无论你在皇帝面前再怎么正直、再怎么正确、官职再高再大，如果一旦忘记了自己的奴才身份，也终将会被皇帝打入冷宫，备受唾弃，甚至治罪打入十八层地狱。在他前任的那些大学士、军机首辅们如纪晓岚、阿桂、刘墉等人，无不是如此。因此和珅深深感受到了奴才就是奴才，只有永远以奴才的身份与皇帝相处，才能博得皇帝的信任和欢喜，皇帝才能永远不会从根本上剥夺你生存的权利。

　　其实在当今社会里，许多团队都有这样的"奴才现象"。这群人为了得到上司的青睐和信任，在上司面前摇头摆尾，任凭被呼来唤去也丝毫不敢反抗。这样不仅是对自己的一种不负责，也是对上司对团队的一种侮辱。难道还有人会认为，圈养着这样一群唯命是从，毫无主见的"奴才"会让一个团队得到长久的发展和进步吗？答案是否定的。比起这些一味附和，不论团队死活，只懂得侍候上司的奴才们，养一群能够刺激团队活力的"刺头"会使团队更讨喜和高效。

且看"刺头"员工较"奴才"而言，在一个团队里具备怎么样的优势：

1. 资历深厚。"刺头"员工中很大一部分都是老员工，加入团队的时间较长，有一定的工作能力及经验。对企业的管理问题尤其是一些历史遗留问题，他们会有非常独特的见解和解决方式。

2. 有影响力。"刺头"员工能够靠老资历和长久以来积攒的人脉，在团队中形成自己的影响范围，掌握着小部分的话语权。

3. 处事积极主动。"刺头"因为对自己的工作能力有足够的信心，往往在工作时态度积极乐观，遇到问题才能充分发挥主动性。

4. 有一定主见。"刺头"不会人云亦云，为了显示自己的资历，常常能大胆直接地表达出自己为人处事的不同意见。

所以说，团队内部无论存在何种类型的"刺头"都是有一定合理性的，因此千万不要盲目的对着"刺头"员工"一刀切"。在处理这一类型员工的时候要注意区分，妥善地将"刺头"位高权重的威胁转化为"奴才"所不能有的优势。利用"刺头"所生的效益，为团队创造绩效。

对于一个团队而言，时间的有效管理是十分有必要的。只有每一个员工都将时间合理分配，整个团队的时间分配才能够紧凑而有序。只有每一项工作都在正式开展前安排好时间，整个团队的效益才能得到最大限度的保障。作为管理者，更要首先重视起时间管理的重要，这样才能更好地凝聚团队，带领团队走向优秀。

总而言之，时间管理，是所有管理者手中的利刃，它可以让拖沓的团队逐步高效，让消极的团队逐步进取。

管好时间是一门艺术

所谓时间就是金钱，在如今这个寸土寸金，物欲横流的新时代里，浪费时间就是慢性自杀。而作为一个团队的管理者，管理时间就更是一门该深究的艺术了。

倘若你向一个普通的企业管理者发问，他们是如何组织起一天的工作以示合理的，大多数人的答案都不外乎是："我想我会尽我所能地把时间控制得比现在更加紧凑，把时间安排得满满当当，一分一秒都不浪费。"显然，这些管理者都是对自己乃至整个团队不够负责的。

有能力的管理者在管理时间的时候，前提是尽可能地灵活安排，他们所注重的不是按照既定的计划去控制自己的时间，而是在一天中无限的变化因素里找出平衡，强迫自己只把时间花在那些不得不完成的事情上。

作为一个团队的管理者，你是否真正考虑过如何利用时间？美国前总统林肯先生就曾经说过："每个人都要树立一个时间观念，都应珍惜时间。要学会利用有限的时间，在限定的时间内办完事，把握零碎的时间，做好时间管理的计划。"然而，为什么会有那么多的管理层永远都在无休止地抱怨自己的时间不够用呢？

其实管好时间的关键就是让你的时间价值最大化。

时间对于我们任何一个人而言，都是一天24小时，1440分钟，86400秒。上到国家领导，下到沿街乞丐，谁也不会多一秒，更不会少一秒。这么看来，时间是宝贵且有限，同时还是最公平的资源。大家对时间甚至直接决定了一件事的成功与否，有些人在有限的时间里，庸庸碌碌，最后落得一无所得；有些却能够在有限的时间里，把团队打点得井井有条。判断一个管理者是否优秀，并不是要看他能解决多少别人所不能解决的问题，而是要看他所管理的团队运作是否顺畅和高效。一项国际调查就曾列出过这样的数据：一位糟糕的经理与一位高效的经理其工作效率相差在至少十倍甚至更多。所以，不懂得有效管理时间的管理者注定只能整日庸碌。

伯利恒钢铁公司总裁为提高公司业绩而请教效率专家艾维利。舒瓦普表示自己懂得如何管理，但事实上公司业绩并没有因此提高。总裁对艾维利说："应该做什么，我自己是非常清楚的。如果你能告诉我们如何更好地执行这些计划，我可以听你的，在合理范围之内价钱由你来决定。"艾维利说可以在10分钟内给总裁一样东西，这东西能提高公司至少百分之五十的业绩。然后他递给总裁一张空白纸说："在这张纸上写下你明天要做的6件最重要的事。"接着又说："现在用数字标明每件事情对于你和公司的重要性次序。"这花费了大约5分钟的时间。艾维利接着说："现在把这张纸放进口袋。你明天早上第一件事就是把这个纸条拿出来，处理第一项。不要看其他的，只看第一项。着手办第一件事，直至完成为止。然后用同样方法对待第二项、第三项……直到你下班为止。如果你只做完第五件事，那不要紧。因为你总是做着最重要的事情。"艾维利又说："每天都要这样做。当你对这种方法的价值深信不疑之后，叫你公司的人也这样做。这个试验你爱做多久就做多久，然后给我寄支票来，你认为值多少就给我多少。"几个月之后，总裁给艾维利寄去了一张2.5万美元的支票，还有一封信。信上说，从钱的观点看，那半小时是他一生中最有价值的一课。5年之后，这个当年不为人知的小钢铁厂已成为世界上最大的独立钢铁厂。

可见，对时间的管理直接影响了工作的效率，而工作效率的高低又与公司效益息息相关。所以对于管理者而言，管理时间就是一门艺术。

日清日高的整体惯性

日清日高的意思即今天所完成的事情与昨天相比必须要有质的提高，对明天定下的目标必须比今天的更高，一切都要不断改善、不断提高。

一个工作效率够高的人，心里一定非常明白只有做到了"日清"的前提，才能达到"日高"的效果。所以他每天都会很努力把当天的工作尽可能完成，在下班之前，清点盘算自己今天的工作，将自己工作的进展与昨天的工作成果作个比较，看看是否有进步，有没有在原基础上得到提高，并且为明天要做的事情制定出更高的目标和方向，让自己在这样往复的过程中，每天进步一点点。要知道，一个仅仅满足现状的人是永远不可能超越过去的自己，并取得飞跃性成功的。

海尔集团从以前到现在一直都有着日清日高的优良传统。当天的工作一定会在当天完成，即"日事日毕、日清日高"。每天同事之间互相清理计算日薪并填写记账，检查确认后再交给班长做进一步审核确认。每天不管工作到几点，班长都要负责把签完字的卡拿回来，检查后再签上自己的名字交给上面的车间主任。当天发现的问题必须在当天即刻处理，就是所谓的"日清"，他们所签的卡也因此被叫做"日清卡"。因为有了这样的管理方法，在海尔里工作的员工，上到董事，下到清洁工，没有谁会单单满足于现状而不思进取，他们任何人都会对已经取得的成绩报以知足的良好心态，但眼睛永远都会看向更灿烂的明天，看到来日自己更大的进步。正是因为"日清日高"的整体惯性，海尔的办事效率非常的高，整个企业也在这样和谐的氛围里不断地发展进步着。

"日清日高"的工作原则，可以让你的团队其他成员感受到学无止境的魅力，让他们认识到这个世界上"没有最好，只有更好"，并以此为动力奋力追求，一天一天地朝着自己更高更远大的目标而努力。当你拥有这样一群志存高远的工作伙伴时，你也就不再需要日日担心自己被团队的什么琐事所打搅，因为有斗志的团队成员们一定少不了解决工作问题的本领，这样一来你还会担心团队没有发展的空间吗？

一个叫做世华的企业，他们的"日落检查"是从来没有间断过的。每天的晨会上，同事们都会定下今天自己希望达到的目标，距离下班前的半个小时，同事们就会再召开一个"夕会"，在夕会上主动详细地汇报自己今天的工作进展。管理者可以不用参加这个会议，但是管理者一定要知道会议的结果，他可以通过这样的检查方式了解到企业员工这一整天的工作状况，以及他们第二天的工作目标。虽然企业在大家的共同努力之下，已经越来越大，越来越强，员工也越来越多，但这样的检查他们从不中断，各部门由主管检查，分公司由总经理检查，而董事就直接检查总经理。无论是谁没有完成好任务，就会受到惩罚。惩罚的方式五花八门，可以是做俯卧撑、爬楼梯等。虽然这些惩罚听起来有点儿不成气候，但接受惩罚的人就会感到面子上挂不住，为了避免在众多同事面前这样尴尬的受罚，下一次他就会更加努力，争取完美拿下自己定下的目标。因此，检查和惩罚就成为逼他努力的一种手段，而不是目的。同理可得，做得好的人，也会有一定的奖励。

其实就连沃尔玛这样的大型企业也是一直都坚持着"日落检查"的习惯。每天下班后检查是否还有顾客的货没有送到？是否还有工作没做完？今天谁的工作有失误？等等。

正是"日清日高"的整体惯性为大家制造了非常大的推动力。因此团队成员都能督促好自己、并不断完善自己，最终推动整个企业做大做强。

紧盯喜欢拖沓的员工

本来可以在三两小时内就完成的工作，却硬生生地耗到了晚上，更甚者拖沓到第二日才不情不愿地应付完成。总之不把事情留到最后一刻都不会认真地开始工作，这种现象就是非常典型的职场拖沓症，也就是指那种办事缺乏效率，时间观念淡薄，对于工作总是表现得无精打采的工作态度。

曾有心理学家断言，拖沓这一毛病的症结不仅是简单地因为大家在工作上的散漫与低效，而是因为他们在心理上有一定的问题。大部分人在拖沓工作的同时，心里是万分挣扎和痛苦的，当他们在优哉无耐的时候，其实心里比任何人都清楚，他必须在既定的时间里完成上司交代下来的工作，但他奈何就是没有办法走出拖沓的包围，因此这部分人常常会被满满的罪恶感所包围。

荷兰有一个小城市为了解决城市里屡屡难禁的垃圾问题，而特别购置了垃圾桶。但是这里的人们偏偏不愿意使用垃圾桶，乱扔垃圾的现象丝毫没有改善。该市的相关部门对此出尽了各种不同的招数。终于，有个可行的建议拯救了这个垃圾城，人们设计了这样一种电动垃圾桶，就是垃圾桶上装有一个感应器，每当有垃圾进去，感应器就会有所反应继而启动内置的录音机，播出一则笑话或者故事，内容还非常贴心地两天变换一次。这个设计无疑是这个钢筋水泥包围下的福音，所有的人不论距离远或者近，都会很积极的把垃圾投进垃圾桶，长久以往，城市自然是光可鉴人了。

这个故事告诉我们，用一种相对灵活柔性的方式引导大家从错误的观念中抽脱，渐渐接受正确的新观念，会更有成效。喜欢拖沓的员工是任何团队乃至企业都无法摆脱的群体，对于喜欢拖沓的员工，应该要疏堵结合，一味地死盯不放，只会造成团队成员的抵触情绪，进而更加影响工作效率。作为一个优秀的管理者，应该要从员工角度出发，设计一个能装下他们拖沓毛病的"垃圾桶"，并通过一些聪明的小手段敦促其丢弃拖沓这个影响团队的垃圾。

另外，还可以通过如下方法帮助拖沓病者走出拖沓的魔障：

1. 设定具体而明确的目标。其实不妨把工作划分成一个个比较容易实践的小目标，增加其中的可成真性。

2. 不要给自己预留太多的时间。心理专家弗瓦尔经过研究发现，一个研究生花两年时间撰写一篇优秀的论文是能够给自己留出一部分休息放松时间的。而那些花个三五年去写论文的人却几乎没有给自己任何一分喘息休整的机会，他们大都是分秒必争地为论文收集资料和写作。可见，很多时候，工作时间越是预留得多，工作的效率越是低不可言。

3. 压力可能成为谋杀热情的凶手。不要相信所谓的"重压之下必有勇夫"。指挥工作的神经一旦被高负荷过分压榨就会随之产生反弹，工作热情和效率又怎么可能高呢。

4. 对所做工作要有所选择。倘若你是一个偏激的完美主义者，请你千万要把热情保留在真正重要的事情之上。换言之，你发出去的每一封邮件未必需要字字珠玑，可是呈交给上司的计划报告就大可办得周详细密。

通过灵活的方式紧盯拖沓的员工，是"活"盯而不是"死"盯，偶尔疏通而不是硬堵。长久以往，自然就可以帮助员工走出低效走出散漫，走上高效积极的上坡路，齐心协力共创团队辉煌。

处理多重任务

一个成气候的团队就是一拨人能够被拨笼到一起，并朝着一个方向走。人多力量大是团队之间必然有的优势，与此同时，人多也会产生一些难以控制的问题。譬如大家各执己见，难以规整出统一的看法和目标，在面对"多重任务"的时候产生内部情绪，首先在自身方面就乱了阵脚，还怎么可能在后续中团结起来一致对外呢？

所以，个人之间如何高效且有条理地处理好"多重任务"是一个团队不得不攻克拿下的课题。

在各大不同的团队里，永远会有一群精力旺盛，像陀螺般高速运转永远不需要停歇的人，他们时时刻刻为了企业而效力，没有给自己留一丝一毫休息放松的余地，这些人看起来似乎正是所有大小企业或团队梦寐以求的理想人才，其实不然，只要进一步观察，你就会发现，其实他们并没有真正完成多少工作。或者这么说吧，比起那些一次只专心做一件事的人而言，他们完成工作的速度其实是更慢的。我们可以用一个词来描述这种低效的行为："多任务处理"。

范德比尔特大学一群学者通过一种高科技技术监测同时进行多项活动的人的大脑功能。经过不断深入地探讨和研究后他们发现："当人们试图同时进行两项或两项以上的任务时，第一项任务的执行通常会导致第二项任务的延误。这种任务延误被认为是源自信息处理的非模态的中心阶段所出现的瓶颈效应，这使得人脑难以同时处理两种反馈选择或决策操作……研究结果还显示，大脑额叶区域的神经网络就像信息处理的中央瓶颈，会严重地阻碍我们进行多任务处理的能力。"

由此可见，凭一个人的力量处理"多重任务"，并且希望处理得出色不逊其实是一件极难极难得的事情。那么，团队合作地处理"多重任务"就变得十分必要了。

一个外企招聘，吸引了不少前来应聘的高材生。其中不乏本科生甚至博士，他们在校都是一等一的学习能手，是同龄人中的佼佼者。聪明的董事长知道，这些学生学识渊博，倘若面试书本上的知识是难不倒他们的，于是，公司人事部就策划了一个别开生面的招聘会。董事长让前六名应聘者同时进来，然后一共发了 15 元钱，让他们上街吃饭。并且要求，必须保证每个人都吃到饭，不能有任何一个人挨饿。六个人从公司里出来，来到大街拐角处的一家餐厅。他们上前询问就餐情况，服务员告诉他们，虽然这儿米饭、面条的价格不高，但是每份最低也得 3 元。照这样的价格，六个人一共需要 18 元，可是现在手里只有 15 元，不可能保证每人一份。于是，他们垂头丧气地出了餐厅。回到公司，董事长问明情况后摇了摇头，说："真抱歉，你们虽然很有学问，但是都不适合在我们公司工作。"其中一人不服气地问道："15 元钱怎么可能保证让六个人都吃上饭？"董事长笑了笑说："我已经去那家餐厅问过了，如果五个或五个以上的人去吃饭，餐厅就会免费加送一份。而你们是六个人，如果一起去吃的话，可以得到一份免费的午餐，可是你们每个人只想到自己，从没有想到凝聚起来，成为一个团队。你们都是太过以自我为中心了，没有一点儿团队合作精神。而缺少团队合作精神的企业，又怎么可能有良好的发展前途呢？"听完这番话，六名大学生都羞得无言以对。

同理，处理好"多重任务"的唯一途径就是团队合作。众所周知，一根筷子易折断，一把筷子想要折断就很困难了。一个团队所强调的从来就不是个人的工作成果，而是团队的整体业绩。如果团队合作，那么团队完成任务的数量必定会大于个人奔波而得的任务数量。

充分利用时间间隙

古有墨子："久，弥异时也。宇，弥异所也。"今有毛泽东："一万年太久了，只争朝夕。"可见时间对于想要成功的人而言，是多么可贵多么不可逆转的资源，一个渴望走得更强更远的团队，必须充分利用好时间的间隙，分秒必争地为团队创造更大的效益。

　　鲁迅之所以会成功，有一个很重要的原因就是，他懂得利用时间。在他十二岁的时候，父亲得了重病，两个弟弟年纪尚幼，鲁迅经常要在当铺和药店之间来往奔跑，期间还要帮妈妈做家务。为了分一些时间给自己喜欢的文学事业，他就不得不挤出时间来。鲁迅的一生都在跟时间赛跑，他有句名言"时间就像海绵里的水，只要你挤，总是会有的。"在鲁迅的世界里，时间的地位是极度崇高的。尽管自己身体欠安，尽管工作条件和生活环境总是不随人愿，但他始终会工作到深夜。第二天起床，他总是连饭也来不及吃，又马上开始继续工作。有时中途犯困了，他就在床上躺一下，醒后泡一杯茶，抽一根烟，再继续工作。鲁迅总用尽所有的方式所有事件的间隙去鞭策自己要好好地利用时间。

　　作为新世纪的新生团队，自是不需要像鲁迅这样在刻苦中寻求时间间隙以谋发展，但是时间对团队所产生的影响是不可小觑的。多一秒经营，团队就会多一秒效益。拿出饭前饭后的三五分钟讨论团队成员一天下来的工作情况，彼此检讨，彼此借鉴，这是在利用时间间隙；拿出闲聊是非的时间给自己定上一份提案的计划，以督促自己好好规划工作，这也是在利用时间间隙。所以说，在今天的职场里，利用好时间间隙并不是一件多么难办到的事情，任何一个团队成员都应该以为创造团队利益为目的，利用好时间，用琐碎的时间，办好高效的事情。

　　有一次，爱迪生在实验室里工作时，他把一个没有上灯口的空电灯泡递给助手，让助手量一下它的容量。过了几天，爱迪生问助手空灯泡的容量是多少的时候，助手才立刻着手用软尺量周长、量斜度，然后埋头苦算。爱迪生见此情景，便感叹道："时间啊，时间啊，你的时间都用去哪里了？"说完便拿着空电灯泡到外面装满了水，回来递给助手说："把空电灯泡里面的水倒在量杯里，就可以马上告诉我容量是多少了不是吗？"助手果真立即读出了数据。爱迪生说："人生太短暂，太短暂了，我们要多节省时间，做更多的事啊。"不难看出，爱迪生也是一个非常注重利用时间的人。

那么，我们究竟如何才能利用好时间的间隙呢：

1. 做好协调，工作分流。不要把所有应该做的工作堆积在同一个时间段上。所谓"计划赶不上变化"，在有限的时间里安排过多的任务，难免会因为一些突发的状况而使自己乱了处事的阵脚。

2. 在处理一些重要但耗时的事情时，如果你感到烦闷了，可以暂时改而处理其他杂务，既可节省时间，又能转换工作的心情。

3. 不浪费琐碎的时间间隙，这是非常重要的。须知我们可以利用琐碎的时间处理琐碎的事情，例如适当延后用餐时间以免排队拥挤等等。

4. 尽可能地减少不必要的对外应酬，一去一回一个寒暄，总是会浪费许多本可以做正事的时间，必须应酬时就要设法去节省应酬所费的时间。

时间的恰当利用是一个团队成功的关键。利用好自己的时间，就是最高效的自我管理。美国著名的管理大师杜拉克就说道："不能管理时间，便什么也不能管理。"所以，充分利用时间间隙，方可于不起眼处不经意间创造出不凡。

第十三章

13

能力是"刺激"出来的

能力是"刺激"出来的，词典中对"刺激"的定义是这样的：能为人体感受并引起组织细胞、器官和机体发生反应的内外环境变化统称为刺激。行为学家认为，刺激可以通过人类已发行为，影响大脑平衡，对人体本身产生积极或消极的作用。那么，对于团队成员而言，适当的刺激，可以激发员工的工作动机，调动其工作的积极性和创造性，使其在工作过程中，努力完成工作任务，实现工作目标，并将自身潜在的内驱力完美地释放出来，以迎合各类工作的需要。

规章制度是惩罚的依据

俗话说："没有规矩，不成方圆。"规者，正圆之器；矩者，正方之器。这句耳熟能详的名言正是告诉了人们无论立身处世还是治国安邦，都必须遵守一定的准则和法度。

对于一个团队而言，所谓"规"和"矩"，就是指这个团队的规章制度，有了良好的章程制度，一个团队才能成就其自身的"正方"与"正圆"。对任何一个集体而言，都需要用纪律来约束和管理。所谓制度，就是需要其内部成员共同遵守的一整套办事的章程和行为准则。团队成员生活在这种章程和准则的约束力中，才会将全体成员有效地组织成为一个完整的有机体，有着统一的奋斗目标，并能将个体成员的能力整合为一个整体，形成合力，从而更为有序高效地完成各项工作。而如果团队缺少这种章程和准则的约束力，成员将不能很好地学习、工作、生活，一个团队也无法形成合力，集体也就丧失了其统一性的特点，使其不能成为集体。

几乎所有的企业在对新员工开展岗前培训的第一课时，都要求员工熟悉企业的各项规章制度，这样做是很有必要的。因为凡是最终选择留下来的新员工，都是自认为可以自觉遵守该企业各项规章制度的约束，那么在实际工作的过程中，也必然应该去严格遵守这些规章，如果不遵守，不仅使企业内部的制度平衡被打破，而且成员自身也会遭到企业的某种惩罚而被淘汰。足球游戏中，如果参加人数过多，就以点球决定上场的人选。正因为有了这样约定俗成的规则，才使游戏变得井然有序，既避免了时间上的浪费，也避免了人员因为上下场带来的不悦，使游戏气氛活跃。可见，团队要想达到某个目的，如果没有制度作为先行保障，那么，在处理问题时，成员将会缺乏统一的标准，团队也就无公平和效率可言了，团队也将失去其在成员心目中的权威性。

有一则寓言故事，名为《河水与河岸》。河水认为自己在河里能掀起巨浪，而浅浅的河岸总是阻止它的前进，限制了它的自由。终于有一天河水一气之下冲破了河岸的阻隔，冲上原野，吞没了无数房屋和庄稼，给生灵带去了空前的灾难，它自己也因为越流越远，由于自身的蒸发和被大地吸收而渐渐干涸了。直到河水残留到最后一滴时，它才明白它所追求的无拘无束、自由自在的生活是不存在的，才明白了河岸的约束对它的存在是多么的重要。河岸不仅使它的力量保持在最充沛的巅峰，同时，它所一直试图冲破的河岸对它的约束，是对它生命力的强有力的保护。

一个团队的成员，如果像河水一样冲破团队规章制度的约束，那么他总有一天也会走上像河水一样自我毁灭的道路。而团队则要像河岸一样，利用规章制度的束缚力，将成员的行为和思想导入团队发展的轨道。在大自然中，太阳的东升西落，大江东去，都是在用规律诉说着生命的轨迹，只有不偏离轨迹的行为才能使自然万物生生不息。人类社会也是这样，军队的战斗力源于它不可违抗的钢铁般的纪律；火车的运行，离不开引导方向的两条轨道。如果偏离了轨道，就会酿成极其严重的后果。2008 年 4 月 28 日，胶济铁路列车相撞，2011 年 7 月 23 日甬温线动车追尾等特大铁路交通事故，正是因为其不遵循规章制度，交通调度混乱造成的。可见，建立科学的规章制度并且认真执行和遵守，可以避免许多不必要的悲哀。

可以说，在一个团队中，如果没有规章制度，奖励没有依据，同样，惩罚也没有依据。行动一旦有失公允，则会丧失员工对它的信任。因此，一个好的团队，应该结合团队自身的需求，制定出一整套有理有据、行之有效的规章制度，这是一个团队得以健康生存发展的第一步，也是团队中各项惩罚和奖励的依据。

惩罚由上往下，奖励由下往上

在企业界流行着这样一句话："没有不好的员工，只有不好的领导。"这句话被许多知名企业家作为座右铭，时刻提醒着自己，要在员工面前注意一言一行，并且在员工犯错误时，批评员工帮他们改正错误时，也不忘检讨自己的过失。

"惩罚"可以说在人们的既定认识里，是长辈对晚辈、领导对下属才有的权力。在今天的社会，这种权力意识已经在悄悄发生着变化，并不是说这样的观念不对，而是实施这种权力的主体意识已经不是那么绝对的了。一个好的团队负责人，在团队发生失误时，不仅能看到发生失误的原因和症结所在，导正和教育犯错误的人，使其今后不再发生同样的事情，也能在失误中，看到自己身上存在的不足，反思是不是因为自己的决策思路不正确导致失误的发生。这种"反思"、"自视"的姿态，是十分难能可贵的。如果是管理者自己犯的错误，就应该勇于承担责任，而不是随随便便找下属做"替罪羊"。

大家都知道著名的联想集团的总裁柳传志。他认为，一个企业制定了规章制度，立下的规矩必须执行，不管是谁违反了规则，都必须受到惩罚，领导者也不能例外。在一个企业中，领导者既是这个企业的决策者，也是这个企业的带头兵，成员的眼睛都盯在领导的身上，很多事情发生时，都要先看领导怎么做，如果领导不能身先士卒，怎么能够起到好的模范带头作用呢？在联想公司，由于开会时总有人迟到，不断地影响了会议的进展，很多事情都没有办法顺利地讨论。基于这个原因，联想公司制定了一项规定：在开会时，谁迟到了谁就要罚站，并且罚站时间为一分钟。在罚站的这一分钟里，会议停下来，所有与会人员都注视着被罚站的这个人。一分钟对平常人而言，只是短短的 60 秒，但在这种情况下，对被罚站者而言，却长过一个小时。无独有偶，柳传志本人也因故在开会时迟到了，他是怎么做的呢？因为只迟到了短短几分钟而利用身份特权忽略不计吗？不是的。柳传志本人并没有破坏规矩，也像其他员工一样，默默地站足了一分钟的时间，感受着大家如芒在背般锋利的目光。这项规定在实施了一段时间后，开会迟到的现象几乎杜绝了。可见，即使身为企业的最高领导人，在犯了错误时也能勇于承担，这种行为在很大程度上比规则本身更重要。下属因为看到领导的这种行为，知道在制度面前，没有特权，大家不论身份地位如何，都必须坚持原则，按规章制度办事。正所谓天子犯法与庶民同罪，这是一种反向思维的榜样的力量，这种力量对员工的束缚和冲击力更大更直接。

上面我们说了"惩罚"应该不分身份，团队管理者要以身作则，让惩罚"由上往下"的执行。那么，对员工有极其高度诱惑力的奖励，又该怎么实施呢？也是要从领导奖励开始吗？

最好的团队都是能真正做到以人为本的团队，正视成员的重要性，懂得运用激励的手法来调动员工的工作热情和积极性。在奖励面前，团队负责人就要发挥不争功、先人后己的高尚情操，甚至有的时候要做到"无我"的境界。这样才能使员工有被认同感和团队归属感，激发员工的工作热情。

在康佳公司，制定的奖励措施，是从最基层的员工开始，再逐级往上。就是说，在同一个项目中，获得奖励最多的，是最繁忙、贡献最大、而身份却最为低下的一线员工。这种"不合常理"的做法，起初并不被一些管理阶层的人看好。他们认为，这样的奖励体制，势必会养成底层员工骄傲的情绪。而实际情况证明，在这样的奖励措施实施后，员工的积极性被充分调动，很多优秀员工的自信心被极大满足，内在潜力在这种奖励制度的刺激下被充分诱发出来，工作能力越来越高，很多优秀人才从基层中脱颖而出。

对于一个团队而言，"惩罚"和"奖励"是一把双刃剑，运用得当会起到事半功倍的效果，反之，则会事倍功半。团队管理者要充分利用这两项原则，使其成为团队发展建设的得力武器。

如何让奖励发挥惩罚的效用

我们先来看一下下面的故事：

在一个小海岛上，生活着一个老实勤奋并且有全岛最高超造船技艺的木匠。他在这个小岛上生活了一辈子，也为这里唯一的一家造船厂工作了整整半个世纪。船厂老板始终很赏识他，把他当做全船厂最得力的帮手。终于有一天，老木匠到了退休的年纪，他对老板说："我不想再造船了，虽然您一直很重视我，并且给我很高的薪酬，我很感激，但我还是决定要退休了。"老板听到这个消息感到很惋惜，自己最优秀的员工要退休了，虽然心中百般舍不得，但还是批准了老木匠的退休请求，不过有一个条件，希望老木匠在临退休之前，最后再为船厂造一艘船。老木匠答应了，心想就算是站好自己的最后一班岗吧。于是从画图、伐树开始，重复他干了几十年的工作。虽然这项工作重复了几十年，但这回做起来总是心不在焉，因为退休的日期临近，老木匠在造船的时候总是在计划着退休后的生活，如何在沙滩上舒服的晒太阳，如何和老伴出岛四处游玩，他的心思已经完全不在工作上了，每天都在想着退休之后的悠闲时光。从此，老木匠之前那种认真负责的工作态度不见了，造出的船没有之前所造船只的高超工艺，甚至在很多地方偷工减料。

船造好了，在交工的那天，老板一脸笑容的对老木匠说："这艘船是你的了。你为船厂辛苦工作了半辈子，是我最优秀的员工。这艘船就当是我为你准备的退休礼物，你可以乘着它去周游世界了！"老木匠听到这里，呆住了。他没想到自己做了一辈子的船，最差最不负责任的一艘，居然是为自己建造的。他很后悔，并且内心对老板充满歉疚。他后悔自己的一时怠慢，如果当初建这艘船时能跟平常一样认真负责，不仅自己能得到一份最完美的礼物，也是对好心老板最好的报答。但是，在现实面前，后悔是没有用的。与其说老板给了老木匠一份奖励，倒不如说是给了他一次严厉的惩罚。对老木匠而言，自己一生中建造的最差的一艘船，成为他职业生涯最大的一次败笔，甚至说是耻辱也不为过。

从这个故事中，我们可以看出，奖励有时候也会变成一种惩罚方式，它所达到的效果甚至比直接的惩罚更可怕。

有一个关于我国著名教育学家陶行知先生"四颗糖"的故事。一次，陶先生正巧看到有学生在打架，一个学生拿着砖头正准备砸向另一名学生，陶先生当即喝止了这种行为，并让拿砖头的那名学生去他的办公室。学生来到办公室时，陶先生并不在，他战战兢兢地站在办公室中等着一会儿接受处分，但是，令他没想到的事情发生了，陶先生并没有训斥他，而是从口袋里拿出一颗糖递给他，并且说："这颗糖是奖励你的，因为你比我先到，我迟到了，我向你道歉。"没有批评，老师不仅在细小的方面表扬了他，而且向他做了检讨，学生的脸不由得红了。紧接着，陶先生又拿出了一颗糖，说："这颗糖也是奖励你的，在我阻止你打架的时候，你马上就住手了，这说明你很尊重我，尊重老师的学生应该得到奖励。"学生内心虽然充满了疑问，但还是怯怯地接过了老师的糖。陶先生又拿出了一颗糖递给学生说："据我了解，你要打的那个学生是因为之前欺负了班上的女同学，你打抱不平，说明你很有正义感。有正义感的孩子很值得鼓励。"说到这里的时候，学生哭了，他跟陶先生承认了错误，说自己解决矛盾的方式太偏激，以后一定会改。听到这些，陶先生又拿出了第四颗糖，说："这颗糖是奖励你知错能改，这是很难得的品质。既然你已经知道错了，并且承诺能改，男子汉一诺千金，我相信你能做到。现在，我的糖送完了，我们的谈话也结束了。"

陶先生的这件事成为大家的美谈。要知道，人人都是需要夸奖和奖励的，没有人不喜欢听好话。犯错误的人也有这样的心理需求。能够从相反的角度去看待犯错误的人，使他在心理上得到满足。他的心理需求满足了，心态也就平衡了，在平衡的心态下能够正确分析自己的行为可能造成的后果，自己找出所犯的错误和所存在的问题，往往比其他人直接指出更能刺激到犯错误的人。所谓"响鼓不用重锤"，能够把奖励作为一种惩罚，既是对员工的惩罚，也是对团队管理者眼光开放性的一种考验。这种方式，如果运用得当，往往能让犯错者印象深刻，并且从内心深处真正反思并改正。

批评是柔性的惩罚手段

大家都知道，我国著名的思想家、教育家孔夫子有 72 名出名的学生。孔子去世后，学生们为了纪念他们的老师和老师不朽的思想，编纂了以记录孔子日常言行为主的《论语》一书。纵观《论语》全篇，孔夫子虽然学生众多，学生们也经常犯错，但是他在教育学生的过程中，几乎没有处罚，甚至都没有疾言厉色的训斥，他通常运用和缓的说话方式，因循利导地就解决了问题，让学生们记住自己的错误，并且做到"不贰过"。

"人非圣贤，孰能无过？"即使身为圣者贤者，也有犯错误的时候，更何况是普通人。那么，对于一个团队而言，成员犯错之后，团队的管理者应该怎样做才能达到最佳效果呢？是不是高声训斥，一罚了之呢？在很多企业管理者中，有一种普遍的认识，认为只要员工犯了错，就应该得到应有的惩罚，而最直观的办法便是罚款。因为这些管理者认为，员工到企业来工作，就是为了赚取工资，如果我用经济手段来惩罚员工，一定会让他记忆深刻，即使为了自己的钱包考虑，员工也会杜绝类似的错误。这类领导者的这种做法，其实从根本上就没有认同员工的价值，而是一开始就否定了员工对于企业所具有的归属感，认为员工和企业之间存在的只是利益关系，员工和企业间的关系，一旦被如此般量化，结果可想而知。对于员工来讲，既然领导认为自己和企业之间只是利益关系，那么，该做的必须得到报酬，没有报酬的工作坚决不干。罚款可能会在前几次对员工产生心理刺激，但这种刺激的效力决不会长久。而且这不会让员工在本质上认识到自己所犯的错误。这种方法是典型的治标不治本的笨办法。

　　既然惩罚对犯错误的员工不起根本作用，是不是就不需要惩罚了呢？当然不是这样。而是当员工犯了错误时，团队的管理者要注意方式方法，惩罚得当，不仅可以深入地巩固员工的是非标准，而且还能使员工的正确做法得到强化。相对于惩罚而言，轻度的批评，往往就能达到这样的效果。

　　美国著名总统柯立芝在任时有着一位长相非常漂亮的女秘书，但是这位外表条件姣好的女秘书在工作的时候却经常出错。虽然所犯的错误都不是严重的原则性问题，但是也会因为她所犯的错误给别的同事带去不大不小的麻烦。一天清晨，当总统先生见到这位女秘书时，毫不掩饰地夸赞了她美丽的容貌和她衣着搭配的得体，这些夸赞简直让她的秘书受宠若惊。但随即，总统先生又说："请不要骄傲，我相信你的公文也能处理的和你自己本身一样的漂亮。"果然，总统的希望变成了现实。因为从那一次对话之后，女秘书在工作中的犯错次数大大减少了，并且得到了其他同事的夸赞。从这件事情来看，柯立芝总统并没有因为女秘书犯错而过分指责她，更没有惩罚她。而是用了柔性的暗含批评使女秘书认识到自己工作中的失误，可以说既保存了女秘书的颜面，又帮助她克服了自身的不足，真是两全其美的方法。

　　苏联战斗英雄舒拉在他的回忆录里记载过这样一件往事：小时候的舒拉是一个十分淘气的男孩子，经常因为一些小事和其他孩子打架。他的母亲教育过他很多次，但是舒拉总是不把母亲的话放在心上。一次，他又和别的孩子打架了，并且他的外衣全被扯破了。当他穿着破烂的外衣回到家的时候，心里既紧张又害怕，心想肯定又要挨罚了。可是令他没有想到的是，这次母亲并没有像往常一样惩罚他，而是默默地帮他缝补着外衣，直至深夜。舒拉知道母亲在生他的气，可是母亲却始终不发一言。慢慢地，舒拉开始内疚，开始为自己的行为感到羞愧，最后他实在忍不住了，便向母亲真诚的承认了自己的错误，并保证永不再犯。从此以后，舒拉再也没有和孩子们打过架，而长大后的他成为一名有着正义感的布尔什维克战士。

可见，惩罚不是目的，明事理才是目的。让人们从内心深处认识到自己的错误，从而改进自己的做事方法。所以，有时候，运用些轻度的批评反而更显得人性化，而且更容易让人接受。

好的管理者会慎用惩罚

中国有句古话："良言一句三冬暖，恶语伤人六月寒。"人类对惩罚和批评有着天生的抵触心理，任何一个人都希望听到好话。但在一个团队中，不可能只有表扬和奖励。在这种情况下，好的团队管理者就应该明白这样一个问题，严厉的惩罚虽然使员工在表面上显得顺从，但也很少能使这种顺从变成内化。而经常惩罚员工的领导给人的印象也往往是刻板、有威胁力的，这种印象会加深员工的恐惧感，从而限制员工内在潜力的发挥。当然，人不可能处在不犯错误的环境中，批评和惩罚作为一种惩戒错误的方式，有着不可忽视的作用，但一定要运用得当。所以好的管理者都会慎用惩罚，让惩罚成为一门艺术。

中医理论里有一个词叫做"扶正祛邪"。用这个词来比喻惩罚的作用再合适不过了，它揭示出了惩罚的意义。惩戒和处罚并不是目的，使员工认识到错误本身，帮助员工纠正错误，并且在今后的日常工作中尽可能少地降低犯错误的概率，提高工作效率，这才是本质。

一名员工在上班的路上自行车坏了。为了避免迟到，他推着自行车一路跑到工厂，跑得满头大汗气喘吁吁，紧赶慢赶还是迟到了几分钟。在厂门口刚好赶上车间主任在检查考勤情况。车间主任当着各位工友的面严厉的批评

了这位员工，说他目无组织，不遵守纪律。这位员工反复向车间主任解释了
自己迟到的原因，并且自己一向表现良好，从来没有过迟到的记录，这一次
实在是事出有因。谁知道这位领导根本不听员工的解释，也不看这位员工平
时的表现，一定要狠狠处理这位员工。结果可想而知。车间主任的做法不仅
不能让人信服，反而让他背上了一个不近人情的名声。

惩罚在某种意义上能够促成成功、激发员工的潜能，但一定要操作得当，
不能任意批评。团队管理者在运用惩罚时，一定要注意到惩罚的力道和火候，
如果批评过火，不仅不能达到预期的目的，还有可能极大地伤害到团队成员
的自尊心，激起双方更大的反感，激化矛盾，取得适得其反的作用。

一个刚参加工作不久的播音员，在一次下班打铃时看错了时间，把本该
12 点打的铃提前了一个小时，直到领导打电话来问没有通知为什么要提早下
班时，她才发现自己犯的错误。给错了下班的信号，这可以算得上是一个大
的失误，又因为这位播音员刚上岗不久，因此她心中万分忐忑，心想自己刚
开始的前途就被这提前一小时的铃声给葬送了。可是，领导并没有惩罚她，
而是把她叫到办公室，语重心长地跟她讲了时间对于播音员的重要性。在播
放节目时，几秒钟的偏差都有可能会让整个播音系统失去协调性。谈话临近
结束时，领导告诉她，这次虽然问题比较严重，但是好在是下班铃声，并没
有对工作造成大的影响，自己在刚参加工作的时候也是经常犯许多幼稚可笑
的错误，并且希望这位播音员不要因为这次的失误而有什么精神负担，要放
开心胸，在以后的工作中做到细心。这次的谈话，让播音员很感动。领导并
没有摆着领导的架子严厉斥责她，而是对她的失误表示理解。这让播音员不
仅认识到了自己的错误，而且又温暖了一颗新员工的心。

我国著名教育家陶行知先生有句名言，他说："你的教鞭下有瓦特，你的
冷眼里有牛顿，你的讥笑中有爱迪生。"这句话用到团队建设中同样适用。如
果团队管理者在对待员工的错误时，能够不急不躁，不用冷眼和讥笑来惩罚
员工，而是用春风化雨、催人奋进的方式，那么，一定会让员工从错误中吸
取教训，做到扬长避短，更好地为团队服务。

PART

第十四章

14

成员和团队一起成长

培训是现代人力资源管理中的一个重要环节。培训可以提高员工的从业能力和从业技巧，是团队整体学习能力的一种表现。员工的能力和态度直接决定了他们所在的团队是否优秀。培训不仅可以直接提高员工的能力，而且还能改善员工的态度。现代越来越多的企业开始重视培训的作用，甚至将培训列为企业文化的一部分。那么，一个团队需要怎样的培训方式，怎样的培训又是员工真正需要的呢？

员工的成长就是团队的成长

任何一种关系中，最重要也是最复杂的，便是人与人之间的关系，小到一个家庭、一个班级，大到一个企业、一个国家，甚至国家与国家之间。人，可以说扮演着最主要的角色，是绝对的主角。古语说："水能载舟，亦能覆舟。"那么，在一个团队中，是充分发挥其成员的潜能，让他们承担起载舟的责任，还是漠视这种力量，让它成为阻碍团队发展的"绊脚石"呢？我想，所有领导者都会毫不犹豫地选择前者。员工的能力高低与大小，直接影响着这个团队是否优秀，如何激发员工的能量，并且使这种能量成为团队进步的正确导向，又是每个团队领导者不得不思考的问题。

现在的我们，已经不能忽视个体对于团队的重要性了。有资料显示，30年前的诺贝尔奖获得者中，由成员间合作的成功者只占10%左右，而在21世纪的今天，由成员间合作而取得非凡成绩的，占到总获奖数的60%以上。成员间相互协作的团队式合作方式已被大众认知和接受，这也是经过实践检验过的真理之一。

那么，是不是只要是员工之间相互协作就能促进团队的进步呢？答案自然是否定的。员工协作不是万能的，团队需要的是这种协作能力里一切向上的、积极的、有创造性的方面。这就要求每个员工不断发挥其个体最为优秀的一面，只有员工的不断成长和个人能力的进一步提升，才能促使这个团队在整体上不断成长和壮大。这就像一片森林的长成，种子撒在土地里发芽，如果不生长，那它永远成不了参天大树，更谈不上长成一片茂密的森林，充其量只是一片绿油油的草坪。只有经过阳光雨露的滋润，小树苗慢慢茁壮成长为坚实的大树，才能成就一片绿树成荫的浩瀚森林。

在任何一个团队中，成员个人能力和团队的关系，往往是成正比的。

大家都知道著名的篮球运动员迈克尔·乔丹。在他成名之前，没有人知道这个人有着怎样惊人的天赋，后来经过他个人不懈的努力，成了享誉世界的著名篮球明星。在乔丹的带领下，公牛队四夺NBA总决赛的冠军奖杯，大家记住的不仅仅是飞人乔丹，还记住了公牛队。人们都说是乔丹造就了公牛队，乔丹却说："不，是公牛队造就了我。"如果公牛队没有乔丹这样个人能力出色的球员，它也许会夺得NBA总决赛的冠军，但决不会连续四届夺得。一朵鲜花并不能打扮出美丽多姿的春天。

还有这样一个故事：

一位老者有三个儿子。在老人离世之前，他把三个儿子叫到床前，让他们每人拿来一支筷子，老人让儿子们掰断他们手中的筷子，儿子们照做了，三根筷子全被轻易地掰断了。老人又让儿子们拿出三根完整的筷子，并且把这三根新筷子放在一起，再次让儿子们掰断。这回儿子们做不到了。老人告诉儿子们，在今后的日子里，三兄弟就要像这三根筷子一样紧密团结在一起，才能有更强大的力量。最后，老人又让儿子们拿来三根牙签放在一起，可想而知，三根细小的牙签还不如一根筷子结实。老人又最后告诉儿子们，要想生活得好，除了团结之外，还要不断地成长使自己变得强大，只有自身变得强大了，他们三兄弟便一起强大了。

这三兄弟就好像是企业中的员工，由他们组成的家庭，就好比是整个团队，个体力量和能力的大小，直接关乎团队的命运。所以，作为一个合格的领导者，除了要具有高屋建瓴的决策力之外，还要不断促成员工的进步，因为，员工的成长就是整个团队的成长。

培训的两个怪论和四个怪圈

　　培训，从字面意义上解释，可以理解为培养和训练，一个发展人才，一个提升人才。从狭义方面来说，培训就是学习。俗话说，不学无以为用，不断地学习固然是员工进步的阶梯，但是不是所有的培训都是好的呢？学什么？为什么学？怎么学？这些无疑成了任何一种培训面对的第一个问题。

　　在培训界，流传着这样两句话："培训找死，不培训等死。"什么意思呢？我们先来看一组数据。据 2011 年德国柏林欧洲人力资源开发协会公布的权威数据显示：66.8% 的企业管理者普遍认为由于企业培训不到位、不全面、不正确导致了企业核心竞争力的减退，而又有 51% 的企业管理者认为通过各自组织的不同类型培训明确显示出降低了该企业的成本支出，这些真实的数据正说明了培训作为一个企业的学习途径，从正反两方面积极或消极地影响着一个企业的直接发展。"培训找死，不培训等死"已成为国内外众多大中企业培训的两个怪论。这个怪论揭示出了两点问题：一是培训的科学性，二是培训的重要性。没有培训的团队不是好团队，而没有科学性的培训则可能将团队推上悬崖峭壁的边缘。有一则小鸡学飞的寓言充分说明了这一点。

　　老鹰和小鸡是一对好朋友，小鸡从小就羡慕老鹰长着一对宽大而美丽的翅膀，能够自由自在地在天空飞翔，而自己的家族却世代飞不到 3 米高的空中。仗着和老鹰的交情，小鸡说出了自己想在高空飞翔的愿望，并恳切的请求老鹰教自己学习飞翔。老鹰被小鸡的学习热情打动，爽快地收了这个徒弟。老鹰倾囊相授自己的所有飞翔技能，小鸡也每天勤奋的学着。终于有一天，小鸡可以从很高的地方起飞了，老鹰高兴地告诉小鸡该是毕业的时候了。小鸡信心满满的到了一个很高的山坡准备验证自己的学习成果，飞出几米，正在小鸡惊喜地看着脚下的一切时，它又掉下来了。诚然，老鹰教会了小鸡从更高的起点起步，却没办法改变它的身体构造。小鸡天生就没有长出一副适合飞翔的骨架。

很多培训也是这样，向员工展示了更高的起点和更美好的未来，却没有看到员工是不是能够胜任，这无疑会让参加培训者摔得更惨，根本就是一次失败的培训经历。

下面，我们来谈一谈培训的四个怪圈：培训课程错误、培训对象错误、培训讲师错误、培训的组织管理漏洞百出。组织一场成功的培训无外乎以上四个主体，如果这四个主体都没有选对，那么该培训则是一场费时伤财的无效培训。

很多企业在经济迅猛发展和行业形势日益变化的今天意识到了培训的重要性，这些企业在发展培训的同时，于培训实践中也同样感到困惑。为什么在逐年增加培训投入后，却看不到培训应有的效果呢？员工的能力、行为、绩效，依然没有得到提高。甚至有的企业有着比培训前更高的核心人才的流失率。这难道是培训惹的祸吗？不。这是培训不当惹的祸。

让我们来分析一下知名企业的培训模式就能明白这个问题的症结所在。大家知道，著名的世界 500 强企业如 IBM、HP、三星、西门子等国际知名大企业都拥有自己独立的大学或培训商学院，作为企业的培训基地。这类学院的培训能力不可小觑，不仅为本企业内部储备人才，也为社会同行业培养全方位人才，他们有专业的讲师团队，可操作性良好的课程设置，面向社会全面开展培训。通过组织学习和有效地管理，不仅使本企业立于常胜之地，也为社会培养了全球性人才。

可见合格的培训，必然是有着缜密计划、务实内涵的培训的。

搞清员工需要什么样的培训

俗话说："种瓜得瓜，种豆得豆。"任何一个团队在培训过程中，都希望播撒的种子和结出的果实成正比例增长，并且增长得越多越好。但现实中往往是"种瓜得豆，种豆得瓜"的情况居多。要搞清这个问题的症结所在，就必须先搞清一个团队中的成员需要什么样的培训，什么样的培训方式对于员工来说才是最符合其自身需要的。

身为一个团队的领导者、教育培训部门的负责人，在设计培训方案之前一定要先了解员工的个人程度如何，员工的个人理念和团队的总体理念之间存在何种差异，才能有的放矢，制定出符合实际需要的培训方案。

我们来看 A 公司和 B 公司的培训方式，从这两个公司的培训情况中可以很轻易地看出一般团队中现存的两种大众化培训模式。

A 公司的培训方式可以称之为"大而全"模式。该公司在培训中提供了许多最新鲜大众反响力最好的课程给员工，包括著名管理大师麦可·汉默（Michael Hammer）的企业再造课程、彼得·圣吉（Peter Senge）的学习型组织课程、史帝芬·柯维（Steven Covey）的成功人士的七个习惯、六西格玛黑带、情景领导力训练等世界著名的培训课程。该公司愿意在内部为员工提供这样多样化并且有营养的课程来充实员工的头脑，其费用的昂贵程度是可想而知的。而该公司之所以引进这么多脍炙人口的课程，不是因为想使员工个个成为管理型人才，也不是因为公司自身想转型为学习性为主的企业，而只是因为这些都是外面有口皆碑的最受欢迎的课程，并且公司中的许多管理人员和员工纷纷表示很愿意接受这样的培训课程。这种情况下，公司为员工提供了丰富多彩的有着明显最新潮流特色的课程，市场最流行什么课程，公司就引进什么课程，完全符合员工的需求。

B 公司的经历却与前者完全不同，可以称之为"专而实"模式。相对于 A 公司的培训规模而言，它的培训完全不上档次。这家公司的培训部门只设置几个基础性的课程，其中涉及团队建设问题、品质管理问题、客户服务问题。该公司的培训初衷是要使员工在接受学习培训后能够运用全球性思维来配合公司内部的经营策略和长远发展，并为培养未来的高层次管理人才做准备。

这两个公司的培训模式有什么差别呢？就培训的成果而言，员工的培训需求，如果不能与公司自身需求和发展方向相结合，那么，即使公司为此付出了昂贵的培训费用，却对公司的整体经营理念没有太大的影响。这就有可能出现，员工对培训内容虽然很满意、效果显著，却"为他人作嫁衣"，得到提高的员工纷纷跳槽。

所以说一个团队的培训项目设立前，培训管理者一定要先想清楚哪些项目对发展团队的战略目标起作用，有作用的就确定，否则就摒弃，以免浪费资源和时间。就好比一个全球化公司，它该确立的培训目标是员工的全球化思维模式和战略眼光，而不是设立提高员工英语水平的培训科目。这就要求团队负责人要对本团队的发展走向有极其深入的了解，能够根据团队在不同时期的不同需要来制定相应的培训课程。毕竟任何一个团队的培训资源都是有限的，想要将培训效果最大化，就必须以团队的总体导向为主，在此基础上努力挖掘员工的潜质，使这种潜质和团队的气质相一致从而逐步建立起符合自身实际情况的系统培训体系，使这种培训成为真正有灵魂的培训，从而设计出满足团队员工和团队自身发展的全面培训。

外部培训，激发员工活力

完美的员工特质，应该是具有良好的团队协作精神和积极进取的人生态度，这一点也是身为一个现代人应有的基本素质。能够将这两点融于一身的员工，不仅是高素质的好员工，而且也拥有极其动人的人格魅力，在这种人格力量的影响下，人类的智慧和技能会达到最大程度的发挥。对于一个团队而言，就是要在有限的培训过程中，激发出员工的这种特质。而这点，光靠团队自身的力量往往是不能达到的，这就要求团队在某种程度上依靠外部力量来实现。所谓的外部培训，就是对这个层面而言的。团队所依靠的外部力量，并不仅仅局限在人力方面，也包括自然环境方面。

团队自身的资源毕竟是有限的，但团队的发展需求又要求它不断向前迈进脚步。这就像一个圆形，团队是圆心，其成员围绕在圆心外围，最终形成的圆形才是一个真正的团队。

现在社会上很流行一种外部培训方式，称之为拓展训练。这种训练方式源于第二次世界大战时盟军的大西洋舰队被德军潜艇袭击的一次战役中。盟军的舰艇被击沉后，大部分海军士兵都葬身海底，只有极少数人得以生还。事后，救生专家惊奇地发现，在这些极少数的生还者中，并不是那些身强力壮有着高超游水技艺的年轻水手，而是一些懂得相互扶持并且有着坚定意志的中年人。经过救生专家一段时间的调查分析，专家们发现，这些幸存者之所以能够历尽千辛万苦存活下来，关键在于他们有着良好的心理素质，面对突发情况能够临危不乱，并且懂得互相鼓励与支持。在这个事例的引导下，人们提出了"成功并非依靠充沛的体能和强壮的身体，而是依靠超强的意志力"这一理念。当时的英国人以训练士兵的意志力、提高他们的心理素质为目的，利用一些自然环境和简单的人工设施，为海员们设立一些具有心理挑战活动的训练项目，后来又有专门的以此为课程的训练学校。拓展训练这一概念应运而生。

基于团队的实际需要，员工应该具有开放、进取的心态，乐观、自信的性格。拓展训练正好能满足现代团队的这个要求。它能集提高素质、稳定心理、休闲旅游为一体，并且有低成本、高趣味的特点，成为现代团队外部培训的首选项目。

每个人都有被尊重和实现自我价值的需要，员工更是如此。在一个团队中，往往员工的这种需要越被满足，他们所发挥出来的潜质就越大。深度参与团队所组织的外部培训，就是要所有员工发挥协作统一的精神，劲儿往一处使，从内心深处感受到团结协作的魅力。外部培训常带有趣味性，一场拔河游戏或一次攀岩活动，能够让其成员感受到团队协作和个人意志的重要性。将这两种特质运用到团队建设中，整个团队将变得坚不可摧。

于此，可以将外部培训引申为活力培训，激发成员的潜能与活力，让思想力决定行动力，团队组织是具有源源不断的活力和动力的生命性团队。员工的工作激情被激发出来，工作热情提高了，这个团队的生命力就会像波涛奔流的大海一样，翻滚向前。团队建设必须以人为本，拓展人的价值观，使每一个组织成员都在温馨、和谐、顺遂、平等的环境中工作，让每一个员工都获得不断提高和培训学习的机会，提升自身综合实力的同时也提升专业水平，使员工与团队的发展建设一起增值。

在外部培训的诱导下，让员工"心往一处想，劲儿往一处使"，形成统一的价值观和目标愿景，造就公平感和归属感，使团队营造出自信、开放、更具凝聚力的美好气氛，并借助这种气氛，形成员工间既自律又团结的活跃氛围，懂得进取、懂得分享，彰显员工的个人魅力，具有更高昂的工作热情和拼搏创新的新动力，何乐而不为呢？

内部培训，让普通员工更优秀

随着社会的不断进步和全球经济的飞速发展，团队的发展也变得更快速。团队间的竞争加剧，要使一个团队具有多方面的竞争优势，也已经成为团队管理者不断思考的问题。为了顺应不断变化的外部环境的要求，一成不变的培训方式已经失去了它的作用。在这种情况下，团队该如何建立完善的内部培训管理体系就显得尤为重要了。

内部培训是指团队依靠自身力量通过各种不同的方式和手段对其组织成员在知识、技能、态度、思想等诸多方面加以改进，以达到发展团队本身为目的的过程。内部培训由于培训对象和培训内容的不同，通常会采取多种培训方式和方法，以求达到最佳效果。内部培训是团队整体培训系统中最为重要也是最基础的一种培训方式，是培训的基石，在团队培训中起着非常重要的作用。许多团队中都有自己的内部培训师，他们与外部培训师相比，更了解本团队的基本情况，更有针对性，能够最大程度地认同本团队的发展理念，了解团队成员的工作需求。同时，内部培训还能在培训的过程中完美地将企业文化精神融入培训过程中，不仅讲解专业知识，而且传授专业技能，有针对性地对员工解答各类和本职工作最相关的疑难问题。内部培训也因为其操作最为简单、针对性强的特点成为团队培训中最常用的一种方式。内部培训有着单向性、直接性的特点，能有效地减少培训开支，也使员工在培训过程中得以成长。

培训要有实效，必须在培训之前就充分考虑到受训成员的实际情况，包括个人素质、智力等方面的差异，成员的学习要求与学习能力，岗位技能与实际工作中的需要，成员的学习状态等，在团队整体发展的前提下，尽可能满足成员的个体需要，以员工易于接受的方式讲解员工需要的内容，与现实工作做到最大贴合。这样的培训，其效果往往会事半功倍。很多企业除了配专业的培训师之外，还会请某个部门的领导或有特殊贡献和有专长的员工来给企业内部做培训。这种让本身是企业员工兼做培训的方法，不仅能在很大程度上运用他们的专业技能，并能在某种程度上让培训者有一种荣誉感，激励他们更努力工作来回报企业的知遇之恩，也让受训者产生见贤思齐的榜样心理。如果一个企业不断地提倡和培养这种意识和氛围，使企业文化具有传、帮、带的特色和传统，那么就会有越来越多的员工得益于其中，让后进想进步，先进更先进。从而整个企业充满不断进取的正能量。

员工技能的提高是每一个团队都希望看到的结果，优秀的员工有着积极进取、自信可靠、富有团队协作精神，并且有着良好的职业道德操守。员工不会自动变成真正杰出的员工，就好像一颗草籽在没有阳光雨露的滋养下不会发芽成长一样，只有团队不断地激励、给他鼓励和养分，他才能不断进步，进而变得卓越。优秀的员工对于团队来讲是不可多得的人才，也是不可替代的，但是并不是所有的员工都能成为符合团队要求的优秀员工，这就要求团队在日常管理中，加入内部培训机制，创造良好的学习氛围，让普通员工有更大的发展空间，使普通员工变得更优秀。

作为团队的管理者，应该懂得如何用先进的管理办法去管理团队，用严格有效的考核机制约束员工，并且运用优秀的个人魅力去影响员工。这些都要求管理者从自身出发，不断学习，增进自己的见闻和业务深度，这些都是可以依靠内部培训得以实现的。但是只有这些还远远不够，管理者更应该去努力了解员工，了解每位员工的长处和短处，帮助他们做到扬长避短，更应该去积极培养他们，让每一位员工都具有优良的素质和心理。

可见，团队的内部培训可以在团队中做到上至管理者、下至普通员工的同时进步，使每一位员工都比之前更优秀。

15

柔性管理让下属心服口服

团队管理中，人是主要的对象。如何才能让一个团队顺利地发展，其中最重要的是要懂得柔性管理。所谓柔性管理，就是用心去对待下属，关心他们的生活，让他们在一个宽松有爱的环境下进行工作，这样的管理往往能事半功倍。

温暖胜于严寒，多关心下属

伟大的物理学家爱因斯坦用他自身的例子终身实践着他自己说过的一句话："兴趣是最好的老师。"对于一个公司的员工来说，兴趣就是工作效率，站在公司的角度来说，调动员工的兴趣，就是在为公司创造生产力。俗话说，"在职厌职"，不管一个员工在选择某一个职业的时候是带着多大的兴趣，工作时间一长，每个人都会产生厌烦情绪。更何况，在工作越来越难找到的社会大背景之下，很多人选择某项工作就是为了工作，真正做着自己喜欢的工作的人越来越少。面对这样的个人不可逆转的情况，员工的工作热情不高，管理者应该用各种办法调动员工对待工作的兴趣，让每个员工都热爱自己的工作。

王创是一个很好强的男孩子，因为家庭没有能力供他上大学，王创并没有机会走进大学校园接触更多的知识，这一直对王创来说是一个遗憾，但是，王创爱研究，爱学习，对很多事情都有自己的看法，可以说，对比只有理论没有实践能力的大学生来说，王创更有实践能力，更有经验和判断能力，老板很早就看出王创是一个值得大力培养的人才。

所谓在家靠父母，出门在外靠朋友。公司员工离开家庭，为公司工作，公司就是员工的家，管理者就是员工的父母，更是员工的朋友。在员工出现困难的时候，管理者不仅要代表公司表示慰问，更要作为员工的依靠，给员工实际的帮助。很多时候，给予员工帮助，并不是指简单的给以物质的帮助，当员工离开家乡，遇到困难，人生地不熟的时候，需要的是公司作为后盾的依靠，是需要管理者的关心和鼓励的。

但是，如果没有那一次的谈话，老板可能永远都不知道王创心里的真实想法。那一次，王创在面对着公司的报表发呆，是下班时间了，老板要离开公司的时候发现了发呆的王创，便走进了办公室，王创反应过来，老板询问起他怎么在发呆，王创想了想终于对老板敞开了心扉。原来，王创一直没有放弃过大学，他认为只有经历过真正的培训，那才能真正拥有系统的东西，很多技术，只有掌握了系统的知识才能预料到可能出现的问题，如果只有实践，那么总要等到问题发生之后才能发现。老板觉得很有道理，随即两个人展开了深入的交谈，最终两个人达成了协议，老板决定资助王创回到校园，同时，王创对老板说自己要继续留在公司为公司服务，只是利用课余时间学习，为公司做出更大的贡献，王创和老板最终都明白，原来他们是互利的情况。

　　管理者让员工尽力为公司工作，首先就要时常跟员工进行心灵上的沟通，只有这样才能让员工感到温暖。如果管理者对工作的了解还不如员工，那么在对员工的倦怠情绪进行梳理的时候，和员工的谈话就会过于表面，会让员工感觉到敷衍的意味，从而对员工的情绪就会产生负面的影响，导致员工的情绪更加消极。因此，多多与员工深入交流，关心自己的员工，自然会让他们感到温暖。

给员工营造舒适度

　　在每一个企业中，只有让员工们切实感受到家的温暖，才能处处得心应手。我们知道，每个人都需要自信，而企业带给员工的"舒适度"恰恰能够提升员工的自信感。

　　自信是创造力，只有自信的人才敢于去接受困难，迎接挑战，从而发挥出自己意想不到的能力，同时在迎接挑战的过程中不断地增加锻炼自身的能力。自信是一个人对自身评判之后得到的一种自我判断，那么，管理者要树立员工的自信，就是去帮助员工正确地认识自我的价值，用发展的眼光鼓励员工看到自身的价值，增强自身的自信心。

在中国的企业里通常有这样的现象，流水线工人，看着如机器的工人，大部分都是一些来自小城市或者农村的工人，他们没有什么文化，都是仅仅依靠劳动力来获得报酬。但是，这样的工人，特别是很多大型机器厂需要很多工人，这样的工人每天都接触着公司最重要的生产环节，可以说，如果这个环节把握得好，就可以从很大程度上提高公司的生产力。

小杨就是这样一个工人，他每天的工作就是看着公司的机器，确保每一个机器都能正常运作，机器的操作都是公司高级员工硬性告诉他的。然而，他发现了一个问题，为什么不把两个机器连起来工作，那么就会快很多了，他仔细做了研究，觉得可以一试，但是他不敢说出来，怕被其他员工取笑他一个小工人操心机器的事情。直到老板发现小杨总是在机器前左右地研究的时候，无意询问了一下，小杨才吞吞吐吐说了自己的想法。老板试了一下，结果证明小杨的想法完全是正确的，如果能够早点儿这样做，那就好了。

员工的自信度决定了企业的发展前景。只要他把任务完成好就好，这样的想法是错误的，设想，一个公司里的员工没有一个人拥有自信心，公司在发展遇到各种困难是在所难免的，但是，没有一个员工相信自己的实力，面临困难的时候，就想着，死定了，死定了，这回不知道该怎么办了。所有的问题，都需要管理者自己去解决，那么效率必定低下。这样的员工，只能在完全稳定的环境下才能工作，然而，一个发展中的企业是不可能时时刻刻保持稳定的，必定要面临各种各样的挑战。让员工变得自信，那么小问题就会变成习以为常的事情，自然不在话下；而大问题，就会有员工想要挑战一下自己，主动为公司解决问题。每个人都踊跃想要挑战困难，一个公司一旦出现问题，便集合了多个人的想法，这样一来，问题便不再是问题了。

让员工变得自信，就需要管理者深入员工中去，了解员工的想法，及时疏导员工，给员工客观正确的意见指导。这样也就使企业给了员工较高的归属感和舒适度。

尊重员工，你就会得到全部

一个公司要发展壮大，就需要对员工队伍进行统一的管理，管理需要各种条条框框的规定，但是，所有严格规定的基础，都必须是尊重员工，尊重人性。没有人会无条件被另一个人所管束，员工与管理者之间应该是在相互尊重的基础上达到相互和谐的一种关系。作为管理者，首先应当尊重员工，时刻关心员工的方方面面。只有这样才能赢得员工对管理者以及对整个公司的尊重。

李敏少老板拥有自己的一家公司很是骄傲，在亲戚朋友当中自己是唯一一个有自己公司的老板。李敏少总是以为自己熟练掌握员工的心理，他总是在没事做的时候就和员工讲一些大道理，给员工一些口头承诺，他认为自己很能收买人心。

但是他的贪财面貌很难被掩藏，只要员工一个产品做得不好，他便立刻改变了面貌对员工大发脾气，在平时，更是没有限度地指使员工为自己办事，叫别人顺便帮自己买东西的时候，从来没有及时把钱还给员工，在李敏少老板的眼中，自己总是高人一等，给这些亲戚员工提供工作已经是一种很大的恩惠了。

但是，现在的李老板，快要支撑不下去了，因为大家都找到了新的工作，不用再看李老板的眼色了。很多亲戚朋友聚在一起的时候都表示，宁可在别人那里打工，也不要再接受李老板的恩惠，他是在施舍，他根本不尊重员工，更没有把大家当做亲戚朋友，而是为自己打工的人，没事的时候哄哄大家，有事的时候就把责任推卸给大家。不久，李老板不仅在亲戚朋友面前失去了威信，不管他再开出什么样的条件，都没有再为其工作的亲戚朋友了，在同行业里也站不住脚了。

多余就是冬天的扇子，夏天的被子，多余的东西不仅起不到帮助，还会带来反作用，引起人们的反感。对于管理者来说，平时的一百句对员工肝胆相照，比不上关键时刻的一句问候。部分管理者懂得收买人心，懂得收拢员工的心，在平时和员工称兄道弟，许下一大堆承诺，荣辱与共，等到真正需要帮助的时候，管理者却不断地找到推脱的借口。这样的情况是应该杜绝的，等到员工不需要的时候再来嘘寒问暖，只会让员工看清作为老板唯利是图的目的。当员工有难的时候，将员工的安危放在心上，对员工伸出援手，不是带着施舍的态度去帮助员工，不是在和员工做条件交换，不是来换取员工的感激，而是一个公司以人为本的管理基础，是在为公司的发展壮大做准备，不是公司掩藏起真正目的的行为，真正帮助他人是不求回报的。

对员工进行疏导的时候，应该注意自己的口气，注意对方的年纪和状态。不应该像哄孩子一样，告诉员工工作真的很有趣啊，员工比管理者更加熟悉公司业务，简单告诉员工什么是工作的兴趣，肯定会引起员工的反感。公司的管理者应该普遍了解员工的情况与其他公司员工的情况做对比，在充分了解的情况下，指导员工去找到工作的新兴趣，帮助员工，告诉员工这是一种正常的情况，不管做什么工作都会面临，无论什么工作，都是需要工作者不断地去找到兴趣的，站在员工的角度，帮助员工走过一个个瓶颈时期。

积极与成员发展私交

与员工谈心是众多沟通方式中最直接、最具亲和力的一种。谈心有诸多好处，可以了解员工的情绪波动，对员工有更多的了解。

谈心的形式多种多样，以微软公司为例，微软公司给每个员工一个网址，在上面可以与公司内的任何人，甚至是最高层的领导者沟通。而美国的英格拉姆公司的做法则是董事长设了一部电话，公司内的一万多名员工可以直接与他交流，联络。美国联信公司的董事会每个月都会给员工写长约两页的信，还要举办好几次早餐会，这些形式多种多样的谈心目的都是为了拉近与员工之间的距离，对公司和员工多些了解。

小公司的发展更依赖于"人"，因此与员工谈心对小公司来说更为重要。人们都喜欢和朋友谈心，但是和上司谈心则会感觉不太自在。因此非公务型的谈心地点和时间选择很重要。时间可以选在午休时或是下班后，远离办公室，比如在写字楼外的草坪或是小公园，在自然或是轻松的环境时人们更愿意交流。这样就不会有公务型谈话的束缚，感受到的则是上级对下级的关爱。

在公司楼下的咖啡厅里，李总正在和员工小王谈话，他发现平日里开朗的小陈最近有些抑郁，工作时心不在焉地，也出了些小错。因此他特地在下班后请小李喝咖啡了解情况。

小王感觉到李总很了解自己的情况，从平日里的性格到工作时的想法，他看见坐在对面的李总眼睛里充满了真诚和信任，面对这种坦诚，谁也不忍心说假话，至少在说假话时会感觉难为情。在与员工交流时，如果能放下平时上下级的关系，以一个朋友的身份和方式面对员工，可以为这次谈话奠定一个很好的基础。说话时要注意语气，可以直接说明谈心原因，让员工感觉你不是对他的个人行为产生了不满，而是出于对他的关心。

在谈心事时要注意倾听，而非教育，要多让员工说说自己的情况，不要一味地灌输自己的思想。通过沟通，李总了解到小王情绪不高是因为女友要出国留学，他担心女友出国后两人的情感会出现危机。在这种情况下小王需要的是倾诉，而不是别人一味地对他说要怎么做。虽然李总并没有批评小王在工作上的失误，但是他可以体会到上司的理解和原谅，自己也明白要更冷静地处理工作和感情之间的关系。

而对于李总来说，这次的谈话有着意想不到的收获，他了解了小王的感受，更加了解了小王的情况，对小王多了些了解，以后也可以更好地处理和他的关系，在谈心时，小王也提到了一些对公司的建议，这些对于李总来说很有帮助。

在谈心时也要注意，在非公务场合谈心，人们都处于一种放松的状态，难免会说一些秘密和心声。这时一定不能辜负员工对自己的信任，不要将谈话的内容和心里的想法告诉第三者，哪怕对你来说是小事，但是对于员工来说也是比较敏感的，如果被外人知道再传回员工的耳中，他会有种被背叛、被骗的感觉，在以后的工作中会心存芥蒂，不愿坦诚地合作，对公司发展十分不利。

所以，在企业的发展中，管理者要充分把握员工的动态。而私下多与员工交流是十分有效的方法。这种非正常渠道的沟通往往能事半功倍，有效提高员工的工作热情。

给你的员工松绑吧

小公司的人员少，管理架构扁平，和大公司相比没有全套的人事管理、评估体系和福利政策。但小公司的优势在于人与人之间一般可以面对面地进行沟通，和员工规模较大的公司相比管理更为便捷。员工之间的交流较为直接，且部分小公司的创业者和骨干员工是亲戚、老乡或是校友，这使得小公司中往往有浓厚的"家"的色彩，员工之间的感情，员工和公司之间的感情和大公司的相较起来都更为浓厚，人情味较重。小公司的组织更多地依赖于"人"，小公司应该抓住这一特点进行管理，灵活一些，人情味更重一些，少一些理性而又严格的管理方式。

某企业家在公司刚刚起步的时候实行人性化管理，他说"忠诚胜于能力"，由于公司刚开始规模较小，所以员工较少，他对每个员工的基本情况都有所了解。对于有些平时按时到岗的员工一两次的迟到，他说偶尔的一两次是可以原谅的，于是便以口头的提醒替代了按规定扣钱。而有时发工资的时候会没有零钱，他就直接多发几十块钱，他说你别小看这几十块钱，不在乎这一点儿小利益往往会带给你意想不到的回报。而对于一些年纪相仿的老员工，他说私底下不用老总、老总地叫了，直接叫我名字就可以。正是由于这种不过分严管的人性化的管理制度，员工和公司，和公司的管理者之间都有着像家人一样的感情，该公司的老员工流失率很低，这些高素质的人才也是该企业家成功的关键因素之一。

人都是敏感的动物，对于规模小的公司来说这点尤为重要，小公司发展壮大的过程，在本质上说是人才汇聚的过程。过于理性严厉地管理对于小公司来讲则会丢掉人与人之间的信任，使员工产生怀疑，工作起来没有安全感。员工之间没有凝聚力，再精密的规划都是徒劳。

另一方面，不严管可以增强员工的忠诚度，一个员工的忠诚度越高，对企业的贡献也就越大。即使刚开始员工的能力和经验都有限，但是对事业忠诚度高的话即使遇到困难也会尽力通过学习、咨询等方法把问题解决，而一个能力较好但不忠诚于公司或企业的员工，即使有能力解决问题也懒得解决。所以小企业一定要注意有时严管会适得其反，灵活的，人性化的管理才能增强员工的凝聚力和忠诚度，从而推动企业将规模越做越大。

16

矛盾和机遇来了

逆境对企业而言不一定是危机，也有可能成为企业发展壮大的机遇。企业的管理者只要想一想吉德林法则，看清问题的关键究竟在哪里。然后采取有效的措施扭转这个趋势，耐心地找准一个方向，就一定会别有洞天。

制造危机——使企业与员工时刻保持警惕性

在创业的起步阶段，作为一个老板，他们的往往是没有工资的。在前期，这些老板们往往要将大量的资金投放到写字楼、厂房的建设中，之后能否获得预期收益则是个未知数。因此，每个老板无论何时都是面对着风险和危机的。对此，将这些风险和危机相应地分担到每个职员的身上，培养他们的忧患意识也是十分必要的。只有员工有了忧患意识，接下来的工作才能被员工高效完成，从而提高企业赢利。

只有员工们有了较强的忧患意识，每个管理者都拥有了危机感，才能杜绝骄傲自大、故步自封的现象。因为忧患意识会让员工们清楚地认识到：不论何时都要在企业中体现出自己的价值，不然就很容易被后备人选替换掉。任何一家想要往更大平台上发展的企业，都要学会培养员工的忧患意识，因为企业的发展不是老板一个人的事情，只有员工积极承担企业发展中可能出现的危机和风险，才能使得企业内部万众一心，共同发展。

企业的战略管理是由企业战略的实施和控制组成的，这两者同时存在于企业的日常管理中。在企业的管理过程中，领导者不仅要考虑到技术的研发、营销以及人力资源的调配等等，也要清楚地认识到市场环境的变化，时刻调整偏差，使得企业能够适应市场的需求。在这个过程中，忧患意识要始终贯穿着管理的始末。

在世界上，许多公司都采用了培养员工忧患意识的方法。比如东京证券交易所的董事长西室泰三曾说过："危机感是公司的财富。"而海尔的CEO则将"永远战战兢兢，永远如履薄冰"写成标题挂在墙上。比尔盖茨总让员工相信自己的公司离破产只有十八个月。李彦宏则只给员工三十天的破产事件。最为典型的是百事可乐公司的末日管理方法。作为国际上知名度最高的企业之一，百事的销售额和市场占有率可谓居高不下。但即使是势头良好的，百事公司的总经理也总是担心汽水市场开始走下坡路。为了激发公司员工的积极性，总经理重新设计了百事公司的工作方法和工作任务，使得公司的员工相信如果不拆散百事这家金钱机器并将其重新建立，那么公司必定会走向衰落。

　　类似于这样的忧患意识，主要来源于企业内部的文化，即企业的管理所建立的规则秩序。一个组织想要拥有能够灵活处理危机的优秀团队，这个团队则必须由最高的管理者来亲自提纲。要知道，一个运营方案再好也需要有效的执行。因此，只有通过必要的监管和执行，企业才能从中获得利润。在企业的运营中，管理者要时刻保持清醒的头脑，谨慎应对管理中出现的问题，尽量减少运营过程中可能出现的失误和偏差。领导者拥有忧患意识固然是好的，但只有将这样的忧患意识传递到每个员工身上，令其成为企业文化的一部分，才能真正从根本上激励员工，从而激发他们的潜能。进而使得企业有较高的业绩增长，促进企业的快速发展。

"吉德林法则"——从容面对难题

　　当我们遇到困难时总是急切地去寻找一种最优的解决方案。然而很多困难并不局限于一种解决方案，换个角度或者视角往往能更为真切地看清困难的本质。古人说"条条大路通罗马"，这也真切地揭示了只要用对方法，总能达到解决问题的目的。下面我们就列举几种应对困难的思路：

　　一个大商场要招聘一名高管，人们纷纷赶来应聘。总裁在每个应聘者的面前都放了许多溃烂的苹果、硬币大小的商标和小刀。并要求他们在规定时间内处理并把苹果交上去，许多人应对诸如此类的问题最直接想到的是该如何解决。一些应聘者将苹果溃烂处贴起来的，这些溃烂的苹果就像公司所出现的错误，虽然被掩盖了，但并未得到根本的解决。这类应聘者并没有将解决问题放在第一位，在发展中有可能对公司的信誉造成不良影响，因而被淘汰了。还有一些应聘者将苹果的溃烂处都割去，将商标贴在苹果上。这种做法虽然正确，却影响了商品的美观和商品的价值。因而他们也被淘汰。最终总裁收到了一个完好无缺的苹果，他好奇地叫来这名应聘者，问他是怎样做到的。应聘者从口袋中掏出发给他的烂苹果，说道："我用别人想办法的时间跑到楼下又买了一个。"接着他详细地叙述了苹果腐烂的原因，并详尽地叙述了如何如何防止苹果腐烂和腐烂苹果的用途。最终他如愿以偿地获得这个职位。

很多时候，危机就像烂苹果，我们不仅要知道怎样处理腐烂的苹果，更要明白如何预防其他的苹果继续腐烂。只有明白了它的特性、影响它的因素和它腐烂的自然规律才能防患于未然。因此遇到困难时我们不仅仅要思考怎样解决，更要明白为什么要去解决。很多时候困难总能被轻易发现，而人们也很容易感到无力，进而采取回避。眼前的问题固然重要，但同时也要看到问题的本质。对于一些无法挽回的烂苹果，果断放弃并从新开始是十分明智的。

同样，在当今社会，学历将人分为三六九等，成为检验人才的一个重要标准。尤其是一些出身名校的大学生，更是拥有了先天优势。然而这类人才有些能够进到大型企业的高管层，还有一些却沦落在底层，对其本身的锻炼十分有限。而另一些人虽然没有先天优势，却由于个人和大环境的机遇而得到了锻炼，取得了许多机会。这些人抓住机会自我提高和不断成长，最终能够达到一定的成就。另一些人才则是通过不断积累经验和丰富自己的阅历来取得成功。因而在挑选人才时也不应当仅仅局限于学历，更要举一反三，看到诸多潜在的可能性。

举一反三的精神在各个领域对解决困难都有着决定性的作用。这就需要在日常的生活和工作中不断进取，独立思考，总结经验。不依赖于理论，不拘泥于背景，用实事求是的眼光与大局观相谋和来看待现存的问题，进而解决困难。

团结，正能量团队不可缺少的因素

一个强劲的团队就像是一条强有力的麻绳，而团队中的每一个成员都是这条麻绳的重要组成。换言之，只有整个团队团结起来劲儿往一处使，在相同目标的指引下一步一步前进，这个团队的效益才能得到真正的保障。倘若一个团队人心涣散浮躁，每一个人都做着各自的事情，甚至内部之间本身就存在着各种矛盾，这样的团队，必然是没有热情和效率可言的，在这样一个缺乏战斗力和凝聚力的环境之下，奈何个体有多么雄心壮志，气宇轩昂，也不可能得到发展和重用。只有懂得在团队之中团结互助的人，才能真正领悟团结互助对于自己、对于队友甚至是对于整个团队整个企业而言都是有着莫大意义的，只有把团结互助视作团队工作的一种责任，团队才会进步，团队的明天才会更好。

另外，团结互助有一个非常良好的作用，就是能够提高团队的办事效率。团队中的每一个队员就像是一个个参差不齐，有凹有凸的齿轮，团结互助是他们的磨合剂，只有将这些齿轮完美地契合成一体，它们才能转动出最大的效益。可见，要提高团队的办事效率，营造团结互助的工作氛围是当务之急。

一个偏僻部落的首领有着三个儿子，它们都非常英勇彪悍，彼此明争暗斗，谁也不愿意向谁低头。首领慢慢年迈了，忧虑着自己百年归老之后三个儿子会为了争夺权力地位而导致整个部落决裂。有一天，首领把三个儿子唤来，暗示说计划将首领之位传给他们三个之中力气最大的那个。测试的方法就是在他们面前放了一堆羽箭，让三个儿子同时开始折，谁能折断的越多谁就获胜。

要把一根箭折断，三个儿子都能不费吹灰之力地做到。要把五根箭同时折断，三个儿子轻轻使了一些力气也也都能做到。可是当要将十根箭折断时，三个儿子要费九牛二虎之力才能勉强办到。最后等到要折断二十根箭的时候，三个儿子都无奈的投降了。

首领趁机对三个儿子说，你们看，如果把这二十根箭一根一根地折断，没错，的确非常容易。可是如果要一次性折断二十根箭，就会变得十分困难甚至无法办到。同样地，兄弟同心，其利断金。我希望无论你们将来是谁当了部落首领，其他兄弟都应该是服从和帮助他而不是拆他的台。

可见团结的力量就是这么体现出来。所以说，无论是在落后的年代又或者是科技发达的现在，不论是在地球的东面还是地球的西边，团结互助从来就是一个永不落伍的话题。作为一个有意发展的团队，如果只是一味地依靠领导的殚精竭虑苦苦冥思，却没有队友的配合和参与，这个团队的工作又怎么可能顺利开战呢？毕竟单纯依靠着某一个或几个所谓精英队员的孤军奋战，而没有团队在背后鼎力支持与协助，这个团队如果发展失败也就不足为奇了。

前面有言，团结互助还有一个非常良好的作用，就是能够提高团队的办事效率。假设每个队员都在完成任务的过程中自顾自奋斗，将自己的本职完成了便觉得大功告成，丝毫不理会同个团队里其他队友的工作进度，甚至吝啬于过问其他队友是否有困难需要自己的帮助。这样自私的工作环境之下，团队的办事效率又怎么可能有所提高呢？

团结互助是提高团队办事效率的基础，一定程度的团队办事效率则是创造团结互助氛围的良好推动力，一个团队只有将这两件事办到实处，这个团队的前景才能辉煌，发展才能高速。

营造一个解决分歧的轻松氛围

在团队工作中，要善于对你的合作伙伴表达你的认同和赞扬，这样的合作关系才能长久、和谐。这种认同和赞扬必须是发自内心的，真实的。从这一点来说，就要求我们要具有善于发现他人优点的能力。善于发现别人优点的人，必然能够轻易化解团队中可能存在的分歧和矛盾，增加团队间的认同。

一个管理者在管理自己的团队时，促进团队成员之间的彼此认同感，对于构建和谐的相处氛围有着极其重要的作用。管理者不妨先从自身做起，可以通过虚心听取团队成员的各类意见开始，自己先认同自己的下属队员，这样既能赢得他们的认同，也能带动他们在同级别员工和不同级别的员工之间，加强彼此的认同。而认同他人的过程，也属于一个有效的学习过程。任何人在认同他人之前，必定是发现了他人的某项长处，那么你在观察他这项长处的时候，正是你被潜移默化、积极感染的时候，你将不自觉地学习他人的优点，长此以往，自我将不断完善和提升。

因此，在团队工作中，管理者和团队成员之间、团队成员与团队成员之间，彼此认同，能构建起和谐的相处氛围，在已经形成的和谐氛围中，各团队成员必将更好地发挥自己的潜能，从而团队整体的运作能力和实践能力就能得到进一步提升。

浙江杭州一家民间杂志社在常年的工作过程中，团队成员之间形成了彼此信任和认同的关系，从而在工作中，每一位编辑或是组稿都能任意搭配工作，以对自己团队成员彼此的认同为前提，一旦需要几人配合来共同完成某项工作时，彼此之间的信任让他们不需要更多的磨合和适应，因此能够比同行更快地进入最佳的工作状态。

该杂志社形成了这种整体的和谐氛围，主要是该杂志社主编是一位善于发现他人优点，并能够毫不吝啬地给以赞扬的人。正因为她乐于认同他人的习惯，使每一位员工愿意为了她的信任而更加努力。即便在某一岗位上没有很好地发挥员工，该主编依然能够发现他其他的优点，从而建议员工转岗，事实证明，在该主编劝说下转岗的几名员工都取得了事业上的更大的进步。久而久之，员工对主编的信任促成了团队所有成员之间的彼此认同和信任，一个健康、积极、和谐的团队就这样产生了。

从以上事例来看，团队管理者的言行举止对于整个团队工作氛围的养成有着极大的影响力，因此团队管理者如果想打造一个和谐的团队，不妨从自身开始努力，将自己打造成一个团结、和谐的榜样，通过自己的言行举止影响自己的团队成员，同时也可以加以其他的引导。团队相处和谐，工作氛围良好，无论对于团队成员个人来讲或是对于整个团队的发展来讲都是一件十分积极的事情，团队成员能够找到归属感，团队可以获得忠诚的支持者，团队的整体竞争力也就上去了。

利用关系阶梯解决矛盾

对每个人来讲，想要取得更大的成功自然离不开身边的关系网。那么如何才能建立起自己的人脉关系网呢？

想要建立人脉关系网，最重要的是信用。好的人脉对人的一生都有着重要的作用，只有品德兼备的人才会赢得大家的信赖。俗话说"物以类聚，人以群分"，想要交到好的朋友不仅取决于自己是个怎样的人，更要看自己交往的人有着怎样的特性。

人脉关系是做生意的人知道的第一件事。每一个企业家都知道人脉决定了一件生意能否成功，每个环节都无法脱离人脉。

关系网需要建立在将心比心的基础上。如果一个人帮助了你，那么他一定期望某天你会在他陷入困境时拉他一把。李嘉诚曾经看中了一块土地，但是竞争激烈，于是他动用了所有的关系网终于拿到了房地产开发的许可证。在中国，最不可避免的就是人际关系。

一个人想要成功，只有建立起强大稳固的关系网才能实现。因为关系网决定了你拥有多大的权力和影响力。很早以前的企业并不规范，所有的员工自我独立，大家职责分明，所需的程序和流程都是规定好的。而当代社会却不尽相同，人们等级森严、次序井然，这样的组织能够对时间作出快速反应和处理。

在这样的组织中，我们所进行的工作大都单调乏味，企业以业绩来评判员工的能力，以此来判断员工的适应、反应和应变能力。在这样一个大的环境下，好的人脉关系着你能否升职和取得成功。在这样的环境中，已有的关系网是拓展关系网和编制未来关系网的重要基石。因为大家都有认识的人，而认识的人中间又有自己认识的人。只有和合适的人建立起良好的关系，才能开拓我们的生活视野，从而有效地接受新的信息，从中寻找可能的机遇。

编织新的关系网，就意味着需要摘捡出对自己职业生涯难以有所帮助的人，维护这样的关系只会为自己增加额外负担，因此要从潜在的朋友中挑选出对你有一臂之力的人。良好的关系网需要有一个强有力的内在关系作为支撑，这个关系网的核心要有十个靠得住的人来帮助你。他们可以是朋友，也可以是家庭成员。他们能够树立起你的信心，让你发挥自己的优势。这个关系网不会有人钩心斗角，与他们相处会使人十分愉悦轻松。

为什么要限定人数呢？要知道稳固可靠的关系需要不断维持，至少每月维持一次。因此如果人数众多，将很难抽出时间面面俱到，十人就已经占用了你许多私人时间。这些可靠的内部关系网会激发一个人的创造力，传递出强大的正能量。

很多时候我们都会遇到有可能进入自己关系网的人，也许你的一个回答就让你失去了这个机会。比如两人开始交流的时候，他们首先会问"你是做什么工作的"，如果你的回答是"我是一名经理"，就很容易失去一次交流的机会。同样的问题，如果你在回答后加入自己工作的具体职能和自己的兴趣爱好等，对方就可能从中找出接下来的话题。

想要拥有一个强大可靠的关系网，一定要拥有慷慨大方的精神。不要总想让别人为我做些什么，而要想自己能为别人做什么。

美国总统克林顿曾经对一名采访的记者说，他每天晚上睡觉前都会在卡片上写下自己联系过的每个人，将一些重要的谈话、时间等记录下来，然后让秘书加入自己的人脉关系网数据库中。这中间的许多人都帮过他的忙。

想要和关系网中的人保持良好稳固的关系，要让别人知道你的心中有他。比如记录下他的生日，在他生日那天给他们寄去贺卡，让他们知道你并没有忘掉他。在关系网中的人遭遇重大事件时也要记得打去电话，升职时记得祝福他，遇到麻烦事也要马上提供帮助。在去某个地方旅行时，如果恰好你的关系网成员也在，一顿愉快的午餐能够迅速增进你们的感情。同时要积极参与关系网中重要的活动，比如他们的儿女结婚或是自己的升职派对。

人脉关系网要随时保持更新。不断加入新的朋友，这样才能为你提供更多机会。

好的人脉资源是双向的，一味索取只会让大家对你敬而远之。不论是职场生涯还是自己的生活都不可能脱离关系网而存在。因此，好好地寻找并利用自己的关系网吧！

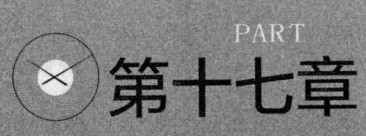

PART

第十七章

17

团队需要协作

每一个团队都是一个整体，所以只有团队之间充分地利用协作才能将这一个整体的力量发挥到最大。而这份协作有时也需要管理者的介入，如何让团队的各个成员之间充分协作，并妥善地调配他们，便是一个优秀的管理者需要学习的，这也是本章节所要着重介绍的。

实现对团队成员任务的合理分工

一个正常运作的企业就如同一个人的身体。人体中，大到每一个器官，小到每一根血管都有各自明确的分工，如若出现差池，便会出现内分泌紊乱，甚至是性命之忧。对于一个企业而言如何让团队中的每一个人都各司其职是一个优秀管理者所必须拥有的技能，就如同大脑一般。从古至今，用人之术的重要性都是不言而喻的。

刘邦在得了天下后，他便感慨着"夫运筹帷幄之中，决胜千里之外，吾不如子房（张良字子房）；镇国家（安定国家），抚百姓（抚慰百姓），给馈饷（提供粮食军饷），不绝粮道，吾不如萧何；连百万之众，战必胜，攻必取，吾不如韩信。三者皆人杰，吾能用之，此吾所以取天下者也。"

刘邦通过自己的用人之道使得天下归为其囊中之物，这给许多团队管理者的启示都是显而易见的。但是问题就是员工的特长究竟在哪里？对此又该如何进行安排？这便是评判一个管理者优劣的要素之一。

通常团队的管理者主要通过这两种方式来安排：

第一，在招募员工完成不同的任务时便已经下意识地有所区别。这种管理者是比较少见的，因为这不仅仅需要超乎常人的识人辨人之术。还要求其在对整个任务的走向中，对这些人的发展有所预见。就比如你是一个下象棋的人，你不但要知道你手上的这枚棋子是什么，因为每一个棋子都有自己不同的走法。你还要了解到这个棋子在整个棋局的宏观作用。能做到这一点的人必然在管理之道上已有所建树。

第二，在每一名员工的具体工作时发现其不同的特色，从而再做二次分工。这也是大多数管理者所能做到和必须要做到的。有些员工其实在刚刚踏入这个企业时，自己并不知道自己的特色是什么、该在什么岗位上、能做到的极限在什么程度。这就需要管理者的仔细打量，然后再把他们重新归类。

我一个如今在事业上如日中天的朋友说过，他刚刚到公司的时候甚至都面临着被裁员的风险。我听后十分吃惊，没想到身为部门经理的他竟然还有如此遭遇。仔细听他说完后我才知道其中的缘由。原来我的这个朋友其实是个能说会道的人，在我和他曾经的接触时我就发现了这点，尤其是在说服人的方面，特别出色。可是在就业的时候却被阴差阳错地分到了财务部。那时财务部也是个炙手可热的香饽饽，他也不舍得换岗位，就那么在那里耗着，可是毕竟他在对财务的管理上总是粗枝大叶，因为他的粗心甚至让财务部的管事专门因为他在单据上的瑕疵不得不在税务部门之间往来数次，财务部的管事告知老板后，老板便让他过去谈话。在谈话过程中，他充分展现了他巧舌如簧的天赋，并且让老板大吃一惊，为什么这种人会被安排到锱铢计较的财务部呢？于是第二天他便被直接调到销售部去了。那位财务部的管事还以为他是被左迁了。结果到了销售部后，他开始大放异彩，公司因为他接到了许多新的客户。然后他就那么步步高升上来了。

我听过许多管理者一直抱怨自己没有找到可以一起驰骋天下的好员工，甚至觉得自己时运不济，他们看似求才若渴，其实也犯了一个十分严重的错误：有时候未免是员工的能力不行，而是他们的能力没有用在刀刃上，马的优良固然重要，但前提是能有一个赏马识马的伯乐在其中把关。

成员协作的监督与管理

许多管理者在安排完任务之后，通常还会组织一个专门的监督机构来督促这个小组和团队能将任务有序的展开。但殊不知如果安排不得当反而会弄巧成拙。首先建立专门的监督机构就意味着要投入大量的人力物力，有些企业这部分的投资甚至和监督对象的投入不相上下，大有本末倒置之意。其次建立起来的监督机构十分容易让其他的员工产生不信任感。因为这股不信任感的源头就是来自管理者自身，与不信任相对的自然还是不信任。

但是这也并非说监督机构就是一个多余的存在，相反这种监督也是需要和必要的。一个没有自净和监督职能的企业所面临的必定是自身的腐化。

一套优秀的监督机制应该是不会让员工觉得有人在监视而是自发组织起的自律系统。

国内的富士康企业其实就一个很好的例子，虽然在每一条流水线上都会有若干名监督管理的人，但是产品的瑕疵和问题基本都不是他们发现的，他们所做的与其说是监督，不如说是善后。其间的缘由很简单，因为作为在一条流水线上操作的工人们，前一个步骤对商品加工的成败与否将直接关系到后面一步的操作，进而对整个产品的合格率产生至关重要的影响。所以一条流水线上相邻的两个工人这时就会自发地形成一个小的监督体制。从而起到一个很好的防范作用。这也就是为什么富士康可以在保持高产量的同时还拥有稳定产品合格率的原因之一。

当然如果实在不能做到在一个任务的自身循环中形成一套自我监督体制，毕竟有不少的任务是根据个人和个人的独立劳动成果相加所得，那最起码也要做到一点，那就是监督机构的设立、监督行为的行使，并非是因为不信任任何一个员工的能力，它起的作用仅仅是防范和辅助任务能更好地进行。而这其中的安排就需要管理者使尽浑身解数了。因为监督也是管理的一种方式，并且管理者自身也是最高的监督者和被监督者。

如今商界竞争残酷，一场场没有硝烟战争的艰险程度不亚于古时任何一场狼烟滚滚的血海修罗。从许多成功的将军身上我们都不难发现一点，那就是他们都懂得如何调配团队，更重要的是他们都有一颗和士卒们共进退的心。一个将军在观摩士兵们士气的同时也会被士兵们揣测着他的决心。试想一个畏首畏尾的将军又怎么可能培养出一群猛如狼虎的士兵呢？

所以从来就不可能存在着单方面的监督，那种行为确切地来说只是监视。因此对于成员协作时的监督管理不仅仅要做到方法得当，不让他们产生消极情绪。监督者、管理者自身也要同时做到那些所被要求的事项，只有这样才能让一切具有说服力和可行性。

在这一小节最后要说的是，每一个团队和每一项任务都是独一无二的。它们具有自身不可替代的各种因素，在具体操作层面上要做到具体问题具体分析，有些适合大多数团队的监督和管理办法却未必适用所有的团队，生搬硬套只会导致最后南辕北辙、南橘北枳的局面。

强化团队成员的补位意识

在许多团队竞技性质的运动项目里，我们会经常看到一个运动员因为其他队员的疏忽而迅速弥补疏忽方应做的事情。这时我们通常都会给予其行为的肯定。这是观看此类运动赛事的乐趣，也是补位意识的体现。

其实对于补位意识的理解用一句话便能概括"在需要你的时候补上去"。

这种看似有点儿越俎代庖的事情却很能反映一个管理者经营团队的理念是否到位。

我见过许多管理者曾经在员工面前一而再，再而三地强调着，哪怕天塌下来也要站在自己的岗位上，然后又喜欢补一句，别人的事情随便他去。这种观念是错误至极的，对于整个团队而言，对于一个完整的任务来说，究竟什么才是他人的事情呢？别的员工的职责不也正是大职责下的一部分吗？而更让人担忧的是有许多的员工明明可以用举手之劳来弥补其他成员的不足从而使效益增加或是让损失减小，但他们无论如何也不肯那么做。问过他们缘由才明白，他们认为那样做的话会成为团队中被讨厌的人，随时都有可能被贴上"爱管闲事"、"好出风头"、"乱帮倒忙"的标签。这就需要团队的管理者营造出一个良好的氛围从而让他们提高补位意识。

首先是要让他们知道补位对于团队的重要性。

某著名企业有一个奇怪的现象，每过一阵子便有员工被辞退，并且被辞退的人还经常心里不服，埋怨起该企业的不是。可是这个企业却从来没有因此而下降过业绩，更令人称奇的是，里面的员工与员工之间的关系还格外的亲热。好奇之下，我便询问起他们的人事经理辞人的理由：原来他们企业经常会有员工需要出差和走动，出差几天所积压的文件就那么被扔在员工的桌子上，只要在这个公司上过班的人都会知道那些文件是十分方便处理，却直接关系到公司进程的。那些被辞退的人就是对这些文件视而不见的人。我还忍不住地问了一句，那这样做不是会被讨嫌吗？明明不是你该做的活你却要去揽。他笑着问了问我"你觉得我们这里员工和员工之间氛围弥漫着不愉悦吗？"我这才恍然大悟，你这次帮助他人补位，他人下次也会那么帮助你的。这就是一个企业的良性发展。

只有让员工们深刻地认识到自己的一举一动和举手之劳都会影响和帮助着公司，补位意识才能真正得到提高。

其次要让员工了解，补位意识不仅仅有利于团队的发展，它更是一种个人能力的体现。

许多名企都在招聘实习生，他们多多少少都会选择几个一起进行考核，最后只留下一两个进入正式员工的行列。决定他们去留的因素究竟是什么呢？毋庸置疑是能力。学习能力和工作能力是考核的首要指标，而补位意识竟然也在其中之列。没错，仔细想一下便会发现，实习生进去之后被派的活其实大多都是些补位的事情：打印机的油墨、资料室的文件，甚至是办公室的茶水。有些实习生喜欢拨上多少时间的发条就运转多少时间，但是有的能主动发现自己应该在那里做些什么，甚至可以在实习休息的时候，让人感叹在他不在的日子里是不是缺了点什么？为什么许多看似不该他干的事情在他休息时却不如原来那么顺利了。这就是个人能力的体现。

　　如果每一个管理者通过这两方面让员工们真正的了解到补位意识的重要性，并且把这种意识作为一种团队文化加以正确引导和发扬，一定可以让效率和团队内部的韧性有突飞猛进的提升。

强化员工的合作意识

　　这里所说的合作并非单指管理者派发下去需经过团队一起完成的机械劳动，而是一种员工所应具备的意识。而这种意识作为一个团队的文化需要管理者潜移默化地灌输和发展。

　　在世界最大的汽车企业之一的福特公司的员工手册上，合作意识被明确地列入在内，并作为一项隐性的考核标准成为大家的共识。有许多的员工并不了解为什么合作意识会如此重要。大到发动机，小到每一颗螺丝几乎都是由不同的车间生产完成的，对于这种加工制造业还需要讲什么合作意识呢？最后一位资深的老员工一语道破其中的玄妙"如果不讲合作，最后的汽车又是从哪里来的呢？"正是因为车间与车间中的合作、车间内个体与个体的合作，才最终使得这一切零散的东西成为一体。

　　强化员工的合作意识首先要让员工们感受到一种平等，在没有平等的工作氛围里是不可能诞生真正的合作意识的。即使是下级部门和上级部门之间，也只是工作进程和分工有所不同，在对于企业的整体利益和作为个人的身份上应该是完全一致和平等的。有些企业看似一直在强调着合作精神，但剖开那华丽的外表，我们会发现，那其实只是一味地为让员工听从指挥或者是独占劳动果实而埋下的借口罢了。

　　所以要做到实质的平等与促进合作意识的提高有一点是许多人喜欢撇开

不谈但又是一切问题的实质——劳动成果的归属。这是合作之后最难以处理的问题，也是拦在合作意识之前的最大一座山。

管理者要充分地让员工们意识到合作是对过程的共同参与，而过程又决定了结果，经过合作产生的果实自然而然也应该让参与其中的成员一起分享。对于这部分分享的分配和相关的奖励机制就要看具体合作项目的类型与其他相关因素了。

如何把这一块蛋糕分好才是调动人们制造蛋糕积极性的最大诱因。

在许多的餐饮行业，都有这样一个情况：许多服务员在端菜的时候都会互相帮助，一开始人们都以为这是同事间单纯的互相协作，但是不一会儿人们也发现了其中的"奇异"之处，在人来人往的饭店里，有时因为雨天路滑，或是地板没有拖干净，失手脱盘也会发生，随着一声碗碎瓷坠的声音而起的还有一群员工的一起失落。在做了相关的了解后，其中的缘由渐渐浮现出来，原来这里施行的是一种类似连坐的奖罚体制，一个小组的错误将由大家一起承担，同样一个小组的成就也将由大家分享。这种惩罚体制归根就是一种对蛋糕的分配。

许多管理者经常埋怨自己的团队内部凝聚力不够，喜欢"独来独往"的员工有时就如同一盘散沙。但是他们疏忽了一点，靠得再紧的沙子如果没有水的作用，那也只是形和意不和。如何在保持平等的前提条件下做到奖罚分明，这便是每一位管理者需要做的头等大事。

最后要说的是，也不要因为故意想培训团队中人和人的合作意识或者为了某些任务的需要而故意牵强地让一些团队成员一起合作，火和水的交融必定只会导致彼此化成灰烬。比如把两个一言不发的人、两个都非常强势的人放在一个团队里，他们即使有合作的心，也会因为某些注定的因素而让合作的结果走向不尽如人意的方向。

如何让一个团队里的成员能诚心诚意地合作，把鱼和水放在一起也是管理者需要注意的问题。

让每个项目都有一个顾问

一个团队的最高管理者始终都要知道一个道理，那就是自己虽然是他们的管理者但这并不代表自己的能力会在他们之上，并且团队之所以会存在的原因其实也正是因为管理者自身的能力和精力不够而向外衍生的产物。所以在每一个项目面前，管理者也不可能会是那个最有力的后盾。让每一个项目都有一个"顾问"就显得格外重要了。

在美国的 NASA（美国国家航空和太空管理局）里，许多宇航员只有经过培训才能正式前往浩瀚的宇宙，而飞往宇宙所执行的任务也是各不相同，有的是为了登月计划的，有的是准备前往国际太空站的，还有的仅仅只是完成载人飞行。作为宇航员的他们通常只接受一个管理人的直接管辖，却会因为接受任务的不同，而分配到不同的顾问手下，从而接受他们的管理，顾问也将会对他们的一切饮食起居、训练安排做全权负责。

其实这就是术业有专攻的最好体现。

让每一个任务和项目都向着效益最大化的方向前进的办法之一，就是让一个最懂得如何调配这个任务和项目的人来成为"二把手"管理者手下的管理者。

有许多的管理者十分讨厌这样做，因为设立其他的抉择人就会导致他们自己手中的大权分散，让自己处于被动之中。其实这种想法是充满误区的。让每一个项目都设立一个顾问，并不代表自己就会让这个团队往自己看不到的地方前行，相反，此时管理者只要把顾问的相关反馈和行为方向紧紧抓在手中就行了。这并不是权力的分散和脱手，而是一种负担的分散和接管。所有喜欢大事小事全部接管的管理者最终不是被繁重的任务拖垮，就必定将会因为自己的能力有限而把队伍引向歧途后却不知所措。

美国微软公司的前董事长比尔·盖茨在职期间，对于公司的事务只抓大头：整体的走向，未来的重点等。对于旗下各种项目的研发和研究基本都不会做过多的插手。因为他自己也知道自己最擅长的领域并不是在那些财务和销售之间，虽然他也有着这方面的各种才能。但如果在"可以"和"最好"两者之间选择，他必定选择后者。所以他将那几个大板块放手交给了那些得力的助手们，多出的时间还能投身到慈善和其他领域里。并且微软在经过他的带领后也十分精于此道，在比尔·盖茨退休后，又再度让他担任了公司技术顾问一职。这是他最擅长和最得手的部分。相信这也是微软可以发展到今天如此壮大的原因之一。

不过在决定安排顾问后，也会有两个大难题：

让每一个项目都拥有一个"顾问"，对于管理者来说最难的部分莫过于挑选顾问。如何发掘那些在每一个项目里最具潜力并可以负担起重任的"顾问"是一位成熟的管理者所应掌握的技能。

让每一个项目都拥有一个"顾问"还需要管理者做到一点，这一点通常也是容易被管理者所忽视的，那就是"用人不疑，疑人不用"。在确认顾问前，管理者要充分调查清楚，免得在委任后又反复地卸任与调换，这只会使得被管理者对你产生不信任，从而使得与原本想要实现的目的背道而驰。

用人之道、调配之术永远是管理者需要学习的一堂大课。

位置管理，格外要重视

每当一个管理者接受了一批员工后，便要将他们各个部署到位，不仅仅是从横向上的工作，还是纵向上的位置，这一点对于企业今后的发展是至关重要的，所以需要管理者们格外重视。

别让中层干基层的活儿

有不少企业会出现定位准确但是具体落实时一团乱的情形。明明是处于中层的位置，却会时常让他们去完成基层的工作。并且仿佛屡试不爽一般指派着，美其名曰地称之为让他们锻炼生活，磨炼技巧。殊不知这样的事情如果发生多了，会产生后患无穷的后果。

首先，对于基层的人来说，中层的作用本是引导他们和带领他们的人，如果中层过多地接手基层的活动会让基层的人觉得中层有不信任自己能力而将他们的工作一揽怀中之嫌。并且，如果管理者一直让中层去完成基层的工作还会让基层感到基层和中层的区分不明显，会有一种职位不同但工作一样的感觉，长年累月地积累下去就会使得基层内心产生一种对中层的不悦和轻视。

一个优秀的管理者可以做到和基层们一起同甘共苦，但那也更多的是处于公司起步阶段，如若一个平稳运行公司的总裁老是去做基层的工作，我想结果是可想而知的，基层和中层的人必定会感到一种危机感和不悦感，中层更是如此。

有一个企业就曾经发生过这样的事情，公司上下面临大量的订单下发，基层已经来不及处理，但是公司的管理者还是不让一个中层去接手他们的工作，他还放下话说"什么位子的人干什么位子的事，那些人如果干不完就让他们走人。"基层的人虽然心有不满，但看到高层都已放下狠话，那也不得不硬着头皮，迅速地处理掉手中的那些活，奇怪的是原本认为已经不可能完成的，却还是做完了。接下去便是中层的事情了，由于中层看到基层的努力，也不奢求会得到高层的任何帮助。便在那解决销路和与买家的协商，结果也超乎寻常地顺利完成。

一个公司为何要分成基层、中层和高层等呢？自然是因为职能和任务的不同，如果将他们混为一体，并时常让其中的人不知自己是处于一个什么位置，该干什么位置的事情，他们所将面临的必定就是一个混乱不堪的企业。

同样，如果让中层去做基层的工作也会让中层自己感到挫败感。明明自己是中层，为何管理者要派给他们基层的工作呢？是不是因为能力不够，还是准备裁员计划了呢？并且他们在处理基层工作的时候必定还会面临和基层的各种接触，明明大家做的活都是一样的，但是自己却是站在他们之上的中层，一种定位的迷失会在心里被无限放大，等管理者把他们拉回中层应该做的事情之时，他们或许早就发现自己已经失去了作为一个中层该有的能力和资格。

所以管理者要明白，一个企业中各个阶层的定位并非仅仅是因为阶层的不同，而是因为所拥有的技能和所要完成的职能不同，确切地说，也正是因为所拥有的技能和所负担的职能不同才会导致最后的阶层不同，让各个阶层的人完成同样的工作，只会打破这种平衡，让其中的各个人员产生不安。

最后要说的是，必定也有不少管理者会让中层去体会基层的生活，并且和基层一起工作一阵子，这样可以促进中层和基层的关系融洽，方便今后的项目和组队任务可以更顺利地进行，但是这并不是让中层去干基层的工作，而是让中层去体会和指导基层的工作。几字之差，差的却是一种管理的指标和理念，也是一个企业能否顺利成长的要素之一。

打造"黄金中层"

在任何一个组织中，小到一个团队，大到一个社会，中层都是其中最中间的力量，他们掌握了社会和团队的绝大多数资源。所以如何让这部分处于金字塔中间的人拥有过于常人的能力和决策手段便是关系到一个团队进退的重要因素。

打造一个黄金中层对于企业的发展来说，好处是不胜枚举的。一套优秀的中层班子无疑可以大大缓解企业出现差错的可能。

许多企业每年都会给许多中层诸如出国考察和外出学习的机会，这在某些管理人眼里看来是一种成本的浪费，在他们眼里一个企业中最值得培训的是高层，只有让站在最高处的人不断地向上攀去，才能达到那商界的最高峰。但是有一件事却是被他们所忽略的，所有的高层在落实具体的项目和任务的时候，几乎都是委任给中层的，基层离管理者来说又是隔开了几个阶层的工作群体。所以，只有把一个中层培训起来，企业才能更稳定。

我身边也不乏自己创业之人，并且他们总喜欢找一些过去认识的人组成一个高层团队，然后便在茫茫人海中发布求贤榜，可是等公司真的组织起来，他们却根本没有做到和预期说的那样的各种待遇，导致创办公司之初的中层在开创没多久后便开始大量流失。更令那些创业者揪心的是，有许多基层也是被这些中层一起带来的。不一会儿一个公司就变成了一个空壳了，他们不得不再重新开诚布公地招纳人才，然后给予他们应该得到的待遇。时间成本和最早的那一笔投入就那么打了水漂，不禁让人痛心。

可见一个团队中，一批优秀的中层所能带给企业的稳定性是不可估量的，而且如今商界沉浮，挖墙脚的现象也主要出现在这一团体。打造一个黄金中层，不仅仅在于他的价值，还在于如同黄金那样不怕火炼。有不少中层在其他企业的利益面前轻易地就带着全部的所学所得，甚至是经过他培训起来的基层全部换到其他人麾下，转过头与老东家开战，这种事情每天都在发生。当然我们也不能责怪他们的"见异思迁"。他们在利益面前的权衡其实归根结底也是对两个公司的权衡，对未来发展的权衡。如果能让他们看到希望和更多的可能，我相信他们是不会轻易离开的。

并且仔细看看许多世界著名企业的高层，我们便会发现一个近乎一致的现象。那些高层究竟是从哪里来的呢？对于一个企业未来的发展和现在状况最清楚的人、对企业全权负责的人难道会是凭空从人海中寻找吗？答案是显而易见的，仔细调查一下那些高层，我们便会发现他们有的是别的企业的高层，但更多的还有企业自身培养起来的中层。培养一套优秀的黄金中层，也是给企业未来的发展打下坚实的基础和可靠的保障。

最后想说的是，黄金中层的打造不仅仅是在他们的能力和忠诚度上，正如前面所说，中层也可能会成为一个团队和企业未来的带路人，所以不仅仅是要把他们变成金砖，还要把企业的文化和核心灌输给他们，让他们成为一块烙上独一无二商标的金砖。

"闲人"不一定"闲"，"忙人"也不一定"忙"

在一个企业中人们通常用一个人在其中的闲忙程度来辨别其是否对公司尽心尽责。这种方式是十分具有风险的，因为在一个团队里闲人不一定闲，忙人也不一定忙。

判断一个企业中人的忙闲与否绝对不能用肉眼所看到的工作强度和工作状况来决定。

首先，有时你认为所看到的真相，未必就是确确实实的事实。一个企业的有些任务其实总量只有那么些，有些员工之所以会在那看似如同一个大忙人一样，一刻不得闲地在那忙活，可能只是因为他先前没有及时地完成，而把大量的任务堆放在一起。而有些看似有条不紊地在那闲云野鹤般摆弄文件的人没准却是那些每次都按时按量上交任务的员工。

其次，忙和闲也是有时间段的。有时候该一个员工忙的时候没有忙和该闲的时候没有闲都会导致观察者的疏忽，从而导致判断错误。

全球最大搜索引擎谷歌坐落在美国的公司经常为外人称道，里面从乒乓球桌到酒吧 KTV，娱乐措施几乎一应俱全。外人去参观的时候总会感慨这里的人是多么的"闲"，确实，他们每次参观的时候都能看到那些员工在打着乒乓，在酒吧前觥筹交错甚至还有放歌高唱的。这对于那些游手好闲的人来说简直就是一个梦中的天堂。可是大多数的人不会知道，谷歌公司对于工作成果的严苛，那些在大家看似是闲人的人站在工作岗位上后，他们便开始行动得比任何人都要勤快和努力，那不仅仅是对自己工作的负责，同时也是对企业福利的一种回报。所以谷歌公司才能在如此发达的世界网络里占有一席之地，并且还在不断地给我们制造着惊喜。

最后，有许多工作的"闲和忙"也并非是单单表现在机械劳动上。有些员工可以在下班后把所有与工作和企业相关的事情抛到九霄云外去，他们可以尽情挥霍自己的闲暇时间。但是相信许多管理者也知道，在团队和企业的运行当中，有许多的人还不得不带着那些工作和对企业的责任在下班之后奔波。

销售这个职业便是一个很好的例子，在许多人眼中，销售只是个时而动动嘴皮子，时而在那查查资料寻找寻找客户的职业。对于那些旁人来说，销售们绝大多数应该是都是处于闲暇的状态中。可是有一点却通常被世人所忽略，他们根本不懂的销售的真正意义。一笔单子是否可以成功那只是一瞬间的事情，可是为此各个销售们所付出的却是几小时、几个星期的努力。听那些做过房产销售的人说过，有人甚至为了抓住一个客人，花了整整半年的时间。谁能说那些闲着的人是真正的闲着呢？

在明白闲人不一定闲，忙人也不一定忙后，管理者便要明白不能仅从这两个方面来辨别那些员工们是否完成了自己应该做的事项和任务。每一个职位位置既然不同、即使位置相同也会有各式各样的突发情况导致结果出现偏差。仅仅以此做出的结果可能会伤害团队成员内心对企业的信任和对工作的积极性。

那究竟什么才是正确的方法呢？其实答案很简单，在什么时间的什么位置上正在做什么事，这便是客观的，也是管理者行之有效的。

明确责任才能堵住借口

　　或许身为管理者的你会经常发现这种情况，当一个任务或者项目发生了问题时，你开始责问起这究竟是哪里出现了问题，应该由谁来负责。他们却都十分无辜地看着你，仿佛这一切都与他们无关，或者他们彼此看着彼此，好像谁也逃不了干系。此时的你要么杀鸡儆猴，杀一儆百，要么只能让他们一同连坐。那些被处置的员工只能敢怒不敢言地黯然退下。

　　但是你是否想过，其实出现这样的情况有可能问题也是出在管理者自身呢？如果作为管理者的你把责任都落实到位了，他们又怎么会有机会互相推辞或者有借口全身而退呢？不明确责任所带来的后果是十分恶劣的。

　　我曾经有过一次十分不愉快的购物经历，在某较为著名的家电商场购买了一台冰箱后发现其中的零部件有松动问题，然后便联系了相关的售后服务，售后服务上门后和我说这是因为搬运问题所导致的零件损坏，不应该由生产商承担，而是应该由卖家负责，因为搬运人员本就是卖家也就是商场聘任和指派的。我一听也确实认为他说的有点道理，就没有再与他理论，转向找起了卖家，可是他们却又是另一种说辞，他们只负责卖，卖出去之后的产品负责就应该归落到生产商身上了，因为这个冰箱从头到脚都是生产商一手研制的。这种一听便是踢皮球的说法让我心生不悦。最后只能找到消费者协会，在经过多方协调后总算达成了妥协。这次不愉快的购物直接让我把该店商打入了心中的冷宫，至今没有再去那边买过任何东西。

　　这么一个看似简单的问题，却看出了一个企业和一个团队协调的优劣。他们之所以会有借口的一个原因不也正是因为管理者的分工不明确、责任归属不清晰而导致给了他们这样一个互相推辞的机会呢？试想一下，如果你把所有的后果出现都分工明确了，把每一点责任都安排妥当了，又怎么会出现这种找不完的借口呢？

但是明确责任也要考虑到一个风险，那便是如果给出了相关明确的责任规则，就会出现与之相对应的责任规避。这也就是所谓的道高一尺魔高一丈。并且对于责任的规定只明确但不合理也会导致员工不敢放手去做，没错，他们一起手就会想到这个有可能会触犯到什么条例，并且会引发什么后果，最后迎来的自然是停滞不前。

所以管理者在做到这个明确责任的时候还要注意这个明确还需要合理，在让员工觉得这个责任的确是自己承担的同时也让他们从心里感受到这个责任也是自身应该承担的。

有多大的能力揽多大的活固然重要，但与此同时揽下这多大的活的同时也要承担多大的责任。

这节的最后我还是想说下那个我买过电器的商场，有次我再次路过他们的店面，虽然对他们已经没有太大信任，但我还是抱着好奇的心态进到店里，希望看看他们对于售后这一块有什么改进。我再次走到卖冰箱的柜台前停下了，营业员看到生意上门后，自然十分热情地前来招待，我直入主题"麻烦问你一下，如果说，我在这里买了这个冰箱后，因为运送人员的失职导致冰箱在运来的路上磨损了，我该找谁呢？"那个营业员仿佛培训了似的在那迅速地回答了我的问题"当然两边都能找"。她说完指了指旁边商场提供的购物指南，"上面的条例都写得很清楚的，只要不是因为你故意弄坏的，我们都能负责。"我心想那种野蛮的踢球方式总算被这里的管理者注意到了吗？最后这个服务员看我若有所思，补了一句"你所担心的这种情况几年前倒是有的。"看来这里的服务员的话术还是需要继续培训的。

在现实企业管理中，很多管理者对员工的责任不够明确，导致他们会找各种借口推脱自身的责任，这对企业是相当不利的。因此，管理者给下属明确职责是十分重要的，当然，也要注意职责是否合理。只有这样，企业的管理才能有条不紊。

找准位置，才能让人才"发光"

"不想做将军的士兵不是一个好士兵。"但是并非所有的人都能成为将军，如果让那些本只有士兵能耐的人当上了将军的话，只会让部队乱成一锅粥。但是同样地如果让一个本有将军之才的人一直从事士兵的职务，也会让他的心理产生不悦，导致最后的离职或其才能被永远地埋没。

找准位置，才能让人才"发光"。

在前一章里，我们重点讲述了合理的分工，那是一个横向的工作分配。而这里所说的位置是个纵向层面上的概念。在一个企业或团队里表现为高层、中层与基层，这里的安排也十分有讲究。

有些有能力的人会对权力和地位非常的渴望，他们如果发现管理者不能充分地让他们体会到自己存在的意义便会离开。

这里要说的是与合理分工一样的例子，记得前面所说，刘邦之所以可以得天下恰恰就是因为将那些有才识、能力的人分在了他们应该在的任务上，但是同样的他更是将他们放在了他们应该在的位置上。国士无双的韩信刚入刘邦的麾下时只是一个掌管粮饷的小卒，根本没有什么身份和地位可言。之后萧何发现了他的能力后极力向刘邦推荐启用他为大将军，在这之间还上演里一出脍炙人口的戏目——萧何月下追韩信。可见一个合理的位置对于一个人才来说是多么的重要。

许多管理者可能会认为对于权力渴望过于膨胀的员工是十分可怕的，他们无时无刻不在影响着团队的稳定性。但是要知道，在一个健全的企业和团队中，权利与职能往往也是相对应的。所以这就需要管理者发现他们的"真实意图"。有的员工是纯属为了站在高处、享受一人之上，万人之下的感觉，并借此来满足自己内心的虚荣心，对于企业的发展他们没有做过一点的考虑，那将权利分配给这种人是万万不可的。但是也有的人，也就是本节所谓的有识之士，他们向往高的位置并不是单单为了内心对于地位和体面的渴望，他们更是为了可以站到一个更高的平台去把自己的能力发展到极致。

管理者或许会认为想要识别他们这两者之间的区别虽然看似容易但也并非简单，并且有时候提升了一个人的同时伴随着的还有大量的不满，因为这时许多未被提升的人心中必定会想"为什么是那个人被提升了，而不是自己呢？"但是管理者是否想过，如果你提拔的真是个人才，我相信他们马上就能用自己的实力堵上那些在闲言碎语的人的口舌了。

也有许多企业为了避免这种高风险的选人方式发生，通常还是在单位内部实行年度推荐制，也就是每年对所有的员工进行考核，那些基层可能因为能力出众可以上升到中层，而那些中高层又因为个人的玩忽职守和能力不足被左迁。这个办法是十分保守和可行的。对于一个已经发展完善和在慢慢向前的团队来说，这是一个很好的方法，但是也要警惕这其中也不免有许多人情与名利的因素在里面。将提拔的权利交给员工固然很好，但是管理者自身也需要做到一个审核。

始终要明白,管理者自己才是那个指点江山的人,哪些人该放在什么位置,哪些人该去分担些什么任务，要做到心中有数。

第十九章

19

杜绝帮派而要一团和气

在许多企业和团队当中，会经常出现拉帮结派的事情，许多企业管理者并不能很好地对此进行处理，有时他们还会认为这是内部团结的一种体现，殊不知，如果发展不当，会使得钩心斗角的乌烟瘴气弥漫在企业内部。管理者需要对此加以重视，要让团队内部真正和谐和和气。

用大禹的方法治"山头"，能"疏"就不"堵"

许多企业和团队随着任务和项目的不同、自身发展的差异，经常会产生团队中的团队，这其中并没有什么不好。有时候内部各自有凝聚力的团队在对于解决问题和完成任务的时候会更具有动力。但是也有许多团队发生了质变，他们以自己形成的小队为核心开始排挤和针对其他的团队，并且对于上级报下的任务和职责有时候会视而不见。这种乌烟瘴气的帮派作风是非常要不得的，而且是必须立马由管理者解决和捣毁的。

不然这种不良的氛围必定会如洪水猛兽一般地将企业建立起的完善制度冲垮。理由很简单，当团队内的小帮派发展壮大并兴风作浪后，其他人也会开始效仿，最后甚至会出现帮派和帮派间的战斗，一个新人来到公司后所面临的第一个问题将不再是在什么位置上，做些什么样的任务，而是先选择加入哪个帮派，不然面临的必定只能是被两方同时排挤的局面。

对于这种不良的氛围，各位管理者做到零容忍的同时更要明白该怎么处理，绝大多数的管理者喜欢一看到此类事件的发生就立马全面围追堵截：看到谁要在那搞帮派就会拼命地发布大量条例与相关强制措施。我曾经也在不少企业中看到过，竟然还有强制员工在公司里禁止讨论一切与任务和项目无关的话题，并且还有意无意地把员工和员工的座位尽可能地拉开。大大浪费了办公空间不说，员工和员工间也都是剑拔弩张的氛围了，别说一起合作完成项目了，连一起沟通都成了问题，生怕被上司逮个正着。

所以对付这种情况最好的办法应该是用大禹治水的"疏"而非"堵"。大禹治水的故事虽然人人知道，但是其中的道理又有多少人可以明白呢？面对前者的洪水有多高便垒多高的墙壁，大禹用其在那时显得十分"先进"的思想"洪水有多高，便让其流通到有多大的旱土"里的这种做法在今天看来仍不失为一个对许多企业管理者亦有借鉴意义的事情。

用疏而非堵的第一个道理十分简单，因为如果管理者使用的是堵，就意味着对方有多大的帮派，你便要以多大的力量前去相抗，第一：时间和精力成本花费巨大，试想一下，一个公司里什么工作都不再步入正轨，而只有一个严厉的管理者和他手下那群可恶的帮派在做着较量，这样导致的结果自然是双方的两败俱伤。其次，堵的方法过于被动，管理者始终都是作为团队的领军人，他的作用应该是引导和宏观创建性的，而不是在那被员工们牵着鼻子解决这或那的纷争。因而用疏便能很好地解决这个问题。

了解为什么这个类似于帮派的不和谐团队的形成原因、其中的核心成员以及他们这样主要是为了针对谁，然后以这些为契机组织一套自己的解决方案。把那些大帮派的怨气化解，把大团队分解成小团队，让他们了解他们这样做导致的只会是他们前程的停滞不前，而同样地整个企业和团队也会因为他们这种不良的帮派之风在引起乌烟瘴气氛围的同时使得收益大大下降，一个只知道如何拉人入伙的团队又怎么可能会关心其他的事情呢？

最后团队的管理者也要明白，疏和堵虽然是两种不同的方法，但是对于治水的决心却是完全一致的——零容忍。

"窝里斗"毁的是自己的前途

不得不说，大多数的团队内部自身肯定多多少少地都会有些不和谐，毕竟团队是人和人的结合，而人与人之间在任务和项目前虽然看似目标是一致的，但是他们所能分得的利益和所获得的肯定及成就会因为个人自身的原因抑或分配的问题而产生不同。在这种情形下许多人便把精力和能力转移了针对对象——用在团队内部了。

"窝里斗"始终是各大企业和团队面临的重要问题之一。有许多看似不可战胜的集团帝国却会因为自身的分家和分权而导致在一日间土崩瓦解。如今"窝里斗"甚至已经可以说是一个可怕的企业刽子手。

我们首先不说一个团队内部的小窝了。就是整个企业链，甚至是整个行业链这种大窝的问题也大量存在，并且是层出不穷。几年前的三聚氰胺事件是一件影响十分恶劣的食品安全事件，它反映了我国食品安全监督机制存在问题的同时，其实也从一个侧面映射出企业之间的行内窝里斗。毕竟在那时，加入三聚氰胺的企业并非只是一两家，甚至都成了一个业内人尽皆知的准则和方法——降低成本的方法。那既然别的企业都在用，如果自己仍旧继续延续一般的炼乳技术岂不是变相的导致成本提高吗？就是在这种窝里斗的心情影响下，此种不良之风才会愈演愈烈，最后导致让许多孩子的性命为此埋单，也导致中国乳业的信誉跌入谷底。直至今日，人们对于中国生产的奶粉仍旧不完全信任，外国奶粉的脱销和大肆进军国内市场就是一个很好的体现和教训。

回到一个团队内的窝里斗，由于本身大小有限，并且利益冲突并不明显，它的隐蔽性是十分的高，并且当事人由于自身都是参与人，并不能做到旁观者清，等导致最后严峻的后果发生时，已经不能挽回了。

我至今仍深刻地记得有一则新闻中曾经播报过：两个企业的高管因为抢占营业额，但他们自身又没有足够的能力去拓展更多的市场，便想着法子让对方的营业额下降，甚至还以公司的名义打电话骚扰对方的客户。这对公司造成了难以想象的负面影响。

管理者在此时就应该让所有的员工们知道一件事情，对于整个团队而言，利益的大方向是一致的，如果因为彼此利益产生了不同，而去扭曲利益的前进方向，导致的只会是自己的前途受阻。一个优秀的团队里，没人会喜欢和欢迎经常闹出内部矛盾的成员。

要做到这点，管理者就要制定好相当完善的利益分配工作和成员监督职能，要知道并不是每一位员工都能意识到防范窝里斗的重要性，即使他们深刻地明白了其中的危害，他们有时也会不由自主地被一些情绪和利益卷入其中，等到反应过来时，自己已经在矛盾的正中间了。管理者不仅仅要做到让他们知道面对这种情况时的办法，也要减少和降低他们碰到这种情况的可能，人无完人，用不完善的制度去考验一个人总是有风险的，所以最好还是以健全的企业体制让他们减少窝里斗的可能性。

只有让大家一致对外，才能使得企业有凝聚力，从而使得团队的力量得到真正的发挥。

做团队，学"狼"不学"狗"

有管理者看到这里不禁会想，那既然团队如此麻烦的话，为什么还要有这种形式存在呢？如果没有团队，大家彼此向着共同的利益各自努力，所收到的效益岂不是能更大？所谓一个和尚挑水喝，两个和尚抬水喝，三个和尚便没有水喝了。

管理者要清楚，所谓的团队贯彻的理论从始至终都是 1+1 ＞ 2 的。

团队，执行的始终是狼的理念而非狗的道术。

仔细观察下狼群便会发现，他们经常可以以少胜多，以弱胜强，他们贯彻的理念始终都是共存、规则、团队等以集体为核心以个人为其次的狼之道。

这一点我在如今的小企业中鲜有见到，因为这个需要团队各成员对彼此绝对的信任和对外具有强烈的危机感。听一个参军的朋友经常说起那里关于特种兵的故事，从每一个任务的发布到行动绝大多数不会超过半小时，要在赶往任务地点的路上研制出能使得任务完美完成的万全之策，如果单单靠他们各自的实力和相加是不可能成功的，他们通常会制定出主攻和助攻，然后以不同的表情和动作暗示彼此下一步究竟如何。所以最后才能以不变应万变，而且部队也被世人称为最像狼群的姿态而存在，并为许多世界知名的企业和管理者津津乐道的同时也在大规模地向他们学习着。一套能在枪林弹雨中前行的管理体制自然也能在无声硝烟中起到不小的作用。

但是要培训出这样一个狼一般的团队又是何等不易。狼和狗在大自然中是两种生物，但是在团队和企业中，狼和狗是坐落在一个载体之上的，而且所有的狼在成为狼之前都是狗。企业中的窝里斗和各种矛盾不正是世人口中经常所说的"狗咬狗"吗？不让这些狗经过足够的磨炼和给予一定的概念灌输，他们又怎么成为狼呢？

关于如何把一个团队训练成一个狼队，市面上有太多的方式和方法，甚至还专门衍生出了许多培训课程，声称可以在几天内将管理者所带领的团队迅速培养成一个充满斗志的狼的团队。其实只要了解了其中的关键之处，管理者大可不必大费周折地去取什么看似远在西天的"狼经"。

对于打造一个狼队的极致便是让他们都明白团队之所以会存在的原因以及共同的利益驱动下的团结。那些诸如"狼"和"快"的训练其实也是围绕着这个团结展开的。落单的狼即使再勇猛，那也还只是只丧家之犬罢了。

狼团队之所以被那么称呼，并不是因为它是"狼"的集合，恰恰相反，正是因为他们组织在了一起，并且是强有力地组织在一起，才会成为狼团队。这个因果先后却经常被许多的人所搞错——先有狼还是先有狼团队的问题。

所以，当一个管理者想要把手下的那些涣散的员工打造成狼团队时，首先要做的并不是让他们变成狼，有时候单兵作战的狼反而更容易让团队内部不稳，而是让他们充分认识到彼此力量的优和劣，并一起在这个团队里生活、生存下去，当了解到有些问题只有他们都全力以赴地投入时才能得到解决，隐藏在他们体内的狼血自然而然地可以被呼唤出来。

狼和狗的不同，还是取决于猎人的培训方式。

不能让"红人"牵头带小队伍

红人是一个企业或者一个团队里时而会出现的个别人物，他们或许因为自己在某一个任务中表现得十分出色，而被管理者中意，成为团队内部人人羡慕的人士；或许他们也因为自己独特的做人方式，而在团队内部有着一定的人气和强大的人脉基础。

管理者也会经常认为，那些红人们所得到的掌声和鲜花是他们的应得之物，当然，奖励和赞扬从来都是一个优秀企业促进员工前进的方式之一，但是如果当这种促进方式变成了一种向着管理者难以预料的地方发展时，就需要管理者内心心生警惕了。

红人发展不当很有可能变成黑人，尤其是他们开始在暗地里开始牵头带起小队伍时。

一个记者有次和一个著名的企业家吃饭，在饭桌上，记者不禁好奇这些企业的成功人士平时最爱看些什么书籍，他想到这便把问题问了出来。企业家听完后，不假思索地将答案脱口而出："那自然是《水浒传》了，我都看了好几遍了。"记者听后暗暗觉得这个企业家果然没有读过什么书，竟然对这本那么俗气的书乐此不疲。"你就不问我为什么吗？"企业家看着记者。而记者也是出于礼貌，象征性地问了句："那你为什么会喜欢看《水浒传》呢？是你把自己当做宋江了吗？"企业家笑了笑："不，宋江固然在里面是一把手，但是最后江山没在他的手里。"记者心里一震："那你的意思是你把自己比作皇上吗？"企业家又摇了摇头："我说你们这些当记者的，看本书老是代入感那么强干什么？我只是从中看到了几个道理而已。"记者被他的这番话弄的没有了着落，同时好奇心也被不知不觉地引出了："那你从里面看到了些什么道理呢？"企业家慢慢地脱口而出："第一，做大事要团结，比如各位梁山好汉。"

记者点了点头："第二，要特别当心身边的红人，红人发展不好就成小人了，比如高球。"记者这时才被这位企业家深深地折服，这也是这本书里最讨人喜欢和讨人厌恶的两个方面。企业家最后说道："这也是我为什么能和你在这吃饭的原因，团结起兄弟们，小心防范那些小人们。"

红人经常是会让管理者麻木的一个团体，明明是被自己提拔和在自己手下工作的人物，为什么会有朝一日带起自己的小队威胁起团队内部的和谐呢？

但是也有不少管理者对此不以为然，如果一个人太红的话，真的带起自己的小队，到时候只要把他给开除不就行了？乍听之下觉得他的思路十分清晰，因为一个物品在发霉后并将要带动其他的物品一起腐烂时，迅速将霉物给剔除是个好办法，但是那些真菌有可能早已经深入骨髓了。那些被红人提拔起的人物，那些已经存在了的人与人之间的不和谐就那么如同被烧红的铁烙过一般，留在了那里。

最后，归根结底红人也是一种超出体制外的东西。在一套优秀的管理体制的管理下，每一个员工完成任务再出色，他也是这个企业和团队中的一员，他所得到的赞赏和奖励都应该是在可预见的范围内。燃起在他心中的是一股成就感和对企业更强烈的归属感，而并非是虚荣心的膨胀和希望迅速建造自己小团队的那种小聪明。

及时处理员工之间的矛盾

一个员工在企业中与他相处时间最长的永远是和他一起工作的其他员工，而并非是管理者。所以员工和员工间是否可以达到和气一团，直接影响到了他们工作的心情和团队的配合能力。如果两个矛盾不停的人整日在一起，又怎么可能会有什么团队配合可言呢？

在许多的管理者看来，员工们早已经不用再继续教授什么做人之道了，他们完全应该具备了作为一个社会人所应该拥有的一切常识和解决彼此之间矛盾的方法。如果还要管理者插手管理这个事情不仅仅会让管理者自身显得幼稚还会有点儿管理过度之嫌。可是管理者又是否想过，只要是在工作中发生的事情，又有哪个不应该被管理呢？

管理者需要及时地处理员工之间的矛盾，只有让团队中一团和气，才能让员工们之间心无旁骛地工作。但是这也并不意味一定会出现先前管理者们所担心的那些状况，因为这个事情并不一定需要管理者亲自参与其中。

自然界中最稳定的形状是三角形，这个定理同样适用在社会里，当然，也符合公司管理的许多方面。

管理者可以在组织团队的时候，便组织以"三"为主构思的团队。当然这个"三"并不是单只三个人，而是三种不同类型的员工，当其中两者不能互相沟通顺利的时候，可以靠这第三个人来调节这双方的矛盾。当然，这种团队的构造是比较费时费力的，但是一旦固定后，便具有极大的稳定程度。

现在有诸多的企业也在向这方面努力尝试着。星座、生肖和血型这些因素在日常看来或许只是个谈资。但我已经看到有不少的企业在创立团队的时候开始以这三个东西为参照，还有其他诸如是否是独生子女等条件为参考分配团队，希望可以借此来使得建立起的团队能够互相弥补自身的不足，并且让团队的和谐程度达到最大。其中是否具有十分有理有据的科学依据我们暂且不去探讨，但是这种尝试和方法背后对于团队管理的稳定程度的探讨和探路是十分值得肯定的。

通常企业的做法是依靠第三方的调节机构来化解员工之间的矛盾，同样也是这个神奇的数字"三"。这个方案的可实施性要比刚才的那个强，当员工和员工之间产生矛盾后，便会僵持在那不再理论，或是与之完全相反：两者或许就开始不断骂骂咧咧，但是就是总结不出一个让双方都满意的回答。这时如果有一个具有公信力的部门介入里面进行调查和研究，并召集双方当事人进行调节，给出一个让双方当事人都可以满意的回答就是一个较为圆满的办法。双方当事人谁也不会认为这是对对方更有利的。

　　企业和团队需要公平和公正，那些会产生的矛盾和不悦其实归根结底也有许多恰恰是因为那些不公平的待遇和不公正的处理所引起的。如果身为管理者的你并不能充分地在事前就避免这种事情的发生，那你必须也要做好一个妥善的善后措施，员工和员工间的矛盾远远不是你想象中单一的个人恩怨那么简单。毕竟，所有的团队也是由作为个体的员工所组成的。只有作为员工的个体真正地做到了一团和气，不拉帮结派，互相帮助，才会使得团队这个团体获得真正存在的意义，而这也是管理者存在的理由。

新人作为每一个企业都会拥有的群体经常会让企业管理者头疼不已，因为他们经常显得"很不懂规矩"而且他们中的某些甚至成为管理者心中的梦魇，但是其实只要将这一部分员工进行合理管理，一定可以让他们在服从制度的同时，也让企业上下充满全新的活力！

"80后"新员工该如何对待

用80后这个说法来划分一群人其实笔者并不完全认同，同样对于后面将提到的90后也是持相同的态度，人和人并不会简单地因为出生年份的不同而轻易地被归为到一类当中去，可是也不得不说，按照年份分划的背后却是社会的发展规律必然形成的相对群体。

80后的人由于大多都是独生子女，所以他们在拥有独立自主的思想和个人行动能力的同时也有着一些令用人单位头疼不已的问题，比如他们过于讲究个人的作用而不爱团队配合。

我去过很多电子商务公司，发现里面许多都存在着这样一个现象：大家被分隔在许多的小区域内，一人一台电脑，彼此完成着彼此的工作，没有交流、没有交集。管理者常常也拿这些员工没有办法，可是管理者也觉得这样并不影响公司的正常运转，也就算了。但是只有单干没有合作的团队的局限性是显而易见的，而且过于讲究个人声音的80后也会因为观点过多而难以统一起来。

我认为管理者需要做到以下几点：

首先，尊重80后新员工的心声，对于他们来说其实观点最终是否被采纳并非是唯一的妥协条件，比起结果他们更注重的或许是过程，如果能有人站出来聆听他们的想法，并指出他们想法中可圈可点的地方后向他们说明白，这个想法离具体的落实还有多少的差距，他们必定会欣然接受。毕竟80后经历过粮票时期、也曾经看过黑白电视，他们站在改革开放的过程中，对于许多不同的声音都是可以接受和包容的，哪怕是否定自己的想法。

其次，要让他们享受工作而并非是承受工作。80后作为接受过高等教育与法治普及的一代，他们的内心深处是十分厌恶类似血汗工厂的毫无生命体征的公司的，同时也正是因为这样，如果他们感受到自己也在做类似毫无意义的如同齿轮转动一般的工作的话，他们必定会消极怠工，甚至立马转身走人。

如今跳槽早已经不是什么新鲜的事情了，而如今用人市场里，跳槽"勤快"排行榜中，80后绝对算得上是常客了，他们经常会因为内心深处对工作的追求和现实中实际感受到的效果不同而产生十分明显的落差，最后纷纷开始转行。但有时绕了一圈后他们又会发现，所有的工作是何其地相似，无论是电子的还是销售的，是文艺的还是体力的，认真负责始终都是一贯的，而认真负责带来的劳累自然是不可避免的。

所以要让80后的新员工充分了解到虽然这是工作的常态，但是隐藏在这常态背后的是让人津津乐道的劳动的欢乐。如今所有的企业和团队几乎都在倡导快乐工作，其实就是这个道理，对于那些老一辈的员工来说，对企业更多是讲究忠诚，即使自己再累、再怎么不想做还是要坚持挺下去。但是80后，虽然也忠诚，但是他们更执著于对于自己内心的忠诚，如果感到这份工作干得并不尽如人意，他们会逃避。

管理者如何用一种使得80后员工痛并快乐着对待工作的方式来在团队中发光发热便是他的本事了。而且随着如今管理层的不断更新，80后的管理者也越来越多，管理者自身也要调整好心态，来面对那让人欢喜让人愁的管理工作。

能够激发"80、90后"的氛围

80后已经步入正轨，90后的也开始跃跃欲试，这两个人群通常被如今绝大多数的用人单位归为一类，因为他们都是喜欢讲究创新的、拥有自己独特思想和不同的教育背景的人群，同样地，和他们的优点相对应的还有他们那喜爱逃避和过于以自我为中心的缺点。有许多的用人单位甚至根本不想启用这两个年龄层面的员工，他们需要的是听话的工具，而不是会在那发表异见的不安因素。这种想法是错误的，每一个企业都要经历一批批员工的老去，也要接受一批批新员工的来临。如何能让这些80和90后的年轻人们能更好地工作和激发他们的才能才是一个优秀的管理者应该和必须做到的。

正如前面所说，80和90后都是喜欢独来独往的群体，因为他们绝大多数都是独生子女，从小到大他们的意见几乎成了家庭的主旋律。他们喜欢的氛围自然是以他们为中心展开的，比起绿叶他们只爱做红花。但是一个企业中的绝大多数员工都只是默默奉献的绿叶，怎么能让他们安心地做着幕后工作便是管理者所能做到的。

首先应该尽可能让他们感受到企业对于他们的信任，80后和90后都是受过大量文化冲击和进化的群体，他们对于个人自由的理念甚至高过工作本身，正所谓不自由，毋宁死。对于他们而言，将心比心的信任比在后面不停催赶的叮咛更有用。适当地让他们放手去做，便是一个很好的办法，即使是最简单的工作，只要赋予了一份沉重的使命感和对于他们十分信任的态度，他们便会尽他们的努力去认真完成。

数据录入员是一份十分轻松又十分劳累的活，轻松是因为这份工作只需要坐在电脑面前把你所看的东西输入电脑里就行了，劳累是因为大量的工作量经常会使人感到劳累，甚至让人觉得这份工作就是单一的体力劳动。但是我也见过有朝气蓬勃的80后数字录入团队，因为他们的上司曾经和他们说过，他们输入的每一个数字都将关系到公司的重大利益，一个六位数和一个五位数之间的差异或许就是公司一年的收成。那些80后在得知自己的工作是关乎企业存亡之后，深知自己肩上责任重大，几乎都是全身心地投入这份看似枯燥无味的工作当中。从这个事例中，我们也不难发现，那个管理者的说法中不仅仅是有责任的体现，更多也是对于他们人格的确认。

其实的确如此，在一个企业当中没有一个人是不重要的，每个人都在以自己的方式和职位承担着公司的一部分，融入进公司的体系之中。只是因为工作的薪水和需要的学历不同而让人产生有贵贱之分的想法，80后和90后对于这种想法和歧视又是极为敏感的。所以让他们体会到公司的信任同时也让他们感受到人格上的平等对待是一种可以让他们充分进入工作角色中的方法。

但是正如我前面所说，用这种出生时间来划分工作人群的方式也有很大的不妥之处，不得不说，有些人的的确确是适合时时地鞭策和不断的旁敲侧击才能走得更远的。这也是一类人群。所以如何在常态中配以个例，在营造出能让绝大多数的80后和90后激发工作激情的氛围内也同时让更多其他的人一起合作向前，便需要管理者的不断发现和亲身实践了。

"90后"员工如何对待

90后在我眼中其实就是完整版的80后，如果说80后是改革开放中传统文化向现代文化中一起前进的群体的话，那90后就是直接享受改革开放后成果的群体，80后比90后复杂，因为他们不单单负担着传统，同时他们也渴望打破传统。90后显然易懂得多，他们出生的时候，传统就已经被分解的支离破碎了，他们接受的全是现代式的教育——讲究个人与能力，强调回报与成功，但是在职场上90后却比80后更难"对付"。

因为他们比80后更讲究个性，80后的个性如果是可以经过细心劝导转变的话，那对于90后而言，要做到这种转化就必须要付出比那还多的精力。几乎都是独生子女并受过高等教育的他们认为所谓的职场就是任由自己发展和横冲直撞的舞台，他们要在上面表现出自己的青春。先不说工作，仅仅是穿着，他们就有自己的一套文化。他们喜欢穿着自己喜欢的衣服出入公司，穿西装上下班对于他们来说甚至是种侮辱，因为单一的服装服饰仿佛会把他们的个性磨灭，让他们感到浑身的不自在，其他方面更是如此。

并且90后也是最容易逃避的群体。因为他们经历过的事情实在是太少，他们没有尝过这社会发展时的辛酸，他们从出生开始就直接过着简单的教育生活，即使那个教育里面拥有大量的实践理论和基本实践课程，但是所谓的知道和做过是完全不同的体验，他们根本不能体会到工作的艰辛。

我见过有几个做得非常"极端"的公司，他们甚至明确不会招纳任何一名90后作为他们公司的职员，如果招那也可以，除非这个90后拥有2年的工作经验，而且这两年他不能有过一次换岗经历。他们声称他们受够了90后带来的痛苦，90后是个说来就来的群体，他们表面上洋溢着青春，让你感觉到他们的朝气，但是就是这样一个群体，会突然人间蒸发，他们甚至连辞职信都不知道怎么书写，只是在第二天上班的时候没有准时出现，然后你就会收到他发来的极端的短信，"我不会再来了。"让人哭笑不得。

这是我亲耳听到企业人事部门所说的事情。

对待90后的方法其实也是从这个让人头疼的地方开始的，既然他们喜欢逃避，那你就得告诉他们，并且用实际行动来让他们知道，仅仅逃避是解决不了任何问题的，他们只有通过自己不断地实践和突破自己认为的软肋才能在职场上得到立足，而一个人只有真正的立足了，他才能享受和真正体会到什么才是那些课本上所传授的平等和自由。这份残酷是90后必须知道，也是身为管理者的你必须告诉他们的。

管理者或许会认为这样对待90后的员工会导致成本太高，但我想说的是，作用于90后身上的事情也同样适用于管理者上，有多大的付出便能有多大的回报，所谓一分耕耘一分收获，90后身上那独有的知识体系和本就渴望创新的才能如果能得到管理者充分的引导和开发，必定将会是企业未来的主要动力。

有什么样子的年代便创造什么样的员工，而什么样的员工便会合成什么样的企业，最后什么样的企业便会组成什么样的年代。90后生于此时代，必定也将造福这时代，就要看身为管理者的你如何驾驭他们了。

怎么加强"80后"员工的领导力

随着企业的发展，许多的老员工已经慢慢地退休，而同样地，那些经过数次续聘的老骨干也终于因为能力和精力不足退出了一线的领导岗位。天下早晚是年轻人的天下，有不少的企业已经有了许多的80后领导。

80后的领导力一直为许多的外人所质疑，因为在那些老员工的眼里，80后这个群体甚至连员工都没有好好地做过，一个连员工都没有做好过的群体又怎么去领导别的人呢？

所以要加强80后的领导能力的首要就是先要增加他们的工作能力。一个管理者、一个领导只有做到让人心服口服才会让人肯跟随你的领导。

因为改革开放，许多的老企业在经历大浪淘沙之后人员的变动也十分巨大，有些企业从基层到领导层出现了大规模流通，有一个80后因为工作能力的出众被安排到了领导岗位，但是这就导致了其他许多人的不满，尤其是那些老员工，他们觉得自己的资格和能力都要比他强并且出众，所以开始处处刁难和为难他，他安排下去的工作他们总是做消极处理或者完全置之不理。在他们眼中80后甚至都和自己的孩子差不多大，这种年龄层面的人究竟能做些什么呢？但是随着时间的推移，他们也渐渐地发现了这个80后小伙子的厉害之处，那些他们没有完成的任务，他几乎都能一手做完，从报表到凭证，他所能做到的精密程度几乎让他们惭愧，他们也开始渐渐对他心生敬佩。不知道从什么时候开始，那些老员工开始称呼他为领导。

这样的故事你一定并不陌生，因为这种事情在现在的企业中太多太多，不仅仅是个例甚至成为一种常态。而且从这个事情中，我们发现了除了优秀工作能力外的另一点，那就是要处理好与其他员工的关系。

领导是从员工中来又最终将要走到员工中去的职务，与员工们关系的好坏将会直接影响到今后的工作。80后作为新时代的群体，他们拥有传统与新时代两方面的性格，所以90后的员工或许会觉得他们老气，而老员工又会嫌弃他们稚嫩。如何在这些员工中展现出自己与他们的"臭味相投"便是80后领导需要学会的。而这也是80后领导给予人们最多的赞扬部分，那就是他们的架子是公认最小的，80后的领导经常会与"平易近人"这个成语同时出现。

在让那些员工服从于自己命令的同时，也让他们站在自己的岗位上好好工作，便是80后领导需要学习的另一堂课。80后的领导也是因为平易近人，所以经常会导致不好意思发号施令给别人。他们是讲究平等和自由的一代，他们更宁愿苛刻地对待自己也不忍心让那些员工们去做某些艰苦的工作，我想这也是80后领导成才的一大障碍，有时候过于讲究平等和自由的结果换来的会是过于仁慈和理想主义泛滥的情况发生。

所以80后的领导领导力需要得到加强的最大一点便是要敢于领导，并不要被某些其实并不存于工作中的价值观所限制自己的行动。真正的自由和平等从来不是反映在这种层面上的。

只要克服了这一点，其他通过经验习得的领导能力自然会得到不断的提升，80后的领导势必会随着时间的不断推移变成一个主流并拥有一个领导所应拥有的全部技能和姿态。

怎么加强"90后"员工的执行力

正如前面所说90后的人群是一群特别容易逃避和善于逃避的人。他们大多养尊处优，对于职场中的许多事情，他们并没有直接的感触，一切都仿佛显得那么不切实际。他们从学校出来所面临的就是直接从得分到赚钱的转变，从生活到生存的转变。他们的知识习得几乎全是学校的课本，关于这个用双手创造明天的职场，他们几乎是一无所知。

所以90后的执行力是相当糟糕的。加强90后的执行能力是每一个管理者所要摸索和学习的。毕竟90后早晚都会变成社会劳动力的主要组成部分。

首先，管理者要做好一个心理准备，在招聘90后的员工时，要做好一系列的培训准备，他们不可能一上来就能完成"高难度工作。"他们需要懂得太多太多的工作知识和社会经验，有许多企业在这个培训上做得非常好。

世界著名的，也是全球最大的咖啡连锁店星巴克便很好得做到了这一点，他们乐于也善于培养90后这个群体，对于中国的许多的大学生，第一份兼职通常都喜欢选择类似的企业，星巴克有着独特的培训系统，在每一位90后入职前，他们都会做好充分的培训工作，培训课程里所拥有的不仅仅是对咖啡技艺的掌握，更重要的是对待客人的服务方式和对待工作的用心程度。所以星巴克的员工里面有许多都是90后的大学生，他们的服务同样让客人满意，客人从他们身上还看到了年轻人所拥有的朝气。

执行能力是作为一名员工所必备的能力，所能提升的方式便是多实践，因此90后在初入职场后更需要多加磨炼。每一个管理者也应该让90后明白，做错并不可怕，可怕的是因为错误而逃避，因为错误而再也不敢去改正。这也是让每一位管理者所头疼90后的地方。但是只要让他们克服了这一点，90后的优势也是毋庸置疑的，超强的想象力和独立自主能力必定可以让管理者体会到自己并没有选错人。

有的管理者认为选员工就如同赌博一般，选得好的便是赢了，选得差了便是输了，而90后这只股显然比较让人容易亏本。但是他们却没看到这只股票背后无穷的潜力。而拦在这潜力之前的就是刚才所说的执行力欠缺的问题。

也有学者提出过一种十分极端的加强方式，这不同于前面我所列举的诸如培训与教育的方法，而是直接把他们放到全部以执行任务为主的岗位上，让他们充分地与自身的弱点相抗击，但是个人认为这种方式还是需要因人而异，虽然可以速成，但是如果让他们受不了而产生相反效果后，反而会让他们逃避得更为彻底。对于那种一直犹豫不前的 90 后可以尝试一下这种方法让他跨越那一步。

总之所谓的执行能力也就是动手贯彻能力，对于一直处于校园以及坐享改革开放成果的一代，他们在这块上是十分薄弱的。但值得庆幸的是，这种能力在一个团队里也是较为容易掌握和习得的，不怕吃苦，不畏艰辛，多实践，在不断的磨炼中不断地前行，相信 90 后早晚也会成为管理者手中最得意的战将，而且也终有一天，90 后势必也会成为领导他人的管理者。

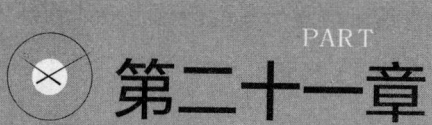

PART

第二十一章

21

谨慎对待不同来历的员工

许多管理者在跳槽者和"空降兵"面前往往显得不知所措，因为他们作为突然出现在眼前的员工，他们的能力有时候会让管理者心动，但他们的背景和加入企业后所可能引发的问题也会让管理者心虑，谨慎对待他们的同时也妥善安排他们便是良策。

不要为难跳槽者

上一章节中，我们着重讲到了对企业的忠诚，并对恶意跳槽给出了否定的评判，但是这并不代表所有的跳槽者都是应该被指责和为难的。

跳槽也有很多种，这是管理者首先要明白的一个事情。一个人对于向着更好的方向前进和努力的想法并没有任何问题。并且这是有上进心的体现，甚至是应该得到肯定的。如果原来的企业给予不了他们应有的报酬和期待，而你能给予，那为什么不欢迎这样的能人异士的加入呢？有人说过员工和公司之间的关系就如同相亲一般，管理者不能因为这个员工前面有过一段不成功的婚姻而否定他的能力和忠诚。离开一个不满意的岗位和团队有时恰恰正是一种负责的态度。

所以如果为难这种跳槽者，管理者是很失民心的。因为人家带着满腔的热血和能力来到他认为可以培训他，让他走得更远的地方，但这个地方的管理人却向他出示了红牌。当其他的求职者得到这个讯息后，必定也会在这个公司的门前驻足，不愿进入。

有许多的企业对于跳槽几乎是绝对禁止的，在一些企业的面试中，他们在询问你工作经历的时候，通常还会对你为什么辞退上一份工作做全面的调查和研究。直到得出原来是你的不忠诚他们似乎才满意，并将你的面试简历压在他们手上不交给人事部。

要做到企业中的人们不为难跳槽者，需要管理者在建立企业文化的时候便充分体现出这点——任人唯贤，并非所有的跳槽都是不忠诚的表现。

中国富豪李嘉诚早年在茶楼做过跑堂，后来觉得这个工作没有什么发展前途便转行做了一个钟表匠，他虽然在里面感受到学到了很多东西，但总觉得这并非是个长久之计，后来他又再次跳槽去做了五金制造厂的推销员，在做推销员的时候，李嘉诚感受到了许多奇特的想法，但是那个固执的五金老板并没有听进他的说辞，的确，那时的李嘉诚只是一个小小的推销员罢了。所以李嘉诚再次选择了跳槽，这次他的目标是塑胶行业，在塑胶业中，他又是从一个小小的销售员开始做起，但是凭借他前几次得到的经验——在茶楼学到的察言观色和在钟表行学到的刻苦努力。他慢慢干出了姿色，并被老板重用成了经理，但是在长久的工作中，他又再次发现了自己的不满足，向更高地方发展的欲望又开始在他的心头蔓延开来。最后他又跳槽做了老板。

李嘉诚的这段经历在某些极端人的眼中或许就是活脱脱的一部背叛史，但是这也是他不断向上攀爬的奋斗史。在故事中，每一个曾经管理过李嘉诚的企业都教会了李嘉诚许多东西并且也从李嘉诚那里学到了许多。

接受跳槽者本身就是一个企业吸收新事物的过程。

即使是那些所谓的恶意跳槽者，在身为管理者的你准备接纳他们的时候，他们也就成为你公司的一员。对于一个公司和团队而言，过去的辉煌和失败也都是过往，最该关注的是员工们和企业的未来发展。在一个健全体制和完备体系的公司下，员工们都应该得到充分的尊重，即使他再次跳槽，他也是这个企业中曾经的一员。而且在他们不断向上、向远处行走的过程中，公司和团队也将会伴随着他们一起成长。

不要为难跳槽者，没有多少人会在一个企业中燃烧他一生的热情和青春，而你所能做到的，只是让他在走前把他身上的优点烙印在公司之中。

不妨为他们创造跳槽条件

必定有许多的管理者在看到这个标题后会感到不可理喻，不让员工们把所有的青春和能力全部留在公司里就算了，竟然还要为他们创造跳槽条件？

那不是只会让公司的人才大规模的流失吗？

其实不然，仔细看下世界著名的企业，每个企业中必定都有跳槽出去的人，也会有跳槽进来的人。公司的内部过于封闭未必是好事，他只会让公司内部人才出现单一性。一个肯为员工创造跳槽条件的团队必定是个流通性极强的企业，生命力也会显得更旺盛。

而且主动创建跳槽机会的团队和企业反而也是跳槽率较低的团队和企业。因为肯这样做的企业必定是对自己的管理方式有一定信心的企业，他们并不惧怕任何一个员工前往更高的地方，而且，创造给员工们跳槽条件的企业也是在创造一个给员工们选择的机会，他们有时候在比较过两者后反而会觉得跳槽是没有必要的。只有那些一味用尽办法来压榨员工，并把他们深深地困在自己这边的企业的员工才会想方设法地去跳槽。

再者，真正想要跳槽的人，管理者又怎么可能留得住呢？

就拿刚才那个李嘉诚的例子继续为例，在跳槽到塑胶厂后，从部门经理一路攀升到总经理的他已经被老板处处优待和提拔了。但是以他的胸襟和抱负，必定不会局限和甘于在他人的手下辛劳和忙碌一生。他必定要用自己的双手去打造和创建属于自己的事业，如果那时候的塑胶老板还一味地强留他，反而只会出现不愉快的情形。也正是因为那个塑胶老板的"黯然"放手，李嘉诚在多年后的回忆中还会经常惦记和称赞起那个对他有知遇之恩的塑胶厂老板。

正如许多人一直所说的那样，员工和企业之间本就是如同婚姻一般，如果双方已经深知留不住对方的心，还继续强留的话，只会导致双方彼此都留下不愉快的回忆。阻碍人才发展的同时，也让公司继续停滞不前。

为员工们创造跳槽条件的另一大好处就是能提升企业的招才能力。试想一下，如果有一个企业可以无条件地培养你，并肯让你在成才后继续去其他地方发展，你是不是会很愿意前往这种企业发展。

世界最大的饮料工厂——可口可乐公司，在早年的创业之初也是这样做到的，那时候汽水并不是一件十分普遍的东西，他们在办厂的时候自然而然地需要对员工们进行培训，他们非但没有收取员工一份培训费，还肯为他们的吃住埋单，并且除了可口可乐本身的配方，其他的研发工艺和制造手段基本都倾囊相授，哪怕今后他们跳槽，可口可乐公司也表示出不会有任何的怨言。就是在这样的宣传下，一时间许多人挤破头的想到里面去付出自己的一份心血。而那些人也最终都在里面常驻久安了。因为道理很简单，他们所学的那些技术在其他的饮料公司获得的薪水远远不如可口公司所能提供的。当初的任由他们跳槽的条件似乎是用不到了。但是这一点体现的却是他们的大度和自信。

有时候一个企业和团队给予他人跳槽条件的同时也是给予团队和企业自己一种更利于发展的模式和机会。没有能够硬留的员工，正如没有能够拔苗助长的企业发展一样。

帮助"空降兵"软着陆

在做出肯接纳跳槽者的决定后，管理者所要着手的便是让他们这些从别的公司来的"空降兵"如何安全地着陆到自己的企业当中。这也是本节所重点探讨的问题。

对于许多跳槽者来说，似乎过了第一关——跳槽后便可万事大吉，而对于许多管理者来说，点个头让他们进来后，似乎后面也就任由他们自己发展了，这种想法是错误至极的。如果说跳槽和许可进入对于空降兵来说是个打开降落伞的过程的话，那问题的关键还是着陆问题。有许多的跳槽者和管理者正是因为没有很好地处理这个问题，导致最后"空降兵"在着陆的时候发生"骨折"甚至"身亡"的事情。所以帮助那些"空降兵"们能够了解着陆需要注意的事项是迫切需要的。

首先对于企业内部来说，管理者先要做好企业内自身的疏导工作。对于许多从其他企业空降的人，企业内部的人员，尤其是老员工是充满敌意的，他们并不能完全相信这群人是空降到这块土地来协作他们作战的，相反他们会把他们当做是假想敌而开始进行内部的围剿和排斥。而且从现实层面上来说，每一个"空降兵"的加入对于企业内部自身员工来说，都是竞争压力的上升。

联想集团的 CEO 杨元庆就曾经很担心这一点，因为联想集团在前几年的壮大和收入福利的提高，原本许多戴尔的经理和相关人员都开始纷纷加入联想旗下。杨元庆就考虑过要不要让他们加入，因为这会使得原本已经稳定的内部高管产生压力，甚至酝酿出不和谐的情绪。但是从另一个层面上来说，戴尔这些精英的加入也是给已经步步扩大的联想添加的新能源，可以借鉴到更多的知识。而且杨元庆还表示，他们的加入在他仔细三思后也觉得是对于管理者的一个挑战。究竟如何才能做到在新老两个成员团体间的调节，让他们不以此为划分而闹出消极情绪，把他们的能力全都分解消化，最终都归到这个联想集团旗下，也是一种新挑战和必须要面对的机遇。

联想 CEO 碰到的问题相信其他的管理者也经常会遇到。正如前面所说，要化解企业内部自身老员工的心结，让他们充分地明白，他们的加入不仅仅是单方面对于他们的压力，更多的是创造出更好的合作和不同经验碰撞的机会。只有在不断地交替下，才能有更多出彩的点子得以诞生。而在这个讲究创新的社会大环境下，也只有创新才能谋求更好的发展和更稳定的生存。

其次，也要让那些"空降兵"们深刻地了解到，他们作为"新来的"，即使过去有过再大的辉煌和荣耀，在踏入这片新土地上时，仍旧是要从头开始计算功勋，他们只有更加努力地将自己所学和所会的融入进这个企业才能在这生根和成长。

与此同时，管理者自身也要尽可能地让他们加快上手工作，可以告知他们所要加入职务的过去情况和企业的整体理念。对于公司里面的雷区和着重发展方向都要让他们做一个较为全面的了解。不然他们的加入只有可能在落地瞬间成为炮灰。而并非是为企业注入新鲜血液。

最后管理者也要深刻知道，自己作为企业的核心和那个指点江山之人，始终要做到对一切员工的平等对待，奖罚分明是笔者一直在强调的。不对新人过分宠爱也不过分苛求，不对老员工过分照顾也不过分冷落是一个管理者要一直铭记于心的。无论是"空降兵"还是老陆兵，他们势必都要听从将军的指挥。

第一时间掌握"空降兵"的专业能力

"空降兵"在着陆之后便要迅速地投入"战争"之中了。如果这时候管理者并不能第一时间掌握住他们的专业能力便可能会导致"战局"的延误。

首先管理者应该调查了解清楚这个"空降兵"在来这里之前从事的是什么岗位，这也是最方便的方法。就比如他们上一份工作职务是销售抑或财务，那他们对于此方面必定也是熟练有道了，对于管理者来说这就是一个很好的参照。

但是笔者在这里着重想讲的恰恰也正是这点，"空降兵"在来这之前所执行的"任务"也只能作为参照而不能作为评判的唯一标准。

著名的美国军事统帅乔治巴顿将军在他的早年军事生涯中参加的是骑兵部队的服役，并且他也十分精通于此道。在 1939 年 9 月，第二次世界大战全面爆发之际，陆军参谋马歇尔看了他的简历后却没有让他去从事骑兵的管理和任务，他看出了他背后所反映出来的优秀的将才，1940 年 7 月，他受命于巴顿，让他组建一个装甲旅，并晋升他为准将。最终乔治巴顿也没有辜负这位陆军参谋的青睐，他用他的行动证明了自己的才能，并步步高升到陆军四星级上将之列。

可以说，如果那时候马歇尔仅仅是通过他的前一份工作而安排他的职务的话，那世界上可能就要少一个优秀的将军了。

掌握"空降兵"的能力，需要管理者慧眼识英雄。深刻地发掘出那些人应该有的潜力是一名优秀的管理者所能做到的。但是仅仅凭借对方的一份简历或是几份口述又怎么能对一个人进行充分的了解和认识呢？

所以管理者可以进行深层次的谈话，了解"空降兵"的意愿。有时候一个好兵之所以会跳槽跑到他处恰恰就是因为上一份工作中的职务让他感到了绝望，他不愿再从事和上次一样的活儿而选择成为一名"空降兵"。这时身为管理者的你就应该好好聆听对方的意愿，并和他一起探讨他的能力和特长。既然你已经确定收纳他了，为何不多花一点儿时间将后续的所有问题都解决完全呢？

其次，你可以给予"空降兵"一次模拟演练的机会。他的能力和专业或许在第一时间并无法得到充分的体现和认证，但你的确发现他确实有过人之处，如果闲置在一旁必定会导致人才的流失。那你不如先将他安排在公司中一个较为适合他的地方，让他在里面感受的同时对他进行观察。毕竟，在转换工作环境的同时，许多工作的流程和感触也会完全不同。在他第一时间明白自己究竟是适合干什么的时候，你也能第一时间明白他最该去的地方。其实这也是试用期之所以会存在的原因之一，而试用期用在"空降兵"身上也显得尤其有用和大有成效。

最后，对于空降兵的能力掌握，管理者也要谨记，一切的能力都是以实际操作为核心。有许多的"空降者"会顶着各种各样的光环来到你的面前，例如参加过何等壮大的"战役"——项目。有过怎么样的"训练背景"——学历。但是只要是在真正的工作之前，你都不能将所有的大任全都委任于他，没有亲眼看到和亲身体会的"空降兵"永远都只能先当见习士兵运用，即使对方真有如此能耐，也会因为水土不服而暂时出现能力得不到正常发挥的情况。这是每一位管理者要格外关心和牢记的。

运用感情，让精英员工 "不舍得走"

哪些公司最能留住你呢？薪酬无疑是一个很重要的指标，能力的锻炼和兴趣爱好也绝对是考虑之中的关键事项。但你是否想过一个有人情味的公司也能留住那些精英员工而让他们不舍得离开呢？

小李现在是一名公司的高管，他有过多次的跳槽经历，让他离开的原因既不是薪酬原因也不是能力妨碍的因素，而是让人哭笑不得的没有归属感。在他和我的交谈中，我仔细聆听着他的经历。

他和我说，他在那儿每天交流最多的不是同事，而是客户。同事间不要说起码的交谈，有时都会因为业绩的斗争而导致钩心斗角的事情发生。他每天感到都是独自一人在公司里奋斗，周围的人仿佛都是敌人。他原本认为这应该是社会发展的普遍现象使得公司就是如此，但是他仍旧因为受不了那种感觉而选择跳槽。

就这样他来到了现在的企业。第一次面试的时候他就对这个公司充满了好感，因为面试的过程用他和我的说法就是一次十分愉快和轻松的对话。面试结束后的第二天便让他准时上班了。由于是小公司，公司内部还专门为他准备了一个欢迎会。他十分感激为他做了这一切的公司。虽然薪水没有原来高，但他还是很乐意待在这里。

从这里面不难发现一种如今社会普遍的现状，那就是公司几乎成为一个冷漠地运转着的机器，人情在这里荡然无存，有许多的企业还明确地规定上班不能闲聊，更禁止一切办公室恋情。上司和下属之间就是猫和老鼠的关系。这样的企业如果薪水和许多预期条件达不到原来设定的标准，员工们自然不愿多待一分钟。

运用感情，让精英员工不舍得离开的背后不是一种假情假意的人情世故。而是一种企业文化的营造和建设。

管理者应该让员工和员工之间拥有一个和平相处的工作环境，剑拔弩张的同事关系只会导致职场上时时刻刻弥漫着硝烟，而降低他们的工作效率。有许多的管理者最担心的是，当他们彼此之间过于密切和拥有感情后，是否会影响工作进程甚至是拖累呢？有许多管理者就明确和我指出，在职场上他们十分讨厌那些关系亲密无间的同事。因为他们会把许多上班外的事情带到工作中来，在工作的时候还不忘彼此探讨。

我想说的是，这就是管理者没有很好地引导他们将这种情绪步入正轨。一个拥有人情味儿的公司并不等同于只讲人情而不讲实力，只谈私事而不管正事的公司。所以，运用感情最重要的就是要做到公私分明。不做没有感情的齿轮，也不让他们被感情牵着走。当一个团队能做到这一步的时候，他们的凝聚力将会得到莫大的提升，这也是许多教育学中运用在班级管理时的方法。

最后，管理者自身应该做到和员工间感情的交流，这也是管理者自身人格魅力的体现。比起冷冰冰的公司条例，员工们自然更爱听那有血有肉管理者的教导。

今年就有一则新闻深深地打动了我。每年春运时期，农民工的回家车票总是十分难求，而江苏有一个老板却主动帮他们干起了代买火车票的活儿。当然他也说了一句话"票我帮你们买了，活儿你们可得给我好好干。"让那些农民工的内心格外感动的同时也加快了工作的处理。

遇到这样的老板，哪位员工会舍得离开呢？

第二十二章

22

工资发放要精确到位

拿工资是许多员工最喜爱的"公司活动"。但是对于许多的管理者来说，这却是门技术活儿和难活儿，如何发得好、发得巧都十分有讲究，但无论如何发放工资，精准到位才是最佳的。尤其是在实际的工资发放中，经常出现零头、员工薪水不对等、年终奖等问题，管理者如何把这些工资问题合理解决掉，不仅影响到整个企业的顺利运行，对于下属的情绪影响也意义重大。因此，精准到位地发好工资绝对是一件技术活儿。

年终奖不好发

许多公司的管理者在年末的时候总会头疼不已，因为又到了分发年终奖的时候了。如果发得好，那皆大欢喜，这不仅仅是对过去一年工作的肯定和支持，也是给来年开了一个好头和鼓舞。但是如果发得不好，那就会使得员工内心抑郁难平，在对来年的工作态度上也会持十分消极的影响。

发放年终奖这件事其实可以称之为用钱的艺术，如何将这笔钱用好地方、用对方式是十分重要的。

一般来说，年终奖的方法主要采取两种模式。

第一种：公开透明的发放。

这种方式主要运用在大型企业或是有特殊需求的行业中，公开发放的好处是十分明显的。他能让每一个员工清楚地知道自己拿了多少，而别人又取得了多少。在大型企业里，由于人数众多并且企业本身有着较为完备的人力资源管理部门对他们应得的奖金进行计算，所以这种方式更加合情合理。

还有的企业甚至会在年会上现场颁发现金，尤其是销售行业。正如前面所说，由于企业的人数过多，如果单一发放很难起到一个全部的鼓舞作用。

有许多房地产销售行业的年会晚会号称是"一掷千金"的，小鲁就是其中的一员。他和我说过，他们公司每年搞得最隆重的便是年会，在年会上那些在过去一年里获得最高销售额的代表会被推举上台，进行嘉奖，而奖金则是直接以现金的方式在台上进行分发。台下的员工看得眼睛都红了。

对于这种近似"野蛮"的发钱方式笔者在此并不多做探讨，但是这种方式所带来的成效却是不言而喻的。听小鲁说，每次年会过后，公司上下所有的员工近乎都会像打了鸡血似的开始寻找客户，都希望可以通过自己的辛勤劳动在来年登上那年终头等奖的发奖台。颁发年终奖的目的也在员工们的辛勤劳动中达到了。

第二种：按照个体分发的"红包制"。

这种方式主要在那些小型的企业中比较多见，将年终奖装在红包中然后一个个地发放下去。每一个员工能应此与管理者有一个一对一的接触，能清楚地了解过去一年中有哪些地方是深受管理者所肯定的，又有哪些地方是因为不足导致管理者不满意的。而管理者对于自己的期许又是什么？这种奖励的方式比较具有针对性，也更能赢得民心。

随着许多企业的成长和新型福利的出现，许多公司也以更多的福利项目来取代单一的金钱，比如出国培训，以及许多的旅游，还有保险、理财产品等。

但是无论如何，要让员工们感受到企业和管理者的的确确是花了心思和做过调查才颁发这个年终奖的，而并非是简简单单地给一笔钱了事。所以公平和公正在颁发年终奖的时候显得格外重要。有不少的企业也在年终奖上运用了绩效的考核和参照，这样能让其中的员工对自己能获得的年终奖做到一个预期，而不至于在发完后在那开始对管理者的分配方式念念有词甚至是强烈不满。

总之，年终奖作为一个企业对于员工的奖赏，数字本身的大小和价值本身的多少并不代表它能带给员工的满足感和动力的深浅。年终奖难发，但是只要找对方法，按照一定的标准和参照进行分发，总是不会和员工的心理期待相差太多的。

工资更不好发

如果说年终奖十分难发，那工资就更难处理了，因为年终奖好歹也就一年一次，但是工资却是每月都有，并且有些劳务派遣公司，甚至还是以次数来结算工资的，这就更麻烦了。

工资的难处理之处在于它的具体数额。如果说在考场上批卷子的老师只要按照答案的正确与否给予考生分数就可以的话，那职场上的管理者对于工资的处理就比这个复杂多了。

首先管理者应该了解，所谓的工资是职工们在这工作最起码的期待，在数额上，不能低到让员工们错失对工作的信心。这个在和员工洽谈工资的时候便能做到。管理者应该充分地询问员工的心理定价，并以此作为参照，用以对员工们的能力进行综合预估。可以说对每一个员工的工资开价对于一个管理者来说，它的难度不亚于任何一笔买卖的开价。

其次，管理者也要清楚，这个开价也不能超过这个员工的努力期待值，所谓的努力期待值，就是这个员工肯为下一个薪水努力的标准值。举一个例子来说，当一个员工的心里工资价位是 3000 元的时候，他的努力期待值通常是 4000，如果这个时候你给了他 5000 元的工资定位后，他就很难再继续突破自己的工作极限，而安于现状了。因为对他来说，每个月的工资都远远超过了他的预期。

但是，工资的发放的难度就在这里了。在笔者列举的例子中，管理者已经感受到了所谓的工资发放就做到一张一弛，并且既不让员工们过于失落，也不会让他们过的满足现状。在每个月拿到工资后，他们还肯继续甚至是更加努力地投入下一个工作周期中去。可是，也有的工资就是要反其道而行之。

在许多的国家中，人们经常会提到"高薪养廉"，就是给予在职人员超过他们预期很多的工资，从而让他们满足和谨慎地保守住这份工作，不为其他的事项所动。这种方法通常用于许多的官员身上和公司的高层，他们对于一个国家和一个企业来说，所能起的作用是举足轻重的，对于他们可以给予更多的工资而让他们保守住自己的底线。

就是这样一份发工资的活儿，既有通说、又有特例，而且还要因人而异。

即使是同一个岗位上的人，给予他们的薪酬也不可能完全一样。当然会让企业的管理者头疼不已。

管理者们甚至会如同学生做数学题一样，在那拿着本子，打着草稿开始考虑究竟该给多少，最后加加减减，全部划掉。

笔者给出的一个较为合理的建议是，首先可以确定一个固定工资，然后在这个固定的值上做小幅的增减，这样不至于会出现几个人相差太多的情形。而对于这个小幅的增减就应该运用前面所提到过的绩效或者是根据员工们日常的表现给予调整。

最后便是管理者要明白这样一个道理，千万不要被员工们牵着鼻子走。在工资层面上，宁愿在发完后的下一个月做调整，也不要因为员工们的非议和不满，而给予过多的回应。这并非对于员工们心声的不尊重，而是要稳住整个企业的大局。如果因为一个人的不满，而要改变他的工资，那导致的结果必定是更多人的提议和抱怨。

在工资这件事上，管理者可以充分考虑、也应该充分考虑员工们的建议，但是最后的数额只要在劳动法的规定范围内，尽量不要做出过多的让人一看便是匆忙修改的举动。

不要轻易透露员工的薪水

不透露员工薪水是多数企业的做法，每一个管理者也应该尽量做到这点。

在许多西方的国家里，薪水是作为一个"雷区"而存在的，两个即使在职场再亲密的人也不会轻易地去询问对方的薪水。在我国这点还没有落实得很到位。但是现在不少企业也在向这方面过度，这其中的道理并不难懂。

首先，工资其实是一个人的隐私。许多管理者似乎并不明白这一点，试想一下，如果我询问你总共的资产时，你会爽快地告诉我吗？答案是否定的，你自然不可能将它们如数告诉我听。但是同样地，知道一个人的工资之后，也等于变相地知道那个人的总资产了。

其次，保密工资能更好地促进团队内成员和成员之间的关系，使得他们之间更加团结。因为即使是同样一个职务，也会因为细微的差异导致最后的工资产生偏差。如果让两个员工之间知道彼此的工资总有一方会受伤。因为在简单的数字面前，人们总是喜欢轻易地以数字的大小作为胜负的筹码。

有一个企业就因为这个上演了一出罢工戏目。故事的主人公是两个90后，90后因为从小受过的教育和都是独生子女的关系，过于讲究形式上的公平和公正，他们对于做相同活儿而得到不同的工资是不能忍受的。这两个人原本在这个企业中安分守己地努力工作，并且因为他们特有的创新能力和充满朝气的活泼气息深得管理者的赞赏。两人也同时获得了被提职的机会，于是这两个年轻人就决定一起庆祝下。

在那个庆祝晚会上，两人首先对彼此的升职表示祝贺，在酒过三巡之后，他们开始畅想起未来美好的蓝图。由于升到的职务也是相同的。所以在他们眼中两人的工资自然也是完全一致的，所以其中有一个人发出了这样一笔数字的金额似乎还是太少了。另一个人听到此处觉得有点儿怪异，于是两人便开始核对起了具体数字。这一对使得原本欢乐的气氛荡然无存。

第二天早上，两人一起来到了老板的办公室开始询问。老板显然被这两人的一闹搞的六神无主。只能说是因为略微的不同导致两人的薪水出现差异，可是两人却还要打破沙锅问到底地让他说出究竟是哪儿不同。最后竟然演变成了赌气罢工。

从这个故事里，我们可以看出，不透露员工工资不仅仅是作为管理者应该做到的，也是每一个员工尽量应该达到的。看上去不告诉他人你的薪水会显得无情，但是有时候为了保护别人的内心，也是为了保护自己的工作生活，工资这种事情还是不说为好。即使知道了别人的也要放在心里，不然这随时都可能会成为引发职场上不悦的导火索。而且当事人也要明白这样一件事情，没有一个人会真正关心你究竟赚了多少，他们更在乎的其实只是你的工资与他们的对比。而这种对比有时候还是不要更好，所以也不用因为不告诉他们你的薪水数额而觉得这样不仗义。这时如果能有一个幽默而又得体的回答，我相信是会得到他人的谅解和尊重的。

最后，管理者也要清楚一个事情，那就是不透露这个薪水并不代表欺骗他们。对于他们应该所得的薪水，你应该一分不少地给予，如果真有一天他们的薪水不得不在光天化日之下展现的时候，你也可以问心无愧地说："没错，那就是你所得，也是应该所得的，这也是我所给和应该所给的。"

零头工资不妨加为整数

有许多的管理者似乎对这点不以为然。

许多公司的员工拿到的工资的确都有许多的零头，因为需要纳税和有许多保险金的扣除，那个原本是个整数的工资会因为那个百分比的缴纳而最终变成一个充满零头的数字。

但有时就是这样一个小小的举动却显示出了一个管理者对待员工的态度和一个企业文化的深浅。

首先零头会让财务产生额外的工作。

有许多公司的财务有过这样的体会，那就是每个月到了发工资的时候，都会有员工提出那个零头他们不要了，这时他们便不知道该如何处理这个零头。有些就直接交给了出纳处理，还有的则认为这一分一厘都是员工应该得到的，在那找着那些零钱，员工无奈，只能看着财务一个硬币一个硬币地找着。

但是要明白，财务人员其实也是公司的一分子，加大他们工作量的同时也会导致财务的内部对于公司处理问题能力的质疑。虽然重视每一分钱是一种优良的品德，但是方法不得当的话也会让人心中产生不悦。

其次零头也会使得收钱的员工感到公司的办事效率不足。尤其是你管理的公司本身具有了一定的规模。拥有零头的工资账单在别人看来首先会想到的一定不是觉得这个企业算得十分精准，而是一种拖沓的无理计较。从很多大企业身上，我们也看到了他们的处理方式。对于许多的公司高管，他们采取的方式甚至是按照年薪计算的，这本身并不是一种简单的数字扩大化。因为在年薪体制下，会使得工资更具有诱惑和魅力，即使它们本身根本没有过增加，在这种计算方式的背后，是一种企业与员工之间的交易和共识，是公司对你的肯定。你的工资有可能是不到这个数字的，但是为了求整，公司将工资加到了这个数额。员工们在整数的工资前更能感受到一种被认可和被重视的感觉。

对于处理零头的工资方式，都是以加为整数为准。

有的是直接的企业自身补贴，按照四舍五入的方式，将那些零星消化完全，这样也是多数企业的处理方式，可是这样也会引一些人的非议。

有不少企业曾经遇到过许多较真的员工，他们赞同五入，却不赞赏四舍，因为他们认为一个大型的企业中有数千甚至数万的员工，那么多人如果都被他们四舍的话，那长年累月的积攒也将会是一笔不小的数字。可是他们却没有看到五入对于企业来说也是一笔不小的开销。作为管理者也不能完全评判他们的不是，认为他们这是不理解企业的苦衷，他们也有他们的想法。

所以最好的办法自然是做到让人没有任何的质疑，现在绝大多数的企业使用的是凑满整数后再给，并且是以现行给予的方式。也就是几个月的工资能凑个整数，那就先将那部分工资的整数在第一个月便交给收款人。这是至今争议最小，也是让所有员工们最心服口服的办法。

最后笔者想说的是，肯定有许多的管理者认为那么一个小小的零头为什么要搞得那么麻烦呢？但是正如前面所说，对于员工而言，工资是他们赖以生存的首要保障，如果在这上面无法做到让他们满意，他们的工作效率和热情自然而然是得不到全面的提升的。更何况，有时候处理一个零星小点的问题也是给处理大问题做上铺垫。

最忌讳拖欠员工工资

如果说零头处理不周是一个管理者的能力有所瑕疵的话，那拖欠工资的行为就是他的品德和素质有极其严重的问题了。

在员工所讨厌的老板的行列中，拖欠工资的老板绝对可以名列前茅。因为正如前面所说，工资是员工赖以生存的首要源头，并且也是员工劳动所得报酬的直接体现，如果这部分的金钱被管理者拖着或者是少给，会引发十分恶劣的影响。

拖欠员工工资的行为是整个行业中，管理者与员工间最忌讳的问题，因为拖欠工资本身是对员工们极不负责的一个行为。如果按照将心比心的说法，老板在拖欠工资的行为发生的同时，员工们也可以发起停滞任务或是全体罢工。因为他们的这些行为从某种程度上来说，和拖欠工资的性质相同的。

在许多的二三线城市的小型企业中，我经常会碰到拖欠工资的老板。他们和我说，资金还没到位，在生产线的工人却还在那继续地操劳着。因为老板经常会和他们重复着同样的话语，那就是只要坚持下去，工资总有一天会下发的，这种事情绝对不是个例，而且是作为一种常态发生。

有人可能会问，在这个事情当中员工们不是仍旧在那辛勤的劳动，流水线也是安然地运作着，丝毫没有不对的迹象吗？可是，在这种情形下，员工和管理者间的矛盾其实已经达到了一个势不两立的状态了，在这种一触即发的状态下如果还有什么让员工们失去信任的事情发生的话，那他们必定要全体开始大规模的反击。

果不其然，在某次老板继续让他们坚持的时候，他们终于再也忍不住，开始全线罢工，并借助法律的工具来维护自己的权益。

事情发生到这种情况的毕竟是少数，但是所有拖欠工资的行为都是有可能会造成这种行为的发生的。一个企业如果连这个也不能处理好的话，那其他的工作和进程将会更加难以处理。

而且拖欠工资也不仅仅是一个企业内部自身的事情。对于与这个企业和公司合作的其他公司，如果得知了这个合作伙伴有拖欠工资行为的时候肯定会出现恐慌，必定会质问这其中的情况或者是直接停止与他们的合作。到那时候，在内部工资不能准时下发而外部资金又不能流动的情况下，面对企业的只有毁灭。即使，那些企业最终还是与你完成了交易，此公司的诚信和道德也必定会在他人心中大打折扣。

但是也会出现不得不拖欠的情况，有时候企业在危急存亡之际，的确会有因为资金周转不行而出现的工资拖欠情况。如果真的发生了，我想说的是，管理者要在第一时间和员工们商量好应对的措施，告诉他们如果在企业恢复运转后，工资会及时地给付。如果企业仍旧回天乏术之，那一切也会按照破产程序来对他们进行支付。拖欠工资的确是最忌讳的，但是在拖欠工资里最忌讳的就是管理者和企业的瞒报。拖欠工资本就是一件不值得人信任的事情了，如果这时再用不信任去填补空白的工资单，那后果可想而知。

最后，无论是出于什么样的原因，管理者千万要切记，如果想要拥有一个良好和稳定的发展环境，那就千万不要拖欠员工们的工资，不然没有后果也会有后遗症。

PART

第二十三章

23

提高团队执行力

怎么才能评判一个员工入职后各方面的表现呢？许多管理者必定会异口同声地回答"考核"。的确，考核一直是企业内部评估的核心，但是如何才能将这个工具用好便是许多管理者所疏忽的。深谙考核，团队才会拥有更高的执行力。

评估只能以绩效为准

有许多管理者喜欢凭借着自己主观的意见去评判每个员工的各方面能力和成就，这里面包含着极大的风险：

首先，即使你有慧眼识人的本事，在复杂多变的职场上，也不能保障在你面前那匆匆的几笔就是那个员工的常态。

张总就是一名员工"受害者"。他是一家小型企业的创办人，虽然企业小，但也有将近一百多个员工。因为公司刚刚起步，所以他一天到晚几乎都在外面商谈生意，鲜有时间能回到公司里面。可是就是这短短的几次时间，他也认为自己看到了可以和自己一起将企业做大做好的一名员工。因为每次他回到公司的时候，他都会显出十分着急的模样，急于和他密谈。而每次他把他招到办公室的时候，那个员工便和张总说着在他不在的这段时间里，公司的运营有哪些小问题，并和张总一起探讨解决问题的方法。就这样张总认为这个员工具备了一个优秀员工所应具有的对公司的整体走向的把握和对公司问题发现的能力，便破格提拔他直接成了人事经理。张总那时绝对没有细看公司其他职员的表情。不然他就知道他的这个做法是多么的让人惊愕了。

原来那个小员工平时在公司里几乎都是无所事事地和人闲聊。自己的本职工作也从来不去认真完成，一有时间便开始在那思考着等老板回来，怎么和他"找茬"，这样就能让自己显得是个尽心尽责的员工了。张总事后知道这件事情的时候懊悔不已，因为这不仅仅是一次用人失策。这更会让其他的员工看在眼里，记在心里，影响他今后在公司决策的效力。

一个公司和团队里，你总不可能对每一个人做到面面俱到的了解。但起码有一点是必要的。而绩效制度就是以此为契机形成的一种评价员工成绩与效率的很好工具。

　　清晰和公开透明是绩效表格对于那些平时只会认真做事，但不善于在他人面前表达自己的员工最好的"武器"。而且也是对于虽然过去还有许多做得不到位的地方，但是具有持续的奋斗目标和闯劲儿的员工最好的鼓励。当然，最大的受益者自然还是管理者自身，在绩效表格之下的用人考核，虽然未必能做到可以让人才们百分之百地各就其位，但是其中的偏差也不会过大。

　　有的管理者可能会认为所谓的绩效评价其实就是一些数字和文字的堆砌，这种考核标准与自己更直接地和员工交流相比仿佛效果不如后者。这种想法体现出那些管理者没有懂得隐藏在绩效背后的内容。那一组组数字和文字恰恰就是员工在团队中表现的具体呈现，而且管理者再怎么能够看懂他人，那也只是管理者自身的一双眼睛。绩效表格则是从多方面、全方位地来对这个员工做考核和评估。既然管理者深感自己用人识人一向没有半分差池，那自然也应该相信那些被自己启用的人所综合得出的绩效了。

　　管理者还要明白这世界上也并没有完美无瑕的制度，绩效本身作为一套优秀的机制其优点自然很多，但是也有其辐射不到和观察不了的方面。总之，比起管理者个人直接主观的评断来说，绩效显然是首选。

培养接班人是个长期任务

　　所有的管理者在岗位上如火如荼地大展宏图之时，必定也要想到自己早晚都会功成身退。但是企业和团队还要继续行走下去，如何能在自己放手之后，企业还可以照常甚至更好地运行下去是每一位管理者在职期间就应该着手考虑和培养的。

　　培养"接班人"始终是个长期任务。

　　有许多企业经常会出现这样的问题，那就是拥有帝国般规模的公司却在企业中某一代人放手之后陷入了混沌之中。没有保持原来的成绩不说，还每况愈下。这背后体现出的便是一个没有很好的培养"接班人"的问题。

管理者通常认为，管理者也是作为一个企业的职务而存在，也可以通过直接的选拔和提升来做到。那我想说这种想法固然没错，但是却绝对不能在管理层失去之后匆忙地进行决定。许多职位要拉长战线地进行考核，尤其是管理者，并且培养也是关键。

万向集团的创始人鲁冠球便早已着手开始实行他的"接班人"培训计划，并且这种计划是全方位的。鲁冠球在他儿子中学结束之后，便将其送到了新加坡学习企业管理，希望通过这半年的理论知识能让他懂得企业管理的皮毛和些初级的概念。回国后，鲁冠球就开始带着他每天上下班，做到对企业的每一个环节甚至是每一块瓷砖都做到胸中有数，只有摸清了企业这个大机器的每一个零部件，回头等到这里面哪一个地方出现问题的时候才能立马将它们进行替换。在这之后鲁冠球便将他放到了集团的副总裁位子上，让手下的员工和各个高层了解到这个变动迟早都会出现，只是时间问题，以免突然发生变动造成不必要的恐慌。并且随着全球经济化的出现，鲁冠球还充分地意识到培养国际视野的重要性，期间他也将他的儿子送到美国进行培训。

由此可见培训一个接班人的成本是十分巨大的。可是要知道一个好的接班人是企业全部资产的寄托和企业未来盈利可能性的保障，对于培养一个接班人，时间成本和资源资本都是需要的。

前面的例子中举的是家族式企业，非家族式企业对于企业接班人的培训就更要做到拉长战线了。理由很简单，家族式的企业"皇太子"几乎都是确定的。而对于非家族式的企业来说，每一个有才之士都是有可能登上接班人的位置的。所以这个候选人增加的问题会导致培训的面和广度大大增加，从而难以做到及时发现、及时培训。

但是笔者认为"接班人"的培训对于一个优秀的企业和团队来说，每一步早就融化在了对于员工培训的体制上，正如前几章笔者所说的打造一个黄金中层是一个企业稳定的保障，也是一个企业突破的后盾，而黄金中层的打造其实从某种程度上来说就是对于接班人的培训了。将那些特别出众的黄金中层慢慢提拔到高层，并对一些特定的才能进行着重培训，一定可以让他们有一个质的飞跃。

所以每一个管理者都要让员工们知道只要拥有才能并且肯辛勤付出，终有一天他们都是可以成为接班人的。这也是一套优秀、公平的企业体制才可以做到的。

确定合适的考核期限

不少管理者在制定出一套较为完整的考核机制的时候也会为某一件事情而头疼不已，那就是考核周期的确定。究竟多长时间考核一次才是最好的呢？

的确，确定合适的考核期限是十分重要的，只有在合适的时间里得出的绩效考核数据才能拥有更准确的数据，也只有在合适的时间里对员工们进行考察才能让他们更具有效率地办事和工作。

有许多管理者喜欢把绩效考核放在一些固定的时间内集体考核完毕，因为这样比较省时省力。就如同一所学校里的期中期末考试一般，用得出的成绩来对学生们这一年、半年或一季的努力进行评价，这其实是不合理的。因为公司并不是学校，职务的复杂性和测试指标的多样性直接导致这个期限应该是不同的。

首先应该了解考核的职位是什么？

不同的职务对于绩效考核的要求是不同的。由于有些职务的工作内容比较众多，考核起来具有相当的复杂性，所以此类职务的考核期限通常会比较长。如果将这部分的考核期限做短期处理，会加大考核的成本并影响考核的准确性。与此同时，团队和公司中有一些职务是以短期内完成的任务为考核标准的，并且这种任务基本都是小规模的，那这时考核期限就应该适当地缩短，在第一时间就将数据和信息进入考核可以增加准确性。

其次，对于绩效考核不同指标的时间也会出现不同的需求。有些指标，例如一个员工的大致性格和面貌，这些都是需要一个日积月累的观察和了解才能得出一个较为可靠的结论，如果盲目地在短时间内，仅仅为了完成绩效考核而匆匆完成，得出的结果必定是不完整的。

有一家企业的考核成绩表上，员工的敬业度和诚实始终都是空着的。员工们甚至都达成了一种共识，那就是这两个栏是因为要让表格美观，最终可以让这份考核拼成一份长方形而故意设定的。表格的制作员也曾经向上面反应，这两个地方空着会不会显得过于突兀了，但是上面也只是说，先空着就行了。直到半年后，那一栏空白上才打上成绩。员工们这才意识到原来这个考核的指标并非是没有，公司方面原来只是一直在观望他们。的确，敬业度和诚信这两种品质绝非是一朝一夕可以看出个所以然的东西，不经过一个较为合理的周期得出的结论也不具有可参考性。表格空着之谜也得到了解答。许多员工也看着表格上的评定几家欢喜几家愁着。

最后，由于考核的类型不同也会大大影响考核的时间。以现在的主流绩效考核为准，主要分为图尺度考核法、交替排序法、关键事件法、强制分布法、配对比较法、360度考核法等等。侧重的考核指标不同会直接导致运用的方法不同。显而易见的是，这不同的方法背后也是个时间成本的衡量。

对在不同岗位的人使用不同的绩效考核方法得出不同的考核指标是一个团队评判成员的重要因素也是最客观的方法。这其中对于时间成本的权衡与最后得出数据的正确与否看出的便是一个管理者是否具有相关能力了。

完善的考核体系需要反馈

绩效考核与学校中的考试成绩有太多的类似之处了，但是基本的原理却是相类似的——用最客观的办法和最简单的数据来体现成员们复杂的实际情况。但是有一点本应拥有的共同点却会经常被管理者忽略或者故意省去，那就是绩效考核后的反馈问题。

没有反馈的绩效考核是不完整的。绩效考核确实是最客观的评定方式，但是最客观并不代表完全客观，而且与此同时，最客观也不代表完全正确。尤其被评定的当事人对此有异议的时候，一份没有反馈的绩效考核甚至会失去它对员工促进和鼓舞的作用。

张总裁说他已经有好久没有感到员工们的激情了，并且他总是埋怨在绩效考核出来后，员工们也没有正常情况下应该有的冲劲儿与闯劲儿。明明他们的不足之处和优势都已经在上面写得十分齐全了，他们只要按着上面的欠缺部分去努力，并把上面他们的优势发挥到最大就可以了。可是他或许并不清楚一件事情，那就是员工们早就不把绩效考核当一回事了，他们更看重的只是绩效考核背后和自己工资挂钩多少的问题。

绩效考核对于张总的企业来说是一个十分新鲜的舶来品，因为其他的大型企业也在做，所以他们也要参与其中。他们依葫芦画瓢地把它采纳了进来，公司开始的时候也的的确确因此欢呼雀跃了一阵子，尤其是那些新来的员工们，他们感受到了自己的工作马上就可以通过这个来得到体现，自己的努力不再会因为默默无闻而受到忽视。可是在第一次绩效成绩发布后，许多人却感受到其中的评判是有误区的，这份考核并没有很客观地将自己的能力和其他方面表现出来。所以他们开始向上面提出抗议。但是上面却对此置之不理，于是便发生了故事开头的事情。

　　一个学生的卷子即使全是客观题，也会因为老师手上的答案错误或者其他因素导致给错了分，绩效考核更是如此，反馈因此显得格外重要。

　　首先，反馈是一次让当事人发表意见的机会。有很多当事人在看到绩效考核后，未必是觉得上面的数据有什么问题，而是想亲自发表下对此的看法，如果这时不加入反馈的机制，必定会让他们觉得这个团队有的只是冰冷的数据和不近人情的考核。

　　其次，反馈这件事，反馈的不仅仅是员工对于自身看法的本身，它还能从一定层面上反馈出这套考核机制是不是行之有效的，可靠合理的。这是十分重要的，要知道监督机关对于一个企业的重要性自然不言而喻，可是谁又去监督监督机构呢？就比如人们现在开始关注起了我国香港廉政公署的监督问题。同样地，考核机制也是如此，考核机制在考核他人绩效的同时，谁又来考核考核机制本身呢？如果这个时候可以加入反馈机制，那这一点便得到了解决。通过他们的反馈，管理者能很清楚考核机制反映的信息是否属实，而这一点便是对其职能运作最好地体现了。

　　最后，管理者也应该发现，每一个员工反馈的过程也是他与企业和自身互动的过程，问题只有在交流和探讨中才能化解。在一个封闭的环境下单单给出问题的名字是很难起到一个指导性作用的，而这也是绩效考核存在的最根本原因——解决问题而非反映问题。

　　是的，并不是每一次考核都能得到正面的回应，这也在一定程度要求，完善的考核体系需要反馈。当出现不和谐或者反对的声音，反馈可以帮助团队重新找到问题的根源，并把问题解决掉，如果放任不理，结局可想而知。总之，有反馈的考核体系才能称得上至善至美。

有效利用 360 考核机制

前文说了考核的方法之多，而这其中反映最为全面的必然要属 360 考核机制。正如它的名字所寓含的意思，360 考核机制是指从 360 度来反映被考核人方方面面的一种绩效考核方式。

360 绩效考核的特点在于它的维度通常都是大于等于四，也就是最起码会通过四方面的声音来做出评判，做到一个全方位无死角的考核。这种考核方式主要运用在中高层上。因为对于基层来说，他们在职场的人际关系并没有那么复杂，他们的特点并不适用于这 360。尤其是中层，正如本书所提到过的，一个企业的中层作为金字塔的中间角色，他们上上下下无不在包围之中，他们在企业的位置也十分形象地符合了这 360 的模样。

360 考核主要通过这几方面进行考核。

第一，自己。一个人对于自己在公司做出的贡献和职责虽然会有很大的主观因素在里面，但是当事人自己的声音却也是最能反映其真实意愿的，并且在自己对自己的评价时，他们也更能想到自己的不足之处。从而达到一个反思与增加前进意愿的作用。

第二，伙伴。也就是同事，同事和同事之间的评价比自己做出的评价显然要客观不少。并且由于从事的是同样一个职务，对于工作完成的优劣同事也可以用更专业的角度来进行评判，而且同事之间的评论还有一个很大的好处就是可以判断这个人的合作意识如何。被考核的人在团队中是否可以做到和他人一起合作、共同完成任务通过这个方法就能得到很好地反映了。

第三，主管。也就是所属部门的管理者。这一层面通常是用来考察被考核人对于上级命令的安排，对于上级工作的指示能否做到顺利完成，这些指标与评价通常也很能反映出一个员工的能力。

　　第四，下属。这便是前面所说为何 360 考核机制更适用于对中高层人的评价，因为对于绝大多数的基层来说，并不存在这个下属之说。有许多管理者肯定十分不解，尤其是在中国的企业中，自己作为一个团队的管理者为何还要被下属们评头论足甚至是指指点点呢？但是这也是 360 绩效考核方法的巧妙之处。一个企业对中高层的培训和审核往往不仅仅考验的是他们个人的能力，更重要的是他们的带队和指导能力。所谓"穷则独善其身而达则兼济天下"的道理，通过下属的反映和评价，企业的决策者很能得出相关的信息来判断一个人是否具有将才。

　　所以如何有效地使用好 360 绩效考核对于一个企业的管理者来说无疑是一堂必修的课程。

　　但是 360 考核虽然具有多角度、多维度的全方面分析的优点，它的缺点也是较为明显的。首先是成本比较高，要让那些参与测评的人齐聚一堂、各抒己见本身就需要极大的时间成本。更重要的一点是，通过其他人的角度来看待问题，主观因素也必定会存在这里面，有人甚至还会借此公报私仇。上级对下级的压制、同事之间的钩心斗角、下属对上级的报复都是在 360 考核中会时常发生的事情。但是这一切也都是考核的一部分。

　　在应该使用 360 考核机制的时候用好它，便是考核管理者的时候了。

第二十四章

24

调裁不乱稳定团队

从以往的调裁案例来看，团队的管理者在其中扮演着关键的作用：如何对待新员工的薪资；如何面对怀孕的员工；如何正确辞退员工，这些都是管理者要面临的难题。对于一个企业管理者来说，自己一定要有想法，站得住阵脚，才能让企业顺利运行。

　　此外，每一个管理者对于团队来说都是一个指点江山的将军。如何才能做到对于员工适当的调配以及裁出是一件需要管理者仔细考虑的事情，只有做到调裁不乱，才能做到团队不乱。

改变工作岗位后，给员工制定新的薪酬

变换岗位后，工资薪酬随之改变这一点通常在许多小型企业或是大企业的基层岗位上得不到足够多的重视。因为在许多管理者的眼中，小公司和基层岗位的工作一共就那么几种，而这几种不同的工作职能所需要花费的人力物力又是十分相似的。

所以在这些地方经常会出现一种人在动，而工资不跟着动的情况。并且这种趋势也有越演越烈的情形。有许多的管理者在制定员工工资的时候甚至就是直接按照基层、中层和高层这几个划分的，等进到公司内部之后，在里面相同等级的岗位上做人事变动的时候，工资仍然照旧。这其实是种十分不负责任的做法。

对于员工来说，岗位的变动是全新的开始，他们不得不重新调整好自己的心态和工作努力的重点。如果这个时候仍旧按照原来的工资给予支付的话，首先会让他们产生一个思维转变的阻碍，甚至是怨气，"为什么自己那么疲于奔命地在各个岗位上交替更换，但是薪水却没有转变呢？"

其次，对于公司来说，员工的岗位转变也是人事的调整和变动。无论是从上到下，还是由下至上，岗位的转变都是不争的事实，而作为与岗位变动同样配套的工资如果没有变化的话则体现出了企业内部管理的缺失和对员工流动的不尽责。并且笔者再三强调过工资的一分一厘都关系着员工的积极性，发生了那么大的人事变动还不改变薪水会在不得民心的同时也体现了人事部门的无能。

绝大多数的企业和管理者其实是意识到这一点的，他们在每次员工调换的时候基本都会派相关的人事部门人员与他们进行会面，首先是对此次岗位调动的原因进行阐述，然后开始慢慢对过去的工作做简要总结，并对将要调换到的岗位所需要做的工作做一个大致描述。在一切谈妥之后，便是进入了商议薪酬的阶段。

某跨国公司的人事经理和我说过，如果你前几步都准备得相当充分的话，那这步商议薪水其实就是水到渠成的附件，但是如果你前面的调职情况没有做一个很好的规划和阐明的话，那这步就会变成一场类似于外交上的谈判。但是有一点却是一定要记住的，那就是工资的事宜必须和他们谈妥，并且尽可能地发生变动，即使是类似的工作，也要产生一些小幅度的变化。这绝非是单纯数字上的变化，它更能体现一个企业对于员工每一分钱的重视。并且他还和我透露，即使在相同的岗位内进行调换，最好的办法是增加他们一点点薪水，不用多，只要让他们感觉自己并非只是单纯的人事调动，而且还有一点儿被提拔和鼓励的意思在里面，那这样他们工作的积极性就会得到极大的提升。

由此而见，员工的每一分钱应该都要让他们知道是企业为他们精打细算得出来的，而并非只是他人眼中的剥削或是钱财的拨款。反映在每个月的工资上是这样，反映在每年的年终奖上是这样，同样地，反映在员工们的每次调换岗位的时候，也应该做到这一点。

给员工加薪要合理充分

加薪是所有员工都十分喜爱的一件事情，但是对于老板而言，这不仅仅是一件痛苦的事情，有时候如果没有把加薪的工作安排好，还会出现吃力不讨好的情况。给谁多加了，给谁少加了，都会给团队和企业的内部带来不安定的因素，从而使得人心不齐。明明是加薪，但却减去了企业的凝聚力。

所以，给员工加薪要合理充分。只有这样才能让加薪的员工受之无愧，让没有得到加薪的员工继续努力而为。

股神巴菲特在人们眼中必定都是财大气粗的，可是在他手下的那些高层员工看来，他却是个抠门到无以复加的老板，尤其是在加薪层面上。据伯克希尔·哈撒维公司的一个高管所说，巴菲特在每次加薪前都会和他开会，这不禁让人想到了巴菲特的午餐，而且在这次谈话上，你还是被加薪的一方，又能和老板聊天，又能得到更多的薪水，但是就是这样一次看似诱惑无限的对话却经常让他无奈。在会议上，巴菲特会拿出许多证明他为何要加他薪水的理由，而记载这些理由的文件甚至都已经达到了数页，其中有很多事情，当事人自己甚至都已经记不清是否发生过，最后，巴菲特还要让他去人事部说明理由并提交相关申请。每次加薪都会让他觉得是他刚入职时老板第一次绞尽脑汁考虑给你多少工资的感觉。但是，最后你总会觉得，没错，你的确就值那么多。

一次好的加薪确实也是一次让员工们重新认识自己并对自己的工作成果总结反思的机会。而要做好这个，管理者就首先要做到合理加薪。

不合理的加薪不仅会让其他的员工产生怨恨，认为管理者或许是出于自己的喜怒而随意地分发那掌管他们生活大计的薪水。同时不合理的加薪也会让被加薪人感到不安，认为管理层是不是在预示着什么，是辞退他之前的回光返照，还是企业中的某个高层要有求于自己了？他们会开始有这方面消极的想去。

在某家小企业打工的小瞿就有过这样的感受。她进到单位没多久后，便莫名其妙的发现自己的工资卡上数目不对，一度认为是财务部打错了工资。回到单位，她向财务说明了状况，财务核对后并没有发现任何问题。她开始对为什么会得到加薪而开始惶恐。她没有想到，卡里的钱多了还会让人产生烦恼。直到她和主管部门汇报情况后才知道，因为在这个企业里新来的人都会被故意压低薪水，她近来表现不错，所以很快就被加薪到正常工资了。这时她才发现原来一切都是虚惊一场。

由此可见一个没有合理理由的加薪是件多么"可怕"的事情。

管理者在加薪合理充分的同时也要做到另外几点，那就是和工资发放一样的"保密"性与公正性。合理性本身其实也包含了公平公正的一部分，因为只有在公平公正的绩效考核下才能给出合理充分的解释。而保密性的理由也是和合理充分一样，是为了减少员工与员工彼此之间可能产生不必要的攀比而产生的摩擦，使得企业内部之间出现不团结的事情。

所以对于加薪这件事情，管理者们千万不要简简单单地认为是一件皆大欢喜的好事，有时候处理不好，反而会让自己陷入不断的麻烦之中。合理地考虑，充分地琢磨，三思而后行总是不会有错的。

裁员之前要做好足够的准备工作

裁员是一件十分痛苦的事情，对于管理者和员工而言都是如此，对于经营和管理方来说，裁员就意味着自己不得不承认自己这边已经濒临破产或者是发生了严重的经营困难。而对于员工来说，裁员就意味着自己可能将如此失去职业，成为社会流动者的一员。尤其是对于员工来说，因为被裁员工对于企业来说只是众多员工中的一个，而裁员的企业对于员工来说，却是当下唯一的用工者。

所以企业在裁员之前要做好足够的准备工作，对企业和管理者如此，对员工他们更应该如此。

首先是法律上的准备工作，裁员本身将会牵扯到大量的法律问题，需要提早多久和需要被裁的人进行通知，裁员之后又该如何进行补偿，如果被裁人员家里有些特殊的情况符合裁员的特例又该如何进行处理，这是管理者在裁员前首先要做的第一准备工作。而并非是许多书上所说的在那空想一些善后措施。

其次便是拟制裁员计划。通常这个任务会被交给各个部门的代表，当然如果部门代表本身也在被裁的范围内，那自然另当别论。最关键的便是这个计划的制订，因为这个计划将直接关系到谁去谁留的问题。

计划的制订要充分符合公平公正的原则，要让每一个留着的人觉得自己的确有足够的理由可以继续在这里战斗下去，同样地，更要让那些离开的员工清楚，自己的离去只是配合了这个企业成长的一部分，并且是有理有据的。其他的成员的确比被裁者更拥有留下去的资格。这一步对于许多公司来说通常是最难的，因为平时为了些蝇头小利，大家或许不会过于斤斤计较，而此时对于许多员工来说，甚至是到了生死存亡的时刻。所以自然会用尽一切理由和方法来让自己继续留在企业当中。

这时候就是前文一直所提到的绩效考核再次出现的时刻了。对于员工们都说之有理的拒裁理由，最好的方法自然是拿出一个大家都认可的方法，一个较之一纸裁员书更具有说服力的"证据"。绩效表格自然就是一个很好的选择。通常的企业也是如此做的，但是他们在做完后也通常会疏忽一点。

在裁员前的准备工作中，有许多的管理者和企业通常也会过于讲究考核表，而把那些老员工的努力和辛勤都视为泡影。制定出的裁员表格配合各个成员的绩效表，仿佛就构成了裁员机制的全部。

对于许多员工来说，企业不仅是他们赚取薪资的地方，也是他们实现人生抱负的落脚之处，如果仅仅因为在绩效上与他人有一段差距而就那么被辞退，对于他们来说是十分痛苦和难以接受的。所以许多人性化的企业在准备了裁员表格之后，也会准备一套与被裁员工的交流体制，帮助疏导他们的苦闷，甚至是安排新的工作。

在贵州有一个老板，在裁员后他还做出了一件让人一时间摸不着头脑的事情。裁员的时候正好是大冬天，那位老板向每一位被裁了的员工发送了请帖，请他们吃饭。有许多的员工一开始并不愿意前去，但是想想毕竟为他工作了那么多年了，就去参加了。在饭局上，他把裁员的种种原因和方方面面告诉了他们，让他们知道所谓的裁员并非是因为简单的辞退，他的这个做法得到了许多被裁人员的支持。经他那么一说后，才了解被裁的人痛苦，但是裁员的人也是迫于无奈。于是大家好聚好散。最后一场裁员晚餐竟然变成了欢送会。

每一个管理者一定要在裁员前做好合理充分的准备，要知道裁员这事，离开的只是员工，不要让人心也背离自己。

谨慎对待裁掉的成员

那些已经被确定会被裁掉的员工对于许多的管理者来说，就如同用完燃料的照明工具，管理者们将他们进行随意地冷处理。这样的做法其实是很愚昧的。

首先，对于企业内部那部分没有被裁掉的员工来说，被裁的员工可能也会成为他们的"榜样"。他们之所以还会留在那里可以说是因为实力，但也可能只是因为他们的绩效成绩比他们高了那么一点儿。

随意将那些被裁的人员轻易地打发走，会直接让企业内部还留着的人员产生不满，认为公司过于残忍地对待员工。那些过去还在一起共过事的同事就那么随意地被辞退，这样做是十分不得人心的。管理者们要知道，对于一个已经濒临灭亡的企业来说，是什么能够使得他们重新走出困境，再次创造辉煌。优秀地改善计划当然是不可缺少的，但是那些可以执行这些计划的人才是一套重整和重振计划的主体。

我曾经采访过一位民营企业家，之所以会去采访他，是因为他传奇的经历。他经历过一次破产重组，那时候几乎不是他裁别人的问题了，而是他拼命想挽留住他们。由于他平日里待公司的员工还不错，那些员工甚至主动提出肯免费为他服务一个月。他这样和我说着"如果要问为什么我能够东山再起的话，那肯定是因为人心吧。"

所以千万不要因为裁了那些本对公司忠心耿耿的人后还因为没有处理好他们的离开而使得留着的人也产生不悦。

其次，对于那些被裁掉的员工本身而言，他们都有可能在企业成功蜕变之后成为继续回来从业的人员，如果没有很好地处理好和他们这一块的关系则会导致彼此之间真的成为永久性的分道扬镳。我也见过许多的企业在重组之后又回聘了那些被裁掉的员工，他们的关系似乎比之原来显得更加坚不可摧了。或许也有很多的管理者和企业家认为既然人都已经走了，那即使在企业回到春天之后也大可采用新人，不必如此大费周折地回聘那些老员工。但是，对于一个已经从"鬼门关"上走过一回的企业来说，直接启用老员工更能达到节省成本和快速投入再起程的路途中去。

最后，管理者也要知道每一个被裁员的人对于公司内部来说都是一个遗憾和一种不安定的因素，对待他们的态度也等于是公司对待企业窘迫现状的态度，许多企业究竟能否可以在失败一次后再爬起来向前跑去其实在面对应对裁员这个事情的时候就已经展现出端倪了。正如前面我所说的那个企业家，他在那阵最窘迫的时候感到的是人心的凝聚，所以他才有动力和资源让企业继续成长起来。而每一个有凝聚力的企业都是不会轻易被击垮和击倒的。一个企业的文化和顽强与否也在裁员的途中展现出来。

谨慎对待那些被裁的人也就是谨慎对待已经支离破碎的企业，勇敢直面还是冷淡逃避着。决策权都掌握在企业和管理者手中。

解雇：让员工安静地走开

相比前面所说的裁员，解雇虽然显得更容易和单方面，但如果处理不好的话，麻烦的事情也会接踵而来。

解雇通常是指用人单位单方面的对员工进行终止雇佣关系的行为，通俗地来说就是开除，"炒鱿鱼"。因为员工难以胜任工作和做出一系列不符合要求行为的都会走上这条"卷铺走人"的道路。解雇通常也是公司对于员工最严厉的惩罚，它直接切断了两者之间所有的关系。

对于解雇这种事情，管理者和人事部门经常会想尽办法地让那些应该被辞退的人走开，但是总是很难掌握好正确的方法，导致不少人在辞退前还要在单位里大闹一把。

在北京的某一个公司里，就曾经上演过那么一出闹剧。有一个新进来没多久的员工由于自身的能力有限，经过公司的多次培训仍然不能胜任岗位，数次的绩效考核，他的成绩也是呈现倒数的。管理者先前还试探似的和他说，他是不是应该考虑考虑从事其他的行业，这个单位显然并不适合他的职业规划。但是那个小伙子却像听不明白似的认定了这个岗位。又过了一阵子，他的能力仍旧没有好转。终于这个单位的管理者再也忍不住了，主动请他到办公室和他说辞退的事情。这一说，便把他给激怒了。他开始在办公室里对这老板大吼大叫起来。他认为自己并没有做错什么，为什么要把他辞退。最后还引来了一群保安，一直把他从办公室拉到了公司门口。一路上其他的员工都看在眼里，这让老板觉得十分难堪。

让被解雇的员工安静地离开似乎成了许多管理者梦寐以求的事情之一了。公司的事情有时候已经够多、够累，还要为公司内部那些并不符合工作要求的人辞退的事情操劳对于他们来说已经成了梦魇，所以许多的公司便采取了只通告的手段，因为他们知道这种事情一旦交流起来，反而会惹来更多的议论和讨价还价。可是有句话说得好"防民之口甚于防川，"对于那些被辞退的人来说，如果你不能给出他们一个满意的答案，他们又怎么可能会乖乖地离开呢？

要让他们走得毫无怨言，自然要有足够的理由让他们辞退。公司的绩效表和相关的法律法规这时都是很好的劝说武器，并且管理者在和被辞退人员的交谈过程中也要尽可能做到软硬兼施的态度，但是底线却不能丝毫地动摇。

让员工安安静静地辞退也有许多的技巧。在哪里提出辞退要求？怎么提？都有许多的学问在里面。有些员工是不适宜当面和他直接说出辞退内容的，那此时管理者便可以让他主动提出辞呈。比如对他进行降级处理、调换岗位等。总之辞退的首要原则并不完全是达到"送佛"的目的，而是让周围的人并不会受到这件事情过多的影响。有时候送走一个员工可能会引起整个公司乱成一团的局面，这里面不仅仅是被辞退人员的素质问题，也从一定的侧面反应出了管理者的能力和手段。

随着如今企业更加的规模化与管理的现代化，辞退也开始变得更为普遍和直接。但是有一点却仍旧是共同不变的，那就是让员工轻轻地来，也让他们轻轻地走。

对于任何一个企业来说有两样东西是至关重要的，一个是人才，还有一个就是钱财。如何能处理好这两样东西，对于任何一个管理者来说都是一件至关重要的事情。

首先是人事问题，如今已然是人才的竞争，稍有不慎，便可能在人才竞争上处于落后的地位，对于企业来说是十分不利的。掌握了职工所有信息的人事对企业的发展有着意想不到的作用。然后是财务，财务相当于企业的血脉，是命根子，只有顺利把握企业的财务工作，才能掌握好前进的方向，让企业朝正确的道路前进。

与人事有效沟通

人事部门的工作用最简单的话语概括其实就是管理人才，而一个企业最核心的竞争力往往也是在人才这一块。所以如何做到与人事的有效沟通，成为许多管理者必须要学习的课程之一。

人事部门通常掌管着每个职工的所有信息。所以一个管理者如果可以和人事部建立起良好的交流，可以从他们这里获取企业上下员工的有用信息，当然这里的有用信息并非单单是指那些已经记录在案的出生年月日等基本信息，而是隐藏在这些数据背后的真实的员工的情况。考核工作和大量的入职办理等事都是经过人事部门之手的。所以企业中对于员工的第一印象，询问人事部门的相关人员有时会得到意想不到的结果。

更重要的是，人才的培养计划基本也都会经过人事这一关，有的企业甚至是全都包给人事处理的。试想一下，整个企业未来几十年的走向其实也就是人的走向，而这都在人事的掌控下进行着变迁。如果这个部门管理者还不与其好好沟通交谈的话，那公司未来的姿态又靠什么去掌握呢？

某集团的 CEO 就有每天找人事部开会的习惯。其实每日和人事部开会本身并不是什么让人感到稀奇的事情，但问题是比之于其他部门的互动，这位 CEO 的走访显得有点儿过于积极了。一周两到三次的财务部和近乎半月一次的销售部，让这个 CEO 的行为显得异常古怪。要知道一个企业赖以生存的虽然是人才，可是能让人才汇聚在一起并进行生产的还是要靠着财务部的拨款的，而销售部更是促进这部分钱生钱的得利佐手，这个 CEO 却偏偏特别中意人事部的大门。但是也不得不说，他的这种行为也并没有导致公司的产品销量产生过任何问题。相反，在他带领的这几年里，公司的业绩还有明显的上升趋势。直到有人问过他其中的缘由后才知道他的想法"那些财务部也好，销售部也罢，其中的人还不都是人事部选出来的吗？我把人事部给盯紧了，别的部门自然而然也就不可能出现鱼龙混杂的情况了。只要内部的人员都靠谱，那就不会出现问题。"

仔细观察一下便会发现，世界各个成功的企业内部，人事部的建立和创设往往都是最用心和互动性最强的。因为企业的管理者们知道这样一个道理，那就是在这个竞争力越发巨大的商海里，握住人才这个资源就是握住了整个世界。

与人事部的沟通方法也有许多，其中较为有效的有开会和汇报等这几种。

但是笔者更倾向于小规模的面对面沟通，这种沟通绝对是最有效的。因为对于人的看法毕竟都是具有主观性质的，如果单单靠着汇报是很难从文字背后了解到许多其他的真实信息。而开会又因为人数过多，如果并非是经常举办，可能会使得许多声音得不到传递。而这种面对面的沟通可以在第一时间问到管理者想知道的问题，并且对于有疑义的回答还能做更深层次的探讨。同时最重要的一点，在你和人事部的这些员工进行沟通的时候，也是一次你扮演人事角色的时候，你能清楚地看清他们在识人和用人方面是否做得足够到位。

把关好人事、与人事做好沟通永远是管理者想要飞翔的必要准备。

制度的制定要及时传达给人事

有些管理者在制定制度上总是十分迅速的，但是在落实和传递上却会经常出现问题。并非是因为他们忘了，而是他们会陷入思考制度本身是否还有许多的地方需要完善和健全，这样一来直接导致了传递给相关部门的时候，这些制度或许已经过时了。

尤其是对于人事而言。人员的流通在一个企业中的速度并不亚于财产流通本身，而且人员的流通往往也会直接影响财产的流通。所以制度的制定要及时地传达给人事，即使这个制度本身还有许多地方并没有得到完善和补充，这也就是为什么管理者需要创设团队和公司的原因——一个人的力量总是有限的。这个时候，你大可直接拿着它去和人事的相关人员进行沟通和交流。

这里所提到的制度并不仅仅是针对人事方面的，对于整个公司的调整和其他部门的方案，都应该及时传递给人事。理由很简单，因为人事部直接掌握着员工们的绩效考核，这个考核的许多指标和参照往往会因为制度的不同而发生转变，如果这个时候这个制度没有很好地传递给人事部，最终导致绩效考核结果的偏差，会使得公司的公信力和执行效率大大降低。更重要的是，人事部也能根据这些制度综合地考虑出企业下一步应该做出怎么样的人才规划方案，又会因为这个制度导致哪些人才出现缺口，相应的培训和招聘任务也要开始进行展开。

三国演义中的诸葛亮其实就一名人事部的经理。撇开那时的丞相和军师，我们把那时的那些风云放在如今的企业管理中来看，事实就是如此。有人说诸葛亮料事如神，但是其中却没有几件事是他亲自去处理的，他只是时刻将自己知道的与预测出来的告诉其他成员们。"草船借箭"其实也是他在为财务部门收集更多的资源。他之所以可以做到如此，我相信这和他的老板刘备对他毫无保留地将许多制度和时事告诉他有着很密切的联系。下一步的养民措施、军事计划、重点部署等，刘备将此对诸葛亮倾囊而出，而诸葛亮则根据这些信息进行分析，最后分配给各个部门进行落实，而他也会结合这些新的体制对那些将军和参谋们进行评估。

绝大多数企业的管理者对于人事的看法并不能像刘备那样，相反，他们更多只是把它看作是一个吸收人力的部门看待，只要人进来了，公司自然会对他有安排和处理，会有专门的制度是制定给他们的。却不知，原来后面的大量工作其实也应该由人事部操办，而老板的这种想法无疑会阻碍这点的落实。

最后，相信许多管理者们之所以不愿意把制度及时告诉人事还有另一大原因，便是他们并不充分信任他们的能力。管理者们通常情况下更相信自己的判断和手段，所以几乎也只会在这个制度已经不得已要告诉人事的时候才会稍微提及一下，但是这时大量的考核和人才的规划方针或许已经制定完毕了。其实管理者不信任人事的另一种含义也是管理者不信任自己，因为对于自己员工的不信任也是对于自己管理能力不信任的表现。

放手将信息告诉自己信任的好员工，他们会知道该怎么做的。

现金流就是企业的"血液"

对于一个企业和公司来说，现金流就如同其血液一样，直接关乎着企业和公司的生存质量，如果"血液"停止流动了，那企业所面临的结果也就是走向灭亡。

所谓的现金流指的是企业在一定会计期间按照现金收付实现制，通过经营活动、投资活动、筹资活动等经济活动而产生的现金流入、现金流出及其总量的波动。其实说得简单点，便是在一定时间里，企业的金钱流出和流入的量。这个金钱也可以是与之相关的实物等。

管理者或许会认为这个流动量能代表的只是企业内部的经济活动的活跃度，它并不能证明其他的事情。这种想法是错误的。

首先，现金流量很能体现出一个企业对现金的获取能力。而这部分的获取能力就可以吸引进更多的投资者和关注者，因为现金流的流通从侧面也表现出了企业"钱滚钱"的技能，而这个就是投资者最关注的事情。

再者，现金流的流通额可以对企业的偿债能力做出评价。一个企业的偿债能力也能从现金流中得到的很好的体现，通过对流出与流入量的分析比较，可以发现公司的各个血管是否出现堵塞。经营活动的净现金流量与全部债务的比率与现金性流动资产与筹资性流动负债的比率，这两组数据经常被许多企业用来鉴定偿还全部债务与短期债务能力，值得许多管理者借鉴。

其次，现金流还能体现出企业和公司收益质量的优劣。它比利润更能说明问题，现实生活中的企业经常会遇到这种事情，那就是一个企业明明有盈利，但是却没有一分钱的进账，甚至有的企业还要去贷款和借钱来缴纳所得税。现金流的指标可以剔除利润值中的一部分虚假，达到更真实全面地了解企业中的坏账和停滞。

现金流不仅是给他人了解企业自身能力的一种数值，更重要的是，它有时更能给企业管理者自身一个把脉的机会，让管理者了解企业自身现在的一个经营情况，现金流的数字是比会计账本更真实可靠的直观反映。不要被单纯的盈利状况所欺骗，有国外的数据显示有百分之八十五的破产企业在破产的时候还是盈利状况非常良好的。试想一下，一个明明还在每月盈利的企业却突然因为资不抵债而破产了，这在许多人眼里是不可能发生的事情，却每天都会在这商海沉浮中发生。而现金流就能很好地给管理者拉响警钟。

1975 年，宣告破产的美国商业企业 W.T.Grant，在其破产前一年，其营业净利润近 1000 万美元，经营活动所提供的营运资金竟然高达 2000 多万元，可是与此同样"出众"的是：银行贷款达 6 亿美元。许多管理者的收益肯定远远不及这个企业的一个零头。该企业破产的原因就在于公司早在破产前五年的现金流量净额已经出现了负数，虽然有高额的利润，但公司的现金不能支付巨额的生产性支出与债务费用，最后导致破产。

所以管理者要时刻关注现金流的额度。对于一个身体健康的人来说，时常的体检也是很有必要的。当然，现金流对于企业来说是极其重要的，如果企业的现金流出现问题，很有可能会陷入破产的境地，只有正常的现金流，才能让企业做大做强。

资金链万万不能断

如果说前面所说的现金流是一组组沉寂的数字的话，那这个资金链则是一个立体的循环，它体现了企业的经营过程。如果这个链条断裂了，那就意味着这个企业开始停滞了，而对于一个无时无刻不在耗费各种资源的巨大的机器来说，停滞的瞬间便是开始不断负债的时刻。

合俊玩具厂在 2006 年之前还是一个收益颇丰的企业，可是在 2006 年以后由于原材料和用工成本上涨等的因素，企业产品的毛利率从 3% 降低到了 5%。公司为了可以摆脱这个困境，在绝望之中谋求一条新的出路，他们在 2006 年和 2007 年分别欠款收购一家已经濒临破产的玩具厂和一个银矿采矿权，但玩具厂最后却没能被他们挽救，银矿投资也因为一直没有拿到采矿许可证而无法产生效益，而主业经营又开始往下坡的道路走去，最终导致企业一夜之间被清盘。相关方损失产生连带风险引发的资金链断裂使得这个原本应该可以越走越远的企业最终倒在了资金链断裂的脚下。许多我们所熟知的管理者与集团原来也有过因为资金链断裂而破产和难堪的事情，"脑白金"的巨人集团史玉柱、三九集团、德隆集团等，他们倒闭的原因都是一样的，就是这个资金链断裂。

究竟如何才能保证企业的资金链不会发生断裂呢？

首先，要有足够的流动资金在手上，这样便能保证安全，因为在保证主链资金充分之外，如果企业还有相当不错的融资能力，当发生了一些出乎意料的事件后，能立马用这部分的钱予以弥补，就不至于出现链条的崩断。

这是在企业链背后所要做的防护措施，对于企业资金链本身而言，最要紧的是要时时刻刻保持企业链的通畅。有许多企业虽然有足够的资金用来解决突发情况的发生，他们也有很多银行愿意提供贷款服务让他们进行融资，可是与此同时，他们也有大量的存货无法出售、也有许多的债务无法收回。这会使得企业的资金周转率出现严重的下滑、并且伴随着这种积压还有可能出现员工内心的恐慌从而产生企业自身的腐败问题。许多企业就曾经遇到过在资金链断裂的同时，高管们纷纷卷款潜逃，因为他们觉得这个企业已经不会再有出头之日了。最后，管理者自身要随时随地保持冷静，不能因为企业的一时发展而出现过度的扩张。要知道在企业业务扩张的同时，这个资金链也会变得更大，而一根更长的链子总是会比短的容易断得多。

当然要想做到链条不断还有许多的方法和手段。但是不管如何，这些方法和手段之中也有很多的共同点——那就是企业自身的运营情况要健康，这个健康并不是说是一味的高额盈利，而是要综合考虑各种要素。如企业对外的负债能力、企业的存货情况，而这些在前面一节的现金流中已经做了很好的阐述，现金流和资金链总是形影不离的，这一点大家可以参考现金流的内容。最后一点，便是管理者自身要做到对大局有一个宏观的概念，不能因为一时头脑发热或是因为资金链瞬间的断裂而出现判断错误。最可怕的始终不是资金链断裂，而是信心的丧失。